KB070208

한 직업외교관의 회상록

나라를 생각하고 나를 돌아보다

나남
nanam

조 광 제 趙 光 濟

저자 조광제는 1931년 경남 함안군 산인면 운곡리 굼실마을에서 5남매 중 막내로 태어났다. 다섯 살 때 자녀들에게 신학문을 가르치기로 결심한 부친을 따라 온 가족이 서울 가회동으로 이사하여, 재동국민학교에 이어 당시 6년제였던 경기중학교를 다녔다. 서울대학교 법학과에 입학하여 2학년 때 6·25 전쟁이 발발하여 그해 군에 입대하여 5년간 복무한 후 1955년에 육군 대위로 전역하였으며, 1956년에 대학을 졸업하였다.

1957년 외무부에 입부하고 이듬해 고등고시 사법과에 합격한 후 40년 동안 직업외교관으로서 외교현장에서 일생을 보냈다. 이 기간 동안 일본, 제네바, 호주, 네덜란드, 코트디부아르, 프랑스에서 서기관, 참사관 및 공사로 근무하였고, 국제법 전문가로서 본부 조약과장을 역임했다. 그 후 영사교민국장 및 구주국장, 외교안보연구원 교수부장을 거쳐, 주 칠레, 베네수엘라, 포르투갈, 스페인 대사를 역임했다. 1996년 외무부 정년퇴임 후 경남대 행정대학원 초빙교수를 거쳐 2012년까지 변호사로 근무했다.

저자는 외교관으로서의 공로를 인정받아 대한민국 황조근정 훈장을 서훈 받았으며, 그 외에도 네덜란드 Orange Nassau 훈장, 스페인 최고십자 훈장을 비롯한 여러 나라의 최고훈장을 서훈 받았다.

나남신서 1855

한 직업외교관의 회상록
나라를 생각하고 나를 돌아보다

2016년 2월 12일 발행
2016년 2월 12일 1쇄

지은이 • 趙光濟
발행자 • 趙相浩
발행처 • (주) 나남
주소 • 413-120 경기도 파주시
　　　 회동길 193
전화 • (031) 955-4601(代)
FAX • (031) 955-4555
등록 • 제 1-71호(1979.5.12)
홈페이지 • http://www. nanam. net
전자우편 • post@nanam. net

ISBN 978-89-300-8855-8
ISBN 978-89-300-8655-4 (세트)
책값은 뒤표지에 있습니다.

나남신서 1855

한 직업외교관의 회상록

나라를 생각하고 나를 돌아보다

조광제 지음

나는 당초 회고록을 쓸 생각이 없었다. 그런데 아이들이 나의 희수(喜壽) 잔치를 준비하면서 나의 사진첩과 대사시절에 주재국 언론에 보도된 신문기사 발췌집(scrapbook)을 보더니 나에게 회고록을 써 보라고 권유하였다. 부모에 대하여 좀더 알고 싶어 하는 심정도 이해가 되고, 또 나로서도 나의 살아온 길을 책 한 권으로 남겨 놓는 것이 부모의 도리일 것 같아 일단 써 보기로 하였으나 사전에 준비한 자료도 없었고, 글 쓰는 재주도 없어 어려움이 많았다.

시간에 구애받지 않고 생각나는 대로 조금씩 쓰다 보니 꽤 오랜 시간이 걸려 겨우 한 권의 책이 되었다. 회고록이라는 어떤 틀에 얽매이지 않고 생각나는 것을 수상(隨想) 형식으로 썼기 때문에 책 제목을 '회상록'이라 하였다.

일제강점기에 태어난 나는 성장기에 태평양 전쟁과 6·25 전쟁이라는 두 전쟁을 경험하였고, 6·25 전쟁 때에는 군에 입대하여 여러 번 죽을 고비를 겪었다. 5년간의 군복무를 마치고 학창에 복귀하여 뒤늦게 대학을 졸업하고 외무부에 입부하였다.

내가 외무부 생활을 시작한 시기는 대체로 우리나라의 산업화 시기와 일치한다. 6·25의 폐허에서 나라를 재건해야 한다는 목표를 두고

관·민이 합심하여 노력하였을 때였다. 외교를 담당하는 외무공무원들은 국가이익을 위하여 봉사한다는 긍지를 가지고 더 열심히 뛰었다.

그런 과정에서 내가 외무부에서 40년간 국·과장과 10개국에서의 외교관을 역임하는 동안 우리나라는 경제대국이 되어 있었다. 따라서 이 '회상록'은 나와 같은 시기에 살아온 선배나 동료들에게는 같이 고생한 지난날들을 회상하면서 공감해 주기를 바라며, 앞으로의 세대에게는 우리 세대가 살아온 발자취를 이해하는 데 도움이 되었으면 하고 바랄 뿐이다.

끝으로 이 '회상록'의 출판을 맡아 주신 나남출판의 조상호 회장님과 고승철 사장님, 김민경 편집자께 감사의 마음을 전한다. 또한 원고와 사진을 정리해 준 첫째 딸 경실과 셋째 경진의 노고가 많았기에 고마움을 전한다.

2016년 1월 28일
조 광 제

한 직업외교관의 회상록

나라를 생각하고 나를 돌아보다

———— 차 례

1부

/

혼란한 시대의 성장기

/

01
유소년 시절

1. 귀성길

언제나 방학이 되면 고향에 갈 수 있다는 기대감에 들뜬다. 부모형제를 만날 수 있고 하숙집 반찬에 싫증이 나서 고향 집에 가면 맛있는 음식을 마음껏 먹을 수 있을 것이라고 생각하기 때문이다.

내 고향은 경상남도 함안군 산인면 운곡리(慶尙南道 咸安郡 山仁面 雲谷里)이다. 고향사람들은 이곳을 '굼실'이라고 부른다. 내가 비록 굼실에서 태어났지만, 5살 되던 해 우리 가족 모두가 서울로 이사했으므로 아주 어렸을 때의 고향에 대한 기억은 거의 없다.

서울에서 유년기와 소년기를 가족과 같이 보내다가 일제 말기 태평양 전쟁이 한창일 때, 전쟁의 화를 피하기 위하여 우리 가족은 고향으로 되돌아가게 되었다. 그때부터 나는 서울에서 하숙생활을 하게 되었다. 1944년 당시 내 나이는 13살, 당시 6년제였던 서울 경기중학교 2학년에 재학 중이었다.

그때부터 나는 방학 때마다 가족이 있는 고향으로 갔기에 고향을 생각하면 언제나 머리에 떠오르는 것이 귀성길의 추억이다.

지금은 엄청나게 빨라졌지만 그때는 서울역에서 부산역으로 가는 기차를 타면 10시간 이상을 밤새 달려야 하는 지루한 여행이었다. 그러나 고향의 부모형제를 만날 수 있다는 기대감 때문에 몸은 고단해도 마음은 들떠 있던 여행이었다.

두 명씩 앉게 되어 있는 기차 좌석에는 세 명씩 쭈그리고 앉아서 가야 했고, 지나가는 복도까지도 서서 가는 승객들로 꽉 차는 경우가 많았다. 잠을 청하려 눈을 감아도 잠이 잘 오지 않았다.

기차가 정차하여 차창 밖에서 높은 억양으로 "또~!"라고 외치는 소리가 들리고 곧 이어서 약간 낮은 음성으로 "짜~!"라고 길게 뽑는 소리가 들리면 기차가 대전역에 도착하였음을 알게 된다. "또~!"는 도시락의 일본말인 "벤또~!"인데 "벤"자는 잘 안 들리고, "짜~!"는 일본차를 말하는데 이런 것들을 납작한 상자에 넣어 목에 걸고 다니면서 사 먹으라는 것이었다.

해방 후에는 그 비좁은 열차 복도를 누비면서 오징어, 땅콩, 레몬 '드롭프스'(사탕), 캐러멜 등 먹을 것을 팔고 다니는 상인이 있었는데, "갱생회에서 나왔습니다!"고 하면서, "한 번만 지나갑니다!"라고 하였다. 한두 시간이 지나서 그 좁은 데서 길을 열어 달라고 하기가 미안하였던지, "마지막으로 한 번만 지나갑니다"라고 하면서 지나가는데 가만히 보니 그는 그 뒤에도 여러 번 지나갔다.

기차는 대구를 지나고 긴 청도 굴을 빠져나와서 지금은 없어진 삼랑진역에 가까워지면서 "내가 왔노라!"고 목청껏 기적 소리를 뽑아냈다.

삼랑진역에서 내려 언제나 가던 역전식당에서 김이 무럭무럭 나는 장국밥 한 그릇을 먹고 나면, '이제야 고향에 거의 다 왔구나!' 하는 기분이 들었다.

삼랑진역에서 진주행 열차를 갈아타고 마산을 거쳐 한두 역만 지나면 고향인 함안역에 도착할 것이었다. 함안역에서 내려 굼실까지는 걸어서 10리길이고, 굼실 집에 도착하여 사립문에 들어서서 "어무이!" 하고 큰 소리로 부르면 안채 안방에 계시던 어머니(廣州李氏, 명은 井湖)는 마루를 거쳐 축담까지 신발도 신지 않은 채 뛰어 내려오시면서, "아이고, 내 새끼 광제 왔나!" 하고 반겨 주실 것이었다.

저자의 어머니
이정호(李井湖) 여사.

2. 아버지의 석고대죄(席藁待罪)

나의 할아버지에 대한 기억은 거의 없다. 굼실 우리 집과 큰집 사이
에는 작은 도랑이 있었고 그 도랑을 연결하는 작은 다리가 있었는데,
나는 그 다리 밑 도랑에서 또래 아이들과 물놀이를 하곤 했다. 할아버
지가 두루마기를 입으시고 큰집 사랑 대문을 나와 그 다리 위를 획획 지
나가시던 기억이 희미하게 있을 뿐이다.

할아버지(명은 映奎, 호는 林坡)는 우리 집과 큰집에서 약 1백 m 산
쪽으로 올라간 곳에 큰 한옥 서당을 지어 낮에는 주로 그곳에서 소일하
신 것 같은데, 내가 그곳까지 가서 할아버지에게 인사를 드리면 인자한

저자의 할아버지
임파공(林坡公) 조영규(趙映奎) 선생.

얼굴로 맞아 주시면서 숨겨 두었던 곶감이나 홍시를 주시던 기억도 어렴풋이 난다.

그 서당 건물은 할아버지의 호를 따서 임파정 (林坡亭) 이라 불렀는데 6·25 전쟁 때 북한인민군 부대의 작전본부가 들어와서 미군의 폭격을 맞아 흔적도 없이 사라졌으니 참으로 애석한 일이다. 다만 옛날에는 가려져 있던 부분이 떨어져 나간 담벼락의 일부가 남아 있었는데 그 담벼락에 태극기의 4괘 모양이 옆으로 그려져 있는 것을 뒤에 발견하여 신기하게 생각하였다. 아마도 주자학에 나오는 태극 사상을 도면으로 표시한 것이 아닌가 추측하였다.

우리 가문은 대대로 엄격한 유교의 기풍을 이어 왔으므로 할아버지도 아버지에 대하여 퍽이나 엄격하셨던 것 같다.

어머니로부터 들은 바에 의하면 내가 어렸을 때 혹은 내가 태어나기 전에 아버지 (명은 鏞甲, 호는 仁庵) 는 무단으로 여러 번 집을 나가서 한참 만에 돌아오시곤 했다 한다. 그때마다 아버지는 큰집 사랑채 마당에 멍석을 깔고 할아버지가 거처하시는 방을 향하여 꿇어 앉아 머리를 풀고 할아버지께 용서를 빌었다고 한다.

나는 TV의 역사드라마에서 가끔 보듯이 '석고대죄'는 왕가의 왕자나 왕족들이 왕에게 용서를 구하는 것으로만 알았는데, 아버지의 경우처럼 일반 가정에서도 '석고대죄'를 하는 풍속이 있었던 것 같다.

확실한 것은 모르지만 그때 아버지는 서울이나 일본까지 왕래하시면서 신학문의 중요성을 깨달으신 것 같다. 후에 내가 서울로 이사 와서 가회동 집 안방 다락을 뒤지다가 아버지의 영어 단어장을 발견하고 깜짝 놀랐는데, 그 단어장은 아마도 아버지가 집을 나가서 서울에서 중등학교 야간부에 다니실 때 쓰시던 단어장이 아니었을까 추측하였다.

저자의 아버지 인암공 (仁庵公) 조용갑 (趙鏞甲) 선생. 저자의 아버지는 신학문의 중요성을 일찍 간파하여 가족을 서울로 이사시켜 아들과 딸, 며느리까지 신식학교에 다니게 하면서도 유교의 가르침을 늘 강조하고 실천하였다.

아무튼 아버지는 그때 이미 서양문물을 접하시고 우리 5남매의 교육을 위하여 서울로 이사 가야겠다는 마음을 굳히시고 완고한 할아버지가 돌아가신 이듬해에 서울 가회동에 새 집을 지어 우리 가족이 서울로 이사 간 것이다. 그때 내 나이 5살이었다.

3. 서울 가회동 (嘉會洞) 집

우리가 이사 간 서울 집은 가회동 높은 지대에 아버지가 새로 지은 집이었다. 북악산을 등지고 사랑채에서 남산을 바라보면 서울 전경이 한눈에 보였다. 모든 재목들을 고향에서 가지고 와서 아버지가 마음먹고 지은 집이라고 하였다.

위로 형 둘과 누이 둘이 있는 5남매의 막내로서 근화(槿花) 유치원 (안국동 전 마사회 맞은편)과 재동(齋洞) 국민학교(지금의 초등학교)를 거쳐 경기중학교 2학년 때까지 약 8년간 나는 이 집에서 남부러움 없이 유·소년기를 보냈다.

약간은 내향적인 성격이었으나 부모님의 속을 썩이는 일은 한 번도 없는 평범한 아이였으며 학교에서 돌아오면 가회동의 좁은 골목에서 동네 아이들과 '딱지치기', '다마(구슬) 치기', '군대놀이' 등을 하면서 밥 먹는 시간만 빼고는 하루 종일 뛰놀던 기억이 난다.

서울 가회동으로 이사 가기 직 전에 굼실에서 찍은 가족사진. 왼쪽부터 저자의 작은형 필제 (弼濟), 큰형 원제(元濟), 저자 를 안고 있는 어머니, 작은누이 명제(命濟), 큰누이 옥제(玉濟).

특히 '딱지치기'를 좋아하고 잘하는 편이었던 것 같다. 내가 자꾸만 따니까 아이들이 그만하자고 하면 내가 더 하자고 끈질기게 우겼던 기억도 난다.

꽃가방

서울에 온 지 얼마 안 되어 아버지는 나를 근화유치원에 입학시키고 등에 울러메는 가죽가방을 사가지고 오셨다. 그런데 그 가방을 보니 뒷면에 꽃무늬가 박혀 있는 여학생용이 아닌가. 나는 여학생용 가방을 메고 유치원에 가면 다른 아이들이 놀릴 것이므로 절대로 그 가방을 메고 갈 수 없으니 다른 가방으로 바꾸어 달라고 하였다. 아버지는 꽃가방이 더 좋을 거라고 생각하고 사 왔는데 왜 그러느냐고 화를 내시면서 야단치셨다. 나는 그 무서운 아버지 앞에서도 울면서 안 된다고 우겼다. 결국 내 고집대로 되었는지에 대하여는 기억이 삼삼하다.

내가 아버지에게 야단맞은 일은 아마도 그때가 처음이자 마지막이었던 것 같다.

충(忠)과 효(孝)

아버지는 일찍이 신학문에 눈을 뜨시고 우리 남매들의 교육을 위하여 서울 이사를 단행하셨고, 서울 가회동에 이사 온 후에는 우리 집에 시집온 큰형수까지도 큰누이와 같이 신학문을 배워야 한다고 당시 성신(誠信)학교 야간부에 다니게 하셨다.

그러나 아버지는 할아버지와 증조할아버지의 영향을 받아 기본적으로는 유교사상을 가지고 있었다. 희로애락(喜怒愛樂)의 감정을 겉으로 잘 나타내지 않았으며 평소에는 말수가 적은 편이었고, 기회 있을 때마다 우리에게 사람 사는 도리에 대한 가르침을 일러 주시었다.

특히 아버지는 충(忠)과 효(孝)를 강조하셨다. 충에 대하여는 수양대군(세조)이 어린 조카 단종의 왕위를 찬탈하였을 때 관직을 마다하고 하향하여 영월 청령포에 귀양 가 있는 단종에게 자주 위로문안을 드리던 생육신 조여(趙旅, 1420~1489)가 우리의 직계 중조(中祖) 할아버지이며, 그 할아버지의 후손들이 3~4대에 걸쳐 임진왜란, 정유재란 및 병자호란 때 싸움터에서 많은 공을 세워 13명이나 충신으로 이름을 남겼음을 알려 주시면서 우리가 충신의 집안이라고 하였다.

효에 대하여는 고향인 굼실 동네에 들어서는 길 오른쪽 산 밑에 있는 오비각(五備閣)이라는 시여각(施閭閣)의 내력을 알려주셨다.

이 오비각은 나의 8대조인 독촌공(獨村公) 할아버지의 병모(病母)에 대한 지극한 효행을 기리기 위하여 고종황제의 어명에 따라 세운 것이라고 하였다. 그 내용인즉 독촌공 할아버지의 노모가 병이 중하여 그 병을 고치기 위해서는 농어가 좋은 약이 될 수 있는데, 그 농어를 못 구하여 애를 태우던 중 굼실의 작은 개천에서 농어가 튀어나왔고, 그것을 고아 드려 노모의 병이 나았다는 것이다. 계절상으로나 개천의 크기로 보아 농어가 튀어나올 수가 없는데 할아버지의 효성이 지극하여 튀어나왔다는 것이다.

아버지는 '효'란 저녁에는 부모님의 잠자리를 깔아 드리고 새벽에는 부모님이 편안히 주무셨는지를 살핀다는 '혼정신성'(昏定晨省)을 실천하는 것이라 하셨다.

가회동 집 사랑채에는 큰 방과 작은 방 두 개가 있었는데, 작은 방에는

고향에 있는 오비각은 독촌공(獨村公) 조종영(趙宗榮)의 효행을 널리 알리기 위하여 세운 정려각(旌閭閣)이다. 이러한 효행이 널리 알려져 고종 29년(1892)에 '효감유허비'(孝感遺墟碑)를 세웠으며, 광무 9년(1905)에 조정의 명령을 받아 정려각을 세웠다.
출처: 경상남도 함안군.

형들이 거처하고 큰 방에는 대부분의 경우 아버지가 나를 데리고 잤으므로 이 '혼정신성'의 실천은 아마도 내가 가장 많이 한 것으로 기억한다.

　미 술

　나는 어려서부터 그림 그리기를 좋아하였다. 당시 초등학교에서는 여름방학이나 겨울방학 동안에 집에서 공부해 오라고 만든 방학과제장을 주었는데 나는 형이나 누이들이 학교에서 가지고 온 그 과제장의 표지 그림을 보고 열심히 그렸다.

　형님들 말에 의하면 온 식구가 둘러앉아 이야기를 하고 있으면 나 혼자 구석에서 그림 그리기에 열중했다 한다. 형들은 내가 그린 그림을 보고 신통하게 생각하고 잘 그렸다고 칭찬해 주면서 종이와 크레용을 사 주므로 나는 더욱 신이 나서 그림에 열중하였다.

재동국민학교에 다니는 동안 내가 그린 그림은 여러 번 잘 그린 그림으로 뽑혀 교실 벽에 걸리곤 하였다.

경기중학에 진학하여 나는 과외활동으로 미술부에 들어갔다. 미술부에서 처음 1년 동안은 석고로 된 인물상을 보고 데생을 하였고, 2학년부터는 유화를 시작한다고 하여 유화도구가 필요하게 되었다. 아버지에게 유화도구를 사 달라고 하였더니 아버지는 펄쩍 뛰시면서 "너는 왜 가난한 그림쟁이가 되려고 하느냐?"고 하시면서 절대 안 된다고 하시는 게 아닌가.

나는 초등학교 때 종이와 크레용을 사 주었던 형들에게 지원사격을

재동국민학교 시절 한강변에 형들과 함께.
왼쪽 끝이 저자.

요청하였다. 형들이 아버지에게 "그림쟁이가 되려는 것이 아니라 취미와 교양으로 그림을 그리는 것이 생활을 윤택하게 할 수 있다"고 하면서 아버지를 설득해 보았으나 결국 아버지의 완강한 반대를 꺾지 못하여 미술부 활동은 더 이상 계속할 수 없었다. 그림에 대한 미련이 남아 후일 30세가 넘어 외교관 시절 유화도구를 사 가지고 외국으로 가지고 다녔으나 결국 나의 게으름 때문에 유화를 그리지 못하고 말았다.

내가 경기중학에 다닐 당시에는 화가들은 안정된 경제적 생활을 누릴 수 없었고, 화가로서 대성한다는 보장도 없었으므로 당시 아버지가 반대하신 것도 무리가 아니라고 생각하면서도 아쉬움은 남는다. 그때 만약 그림을 계속하였다면, 그리고 미술 방향으로 갔다면 어떻게 되었을까. 나의 인생은 완전히 다른 인생이 되어 있지 않을까?

《레미제라블》(*Les Misérables*)

내가 초등학교 상급반쯤 되었을 때의 일이다. 어느 날 저녁 때 나는 큰형이 거처하는 방 책장에서 책을 한 권 빼내서 읽어 보다가 잠이 들었다. 큰형의 이야기 소리에 잠이 반쯤 깨서 잠결에 가만히 들으니 큰형은 친구를 데리고 들어와서 잠든 나를 깨우지 말라 하고 그 친구에게 자기가 읽은 소설 이야기를 하면서 그 책을 꼭 읽어 보라고 권하는 것이었다. 나는 깨어 있었으나 자는 척하고 계속 누워서 큰형의 이야기를 듣는데 그 이야기의 줄거리는 내가 읽었던 내용과 다른 게 아닌가.

큰형이 친구에게 권한 책은 당시 세계문학전집(일본판) 중 하나로 나와 있던 프랑스 문호 빅토르 위고의 소설 《레미제라블》이었는데 큰형이 이야기하는 줄거리 중에는 내가 읽은 내용과 다른 부분이 간혹 있었다. 나는《레미제라블》은 안 읽었지만 그 소설을 소년문고판으로 고쳐 쓴《아! 무정(無情)》이라는 책을 읽었으므로 그 줄거리를 훤히 기억하는데 큰형은 간혹 내가 아는 것과 다르게 이야기하는 것이 아닌가.

나는 그때 일어나서 그 다른 부분을 지적할까 말까 망설이다가 어린 마음에도 그렇게 하면 큰형의 체면이 좀 어색하게 될 것 같아 그냥 자는 체하였다.

4. 일제강점기(日帝强占期)

한국 뿌리 말살정책

나는 유소년시대를 일본 제국주의 치하에서 보냈다. 일본 제국주의는 우리의 이름(성)을 일본식 두 자로 바꾸도록 하는 창씨개명(創氏改名)을 강요하였고, 학교에서는 일본어를 강제로 사용하게 하였으며, 당시 국어는 일본어였고 국사시간에는 일본역사를 가르쳤다. 일본의 한국 뿌리 말살정책이었다.

재동국민학교 시절 교사가 학생들에게 한국말을 쓰는 자를 은밀하게 고자질하도록 하였으므로 우리끼리 한국말을 쓰다가도 어떤 친구는 일본말로 "센세이니 이우요"(선생님에게 이른다는 일본말)라고 공갈치던 일이 생각난다.

1936년 베를린 올림픽에서 우리나라의 손기정 선수가 마라톤 종목에서 우승하여 금메달을 따고 남승룡 선수가 동메달을 땄다. 당시 일본은 마치 일본선수가 금메달을 딴 것처럼 잔치 분위기를 조성하여 초등학교 전교생을 밤에 등불행렬에 동원하였다.

초등학교 시절 전교생이 명동극장에서 손 선수의 우승을 포함한 베를린 올림픽 기록영화인 〈민족의 제전〉을 단체 관람한 기억이 난다.

당시 〈동아일보〉가 손기정 선수의 금메달 획득 소식을 전하면서 신문사진에서 손 선수의 가슴에 있는 일장기를 지워 버린 것은 우리 온 겨레의 가슴을 후련하게 해준 쾌거였다.

일제 강점기 기억으로 큰형(명은 元濟)이 관련된 한 가지 사건을 잊을 수 없다.

당시 큰형은 일본 중앙대학에서 경제학 공부를 마치고 서울 가회동 집에 와 있었는데 하루는 시골에서 서울 처가에 다니러 온 자형(姊兄)을

1936년 손기정 선수의 금메달 획득. 일제 강점기에서도 민족의 저력을 발휘한 쾌거였다.

안내하여 서울 구경을 다니다가 무언가 잘못되어 서울 종로경찰서 유치장에 구금되었다. 그 며칠 뒤 종로경찰서 형사들이 우리 집에 들이닥쳐 큰형의 책장을 모조리 뒤지더니 여러 권의 책을 압수하여 갔다.

나중에 들으니 큰형은 자형과 같이 전차를 타고 가던 중 전차 안에서 도난사건이 생겨 경찰이 검색하는 과정에서 경찰과 언쟁이 붙어 붙잡혀 갔다는 것이다.

일본 유학생활의 분위기와는 너무나 판이한 일본 경찰관의 안하무인격인 태도와 한국인을 무시하는 일본 경찰관의 언동에 격분한 나머지 심한 언쟁으로 발전하였다는 것이다. 그 내용이 대단한 것도 아닌데 사상적으로 의심이 간다고 보아 일이 어렵게 된 것이었다.

온 집안이 전전긍긍(戰戰兢兢)하며 걱정하였고, 어머니는 매일 새벽에 장독대에 정화수를 떠다 놓고 "재앙님네, 재앙님네"를 되풀이하시고 큰형이 무사하기를 빌면서 손바닥을 비비시었다.

큰형은 구금된 지 약 20일 후에 석방되었는데 수염이 덥수룩하고 창백한 얼굴로 웃으면서 집에 돌아왔다. 그때는 한여름이어서 흰 두루마기를 입고 있었는데 그 두루마기 전체가 빈대 죽은 자국으로 물들어 흰 두루마기인지 붉은 두루마기인지 분간할 수 없을 정도여서 나는 어린 마음에 너무나 놀라고 안쓰러웠던 기억이 생생하다.

뒤에 들은 이야기인데 아버지께서 종로경찰서에 손을 써서 겨우 사상적 혐의가 없는 것으로 확인되어 석방되었다 한다. 석방되는 날 종로경찰서 고등계 형사주임이 마지막으로 큰형을 불러내서 "그래 그동안 유치장 맛이 어때?"라고 물었다 한다. 그때 아버지는 좀 떨어진 곳에서 큰형이 또 뭐라고 말을 잘못하여 다시 들어가면 어쩌나 하고 가슴이 조마조마해져서 훔쳐보는데 큰형은 태연하게 씩 웃으면서 "구수합니다~!"라고 대답했다고 한다.

당시 나는 어린 마음에도 일본 제국주의에 대한 적개심과 뭉클한 민족감정을 느꼈다. 큰형은 성격이 호방, 활달하고 감성적인 편이고 불의와 부정을 보고는 참지 못하는 곧은 기질의 소유자였다.

일제 말기의 근로봉사

일본이 미국, 영국에 맞서서 세계 제 2차 대전을 도발하였다. 대동아 공영권(大東亞 共榮圈)을 건설하기 위한 성전(聖戰)이라고 떠들어 대면서 대동아 전쟁이라고 미화하였다. "귀축(鬼畜) 미·영(美·英)을 쳐부수라!"는 구호를 외치면서 미·영에 대한 적개심을 고취시켰다. 내가 재동초등학교 5학년 때의 일이다. 이렇게 일본이 도발한 제 2차 세계대전은 약 4년간 계속되었다.

그런 와중에 나는 경기중학에 진학하였다. 당시는 전시체제라 교모는 국방색 전투모 모양이었고 교복도 국방색이었다.

일본이 점점 어려워지자 식량을 극도로 통제하여 엄격한 배급제로 잡곡을 권장하였고 학교에서는 군사훈련에 많은 시간을 할애하였다. 서울 상공 성층권에 미국 B29 폭격기가 나타나기 시작하자 아버지는 전화(戰禍)를 피하기 위하여 가회동 집을 팔고 전 가족을 고향인 굼실로 소개(疏開)시켰다.

그때부터 나는 하숙집을 구하여 학업을 계속하였으나 전쟁은 점점 더 어려워지고 학교에서는 '비행장 닦기'와 '삼청공원 송진 따기' 등 근로 봉사에 학생들을 동원하여 공부를 거의 할 수 없는 상황이 되었다. 결국 공부 못할 바에야 고향에 내려오라는 아버지 말씀에 따라 나는 휴학계를 내고 고향인 굼실로 내려왔다.

고향에서의 1년

서울 경기중학 2학년 때 학업을 중단하고 고향에 내려와서 보낸 약 1
년 동안에 나는 퍽 유익한 경험을 하였다.
첫째로 나는 고향인 굼실에 가서 나의 뿌리에 대하여 많이 듣게 되
고, 알게 되고 또한 생각하게 되었다.
내가 굼실에 처음 내려갔을 때 아버지는 나에게 동네 어른들에게 인

뒷줄 왼쪽부터 저자, 작은형 필
제(弼濟), 큰형 원제(元濟). 앞
에 검은색 두루마기를 입은 분
이 저자의 아버지 인암공(仁庵
公) 조용갑(趙鏞甲) 선생.

사를 드리고 오라고 일러 주셨다. 고향인 굼실에는 당시 약 50여 호가 살았는데 그 대부분이 같은 함안 조 씨 일가였다. 나의 8대조 할아버지(독촌공 할아버지) 때 굼실 동네로 와서 살기 시작하였으므로 거의가 그 할아버지의 후손인 것이다.

아버지의 말씀에 따라 어른들에게 인사를 드리러 갔을 때 그 어른들은 거의 예외 없이 나에게 "너는 어느 조 씨이며 어느 자손이며 어느 파인 줄 아느냐?"고 물으시는 것이었다. 내가 아는 대로 대답하면 "객지에서 누가 물으면 함안 조 씨(咸安 趙氏)이며, 어계자손(漁溪子孫)이며 절도사공파(節度使公派)라고 분명하게 대답하레이"라고 다짐하시는 것이었다. 서울에서 아버지나 형들에게 들어 막연히 알았는데 막상 고향 어른들이 되풀이하여 강조하시는 것을 듣고 이것이 나의 뿌리임을 알게 되었다.

즉, 본관은 '함안'(咸安)이고 원조(元祖)는 고려왕조의 개국공신인 '조정(趙鼎) 대장군'이고, 그 12대손 할아버지인 '조여'(趙旅)가 생육신의 한분으로 그분의 호가 어계(漁溪)인바 그 직속 자손인 우리가 어계자손이 되는 것이며, 절도사공파의 파조 14대손 할아버지인 '조수천'(趙壽千)은 무인으로서 당시 충청병마절도사였다는 것을 알게 되었다. 그리고 나는 원조의 29대손이라는 것이다.

고향의 일가 어른들이 이구동성으로 나에게 그 뿌리를 강조하는 것은 "너는 객지에 나가서 살더라도 그러한 훌륭한 조상의 핏줄을 이어 받았음을 지각하고 바르게 처신하라"는 뜻이었을 것이다.

아버지는 내가 고향에 있는 동안 《동몽선습》(童蒙先習)을 가르쳐 주셨다. 《동몽선습》은 선조 때 유·소년을 위하여 쓰인 도덕서이자 한문교본인데, 다음과 같이 시작되는 《동몽선습》의 첫 구절은 아직도 내 머리에 생생하게 남아 있다.

天地之間 萬物之衆 唯人最貴 所貴乎人者 以其有五倫也

즉, 천지에 있는 만물의 무리 가운데 오직 사람이 가장 귀하니, 그 까닭은 사람에게는 오륜이 있기 때문이다. 이에 사람은 부자유친(父子有親), 군신유의(君臣有義), 부부유별(夫婦有別), 장유유서(長幼有序) 및 붕우유신(朋友有信)의 오륜을 지켜야 한다고 설파하고 있다.

나는 사람이 지켜야 할 오륜은 지금 시대에도 해당이 된다고 생각하는데, 다만 "왕에 대한 충의"를 강조한 군신유의는 지금 시대에는 "국가에 대한 충성"으로 바꾸면 되지 않겠는가 생각하였다.

고향에 와서 얻은 또 하나의 소득은 농사일을 도우라는 아버지의 말씀에 따라 직접 농사 체험을 가졌다. 호미를 가지고 뜨거운 땡볕 아래서 밭을 매기도 하였고 거머리에 물리면서 논 매는 일도 거들었다. 지금은 기계화되었지만 그때는 도리깨를 휘두르며 가을 타작을 하였는데 나에게는 힘이 좀 벅찼지만 도리깨질도 해 보았다.

여름에는 동네아이들과 같이 소를 몰고 산에 가서 풀을 먹였고, 겨울에 소죽 끓이는 일은 당연히 내 담당이었다.

이러한 경험을 함으로써 농사가 얼마나 힘든 일인지를 알았고 우리가 먹는 곡식과 야채들이 어떻게 생산되는지를 알게 되었다.

이렇게 집의 농사를 거들면서 나는 남는 시간을 독서로 보냈다.

서울 가회동 집에 살 때 일본 유학을 마치고 돌아온 큰형이 일본서 가지고 온 책이 가회동 집 사랑채 건넛방 벽면 한쪽 전체를 차지하는 서가에 꽂힌 것을 보고 어린 마음에도 그것이 경이(驚異)의 대상이었다.

경기중학교에 휴학계를 내고 고향에 가 보니 서울 직장에 다니던 큰형도 고향에 내려와 있고 서울 가회동 집에 있던 큰형의 서가도 고향 집 사랑채에 와 있었다.

큰형은 일본 중앙대학에서 경제학을 전공하였지만 큰형의 서가에는 경제학뿐만 아니라 철학, 정치학, 역사학 등 인문·사회과학 전반에 대한 광범위한 책들이 포함되어 있었다. 러시아와 프랑스 등의 세계 명작 소설도 많이 있었다. 당시 나에게는 다소 수준이 높은 편이었지만 나는 그 책들을 읽는 데 열중하였다.

가끔 아버지는 내가 독서에 열중하는 것을 보고 "너 읽고 있는 책이 무엇이냐? 그 책의 내용을 말해 보아라" 하셨는데, 나는 그때 아는 대로 또는 잘 모르는 부분은 잘 모르는 대로 대답해 드린 기억이 난다.

아버지는 내가 수준에 맞는 책을 읽고 있는지를 확인하고자 하였을 것이고, 또 한편으로는 사상적으로 위험한 좌파이론에 빠지는 것을 경계하신 듯하였다.

일제 말기 고향인 굼실에 있을 때 작은형에 관한 일이 생각난다.

5년제 경기중학을 마치고 일본 기리후 고등공업학교(桐生高等工業學校)에 유학중이던 작은형은 당시 일제의 징병적령(徵兵適齡)이어서 학업을 중단하고 고향에 와 있었다. 당시 일제는 징병과 징용으로 한국인을 전쟁터에 몰아넣고 있을 때였다.

어느 날 저녁 온 식구가 저녁밥을 먹고 안채 큰 마루에 앉아서 아버지의 말씀을 듣고 있었는데 만취한 작은형이 비틀거리면서 마당으로 들어섰다. 온 식구들이 아연 긴장하였다. 왜냐하면 엄격하고 무서운 아버지 성품에 무슨 벼락이 떨어질지 모르기 때문이었다.

그런데 뜻밖에도 아버지께서는 부드러운 어조로 "필제(弼濟)야. 너는 술을 얼마나 마시노?"라고 물으시는 것이었다. 가족들이 또 숨을 죽이고 작은형이 무엇이라고 답하는지를 기다렸다. 작은형 왈 "예, 정종 한 되가량 묵심니더."

당시 언제 징병영장을 받아 일제의 앞잡이가 되어 태평양 전선에 총알받이로 투입될지 모르는 상황에서 같은 처지의 동네 청년들과 어울려서 거의 매일 술을 마시는 작은형의 심정을 아버지께서도 충분히 이해하시고 가슴 아파하셨을 것이라고 생각하였다.

8월의 마지막 더위가 기승을 부리던 어느 날 산인면(山仁面) 사무소에 다니던 큰형이 자전거를 타고 헐레벌떡 집에 왔다. 벌겋게 상기된 얼굴로 "우리나라가 독립이 되었다!"고 하지 않는가! 솔직히 말해서 그때 그 말을 듣고 어리벙벙하여 큰형의 얼굴을 멍하니 바라보았다.

내가 재차 물으니 일본 천황이 모기소리로 항복방송을 하였다고 하면서 이제 우리나라는 '카이로선언'과 '포츠담선언'에 의하여 독립하게 되었다고 하였다. 큰형의 설명을 듣고 곧 이해가 되어 벅찬 기쁨과 감격에 사로잡혔다.

02
해방 후

1. 좌우익의 충돌 ··· 야바위꾼 설치는 혼란기

나는 일본의 제국주의 식민지 지배에서 해방되면 곧 우리나라가 독립될 것이라고 생각하였다. 그러나 그것이 아니었다.

일본군의 무장을 해제하기 위하여 우리 한반도의 북위 38도선을 경계로 하여 그 이북은 소련군이, 그 이남에는 미군이 각각 진주하였고, 자유민주주의 국가이며 비교적 자유를 보장하였던 미국의 세력권하에 있던 이남사회는 좌·우익의 극렬한 대립양상을 띠게 되었으며 한반도의 분단상태는 아직까지 계속되고 있다.

일제 말기에 학교의 근로봉사와 군사훈련을 피하려고 고향인 굼실에 가 있던 나는 해방이 되자 서울에 올라와서 경기중학교 3학년에 복학하였다. 내 나이 15살 때였다.

학교에 가 보니 학생들 중 정치에 관심을 가진 좌·우익 학생들의 대립이 살벌하였다. 학생 간의 폭력사건이 끊임없이 일어났고 어떤 학생은 가방 속에 일본제 중도(中刀)를 넣어 가지고 다니는 것을 보았다. 이런 분위기 속에서 나는 그 어느 쪽에도 가담하지 않고 관망하였다.

이와 같은 해방 직후의 혼란은 제법 오래 계속되어 우리의 정상적인 학업에 지장을 주었다.

해방 직후 상경하여 당분간 회현동(會賢洞)에 있는 친척 집에 기숙하면서 화동(花洞)에 있는 경기중학교까지 걸어서 통학하였는데 등교와 하교 시에 구경거리가 제법 많았다.

종로 1가와 2가 사이와 을지로(당시에는 '황금정'이라고 불렀음) 1가와 2가 사이는 완전히 폐허가 된 허허벌판이었다. 하교할 때 그 빈터를 지나게 되어 있으므로 그 빈터에서 약을 파는 엉터리 약장수들을 자주 보게 되었다.

약장수들은 간단한 요술을 부리거나 데리고 온 어린 여자아이에게 노래를 부르게 하여 청중을 모은 다음, 한 가지 약으로 모든 병을 고칠 수 있다고 그럴듯하게 떠들어대는 솜씨가 보통이 아니었다. 처음에 약장수와 한 패거리인 몇 사람이 약을 사면 그곳에 모여든 어리석은 청중들이 너도 나도 그 약을 사는 것이었다.

어떤 야바위꾼은 끄나풀 하나로 돈을 버는데 약 40㎝ 가량 되는 끈 양쪽 끝을 왼손에 쥐고 오른손으로 시계바늘 반대 방향으로 끈을 한번 돌려 구멍을 두 개 만들어 놓은 다음 손님에게 1백 원 이상을 걸게 하여 두 구멍 중 한 구멍에 손가락을 집게 하고, 자기가 왼손으로 잡아당겨 손가락이 걸리면 건 돈 만큼을 손님에게 더 주고, 안 걸리고 빠지면 건 돈을 몽땅 자기가 가져가는 그런 노름을 하는 것이었다.

손님들을 모으기 위하여 큰 소리로 외치는 가락이 재미있었다.

이구녕 저구녕 할 것 없이~
골라 잡아~

요리보고 조리보고~
돌아요 돌아요~
100원이면 200원~
200원이면 400원~
500원이면 1,000원~
천나만나~
자아 오세요!

처음에는 잘 몰랐는데 매일 보니까 아주 엉터리 사기꾼이었다. 두 구멍을 만드는 방식이 두 구멍 다 걸리지 않게 할 수도 있고 두 구멍 중 한 구멍만 빠지게 할 수도 있었다. 자기 패거리가 걸 때는 손가락에 걸리게 하여 자꾸 돈을 잃어 주고, 어리숙한 시골사람들이 그것을 보고 돈을 걸면 처음에는 좀 따게 해 주다가 나중에는 다 빠지게 하여 돈을 몽땅 빼앗아 가는 것이었다.

당시에도 경찰이 이런 사기꾼들을 단속했겠지만 사복형사가 가까이 오면 어떻게 알았는지 패거리 중 하나가 "김 서방"이라는 암호로 나지막하게 알려 주면 얼른 끄나풀과 밑에 펴 놓은 종이판을 슬쩍 치워 바지주머니에 넣고 모르는 척 시치미를 떼는 것이었으니 잡기도 힘들 것이었다.

이와 같이 사기꾼들이 날뛴 것은 당시 해방 직후의 사회상이 정치적으로 혼란스럽고 경제적으로 어려웠기 때문이었을 것이다.

2. 문과를 택하다

해방되어 서울에 와서도 고향에서 책 읽던 버릇은 계속되었다. 서울에 와서 처음에는 회현동 친척 집에서 살다가 자리가 잡혀 가자 하숙집을 구하여 나갔다. 일제 말기에 고향에 가서 학교공부를 못한 공백이 있었으나 못 따라갈 정도는 아니어서, 학교공부는 시험 때만 열심히 하고 대부분의 시간은 독서로 보냈다.

처음에는 러시아의 문호 톨스토이와 도스토예프스키 등의 명작에 빠져들었으며, 프랑스 작가 모파상의 단편집과 일본의 아쿠타가와의 단편집들을 감명 깊게 읽었다.

학교를 마치고 하숙집에 혼자 있는 시간이 많았으므로 자연히 독서에 몰입하고 사색에 잠겼다. 당시 언제나 내 머리를 떠나지 않았던 의문은 "왜 나는 지금 이 현실에 살고 있는가?"였다.

"나는 어디에서 왔고 죽으면 어떻게 되는가?",

"우주의 근본 원리는 무엇인가?, 정신인가? 물질인가?"

이러한 의문들이 꼬리를 물고 일어났고 그 해답을 찾기 위하여 책도 보고 생각도 하였다. 당시 러시아 작가 아르치바셰프의 《사닌》과 《최후의 일선》을 읽은 생각이 나며, 철학책으로는 헤겔의 변증법에 관한 책을 열심히 읽었다.

경기중학 4학년이 되었다.

해방 후 학제가 바뀌어 종래의 중학교 5년제는 우리 윗학년으로 끝나고 우리 학년부터는 중학교 6년을 마치고 대학에 진학하게 되었으며, 중학교 5학년부터는 문과(文科)와 이과(理科)로 나누어지게 되었다. 따라서 4학년 과정을 마칠 무렵에는 문과와 이과 중 어느 과를 가느냐를 정하여야 했다.

과를 선택하는 것은 어느 정도 장래방향을 정하는 것이어서 나로서는 신중한 결단을 요하는 것이었다. 물론 2년 후 대학 진학 시의 과목까지도 염두에 두고 정하여야 할 것이었다.

나는 그러나 대학 진학 시의 전공학과 등 너 구체적인 방향은 정하지 못한 채 일단 문과에 가기로 하였다. 당시에 나는 앞으로 법과대학에 갈 것이라고 생각한 일이 없었다.

내가 문과로 가기로 한 것은 문학과 철학 같은 인문 · 사회과학이 수학, 물리, 화학 등의 자연과학보다 내 체질에 맞는 것 같이 느꼈기 때문인데 아마도 인문 · 사회과학 분야의 책이 대부분인 큰형의 장서를 읽

당시 6년제였던 경기중학교 재학 시절의 저자.

기 시작하면서 독서에 빠져든 것이 나의 그런 성향을 만들지 않았나 생각되었다.

3. 슬픈 소식

18세였던 경기중학 6학년 봄. 나는 아버지가 고향에서 공비(共匪)의 총탄을 맞고 돌아가셨다는 비보를 하숙집에서 들었다. 너무나 충격적인 소식에 눈앞이 캄캄하였다.

해방 후 좌·우익의 대립은 더욱 치열해졌다. 북쪽 정부수립(인민위원회)에 이어 남한에서도 1948년에 정부가 수립되었으나 좌익 세력의 산발적인 무력도발을 완전히 진압하지 못하여 그때까지도 영·호남 지방에서는 지리산에 근거를 둔 공비가 야간에 준동할 때였다.

뒤에 들은 바에 의하면 당시 아버지는 대한독립촉성국민회의라는 우익단체의 함안군 부책임자로 있어 그들의 표적이 되었다고 한다. 같은 시기에 함안 근처 여러 곳에서 많은 우익 인사가 피격을 당하여 희생되었다고 하였다.

나는 비보를 듣고 가슴이 미어지고 억장이 무너지는 슬픔으로 온몸을 떨었다. 아버지가 누구인가. 우리 집의 대들보로서 우리 가족을 이끌고 지켜 주시던 아버지가 아니었던가. 현명한 판단으로 장래를 꿰뚫어 보시고 우리 남매를 키워 주신 아버지가 아니었던가. 그 완벽에 가까운 카리스마는 어디로 가시고 이렇게 허망하게 가실 수 있는가.

엄격하면서도 막내아들의 하숙생활을 살펴보시기 위하여 자주 서울의 하숙집을 직접 찾아 주시던 아버지가 아니었던가. 대체 공산당의 이

넘이 무엇이길래 그와 같이 참혹하게 인명을 해쳐야 하는가. 왜 하필이면 우리 아버지인가.

나는 급히 밤차를 타고 고향인 굼실을 향하였다.

나는 일제강점기에 지금의 초등학교에 해당하는 국민학교에 들어가서 일제가 일본어를 국어라 하여 그 상용(常用)을 강제하고 일본역사를 국사라 하여 가르치는 바람에 우리나라의 국어와 국사를 배우지 못하였고, 경기중학에 들어가서는 일제 말기 일본이 도발한 제 2차 세계대전이 막바지에 이르러 학생들을 근로봉사에 동원하고 군사훈련을 시키는 바람에 학교를 휴학하고 고향에 내려와서 학업을 중단하였다.

그러다가 해방 후에는 나라가 분단된 채로 온 나라가 좌·우익으로 갈라져 피투성이로 싸우는 바람에 학교 분위기가 어수선하였고 끝내 아버지를 여의는 불행한 일을 겪게 되었다.

뒤에 언급하겠지마는 경기중학을 졸업하고 서울대 법대에 입학한 뒤에도 2학년에 진학하자마자 북쪽의 남침으로 6·25 전쟁이 터져 군에 입대하여 또다시 학업이 중단되었고, 군복무 5년에 졸업이 3년이나 늦어졌을 뿐만 아니라 제대로 대학교육을 받았다고 볼 수 없는 그런 과정을 겪었다.

4. 대학 입학

이런 와중에서도 경기중학교 6년을 마치고 서울대 법대에 입학하였는데 당시의 기억을 더듬어 보자.

1949년 봄, 경기중학교 졸업식이 학교강당에서 거행되었다. 식순이 진행되고 거의 끝날 무렵에 상장수여가 있었다. 그런데 우등상 수여자를 거명하는데 내 이름을 부르는 것이 아닌가. 나는 순간 움찔 놀랐다. 나는 그때까지 내가 우등상 수상자로 내정되어 있었다는 사실을 전혀 몰랐다. 아무도 그 사실을 나에게 알려 주지 않았고, 사실 나는 그때 내가 우등상을 받으리라고는 예상하지도 않았으며 따라서 사전에 그것을 알아보려고 하지도 않았었다. 아마도 학교 성적에 예민하게 집착하는 그런 성격이 아니었기 때문이었을 것이다.

그러나 우등상을 받고 나자 내 마음은 달라졌다. 이러한 사실을 우리 가족에게 알려야 한다는 욕망이 일었다. 나는 그때 하숙생활을 했기 때문에 그날 졸업식에 가족이 아무도 참석하지 못할 것임을 알면서도 왠

경기중학교 졸업식에 참석한 작은 형과 저자.

지 아무도 안 보이는 것이 섭섭하였다.

이런저런 상념에 잠겨 졸업식장을 나오는데 이게 웬일인가. 학부형 석에서 작은형이 빙그레 웃으면서 내 곁으로 걸어오는 것이 아닌가. 나는 너무나 고맙고 반가워서 눈물이 왈칵 쏟아지는 것을 느꼈다. 작은형 얼굴에 아버지의 얼굴이 겹쳐 보였다.

당시 작은형은 서울대 공과대학에 재학 중이었는데 작은형이 나의 졸업식에 참석해 주리라고는 예상하지도 못하였다. 작은형은 나보다 여섯 살 위로서 고향에서 초등학교를 다니다가 우리 집이 서울 가회동으로 이사 올 때 서울 재동국민학교로 전학하였고, 재동국민학교를 졸업할 때에는 전국의 졸업반 학생 중 성적이 가장 우수한 한 명에게만 수여하는 도지사상을 받았다.

그 후 경기중학에 입학하여 5년의 과정을 마친 후 일본 기리후 고등공업학교로 진학하였다가 해방을 맞아 귀국, 서울공대에 들어가 졸업을 앞두고 있었다.

작은형은 조카들이 모이는 가족모임에서 자기보다 삼촌, 즉 내가 머리가 더 좋다고 하면서 나를 자주 추켜세웠는데, 아마도 내 경기중학 졸업식에 와서 우등상 받은 것을 보고 그러는 것 같았다. 나는 그럴 때마다 작은형은 졸업생 중 한 사람에게만 주는 도지사상을 재동국민학교에서 받았으므로 단연코 나보다는 작은형이 더 머리가 좋다고 하면서 반론을 제기하였다.

경기중학을 졸업하고 얼마 있다가 서울대 법대 입학시험을 치렀다.

필기시험을 마치고 구두시험 때까지 초조하게 기다리는데 서울대 법대에 재학 중인 육촌 자형(정옥균)으로부터 전화가 걸려왔다.

"너 걱정하지 마라. 내가 잘 아는 서울대 법대 교무처 직원에게 비공식으로 알아보았는데 너 필기시험 성적이면 아무 걱정 없다고 하더라"
고 하면서 "그 직원이 점수나 석차는 알려 줄 수 없다기에 필기시험 점
수가 50등 이내는 되느냐고 물었더니 그렇다고 하기에 그러면 30등 이
내냐고 다시 물었더니 그렇다고 하면서 이 성적이면 전혀 걱정할 것 없
다고 하더라"고 하는 것이었다.

구두시험장에서는 시험관인 교수 두 분이 프랑스어로 된 정치학 원
서를 주고 일정 부분을 가리키면서 무슨 뜻이냐고 묻기에 내가 아는 대
로 번역하였더니 두 교수는 시종 부드러운 표정으로 미소 지었다.

나는 구두시험장을 나오면서 합격될 것임을 예감하였다.

03
6 · 25 전쟁과 군생활

1. 전쟁 발발과 군입대

6 · 25 전쟁이 터졌다. 1950년 6월 25일 북쪽의 김일성 정권이 한반도 북위 38도선 전역에 걸쳐서 불법 남침을 감행한 것이다.

당시 나는 서울대 법대 2학년에 막 진학하여 서울에서 하숙생활을 하고 있었다. 마침 작은누이(명은 命濟)의 혼삿날이 6월 25일이어서 그 결혼식에 참석하기 위하여 어머니를 모시는 경남 마산의 큰형 댁에 내려와 있었다.

6 · 25 전쟁 당시 내가 만약 서울 하숙집에 있었으면 어떻게 되었을까? 아마도 나는 의지할 곳 없는 객지에서 엄청난 고생과 시련을 겪었을 것이다. 작은누이 덕분에 나는 6 · 25 전쟁으로 인한 1차적인 화를 피할 수 있었던 것이다. 나는 그때 이후 작은누이에게는 두고두고 이 말을 하면서 고마워하였다.

결혼식이 끝나고 작은누이는 어수선한 가운데 시집인 부산으로 떠나갔다. 그런데 서울 쪽에서 오는 전쟁의 소식은 암담하기만 하였다. 마산 자산동에 있는 큰형 집은 무학산을 등진 높은 지대에 있어 그곳에서 바다와 기차 다니는 것을 내려다볼 수 있었다. 군인들을 가득 실은 기차가 쉴 새 없이 삼랑진 쪽으로 지나가는 것을 보고 전쟁의 심각성을 실감할 수 있었다.

북의 공산군이 마산과 대구를 잇는 낙동강 전선까지 압박해 옴에 따라 나는 작은형이 있는 부산으로 가서 정세를 관망하였다. 당시 작은형은 서울공대 항공조선과를 졸업하고 부산에 있는 대한조선공사 조선과장으로 있었다.

군에 입대하여야 되겠다는 판단은 섰으나 어디에 들어가야 하는지에 대해서는 막막하였다. 이리저리 알아보던 중 맨 먼저 내 눈에 띄는 것이 '헌병 하사관 모집' 공고였다. 당시 군에 대하여 아는 것이 거의 없던 나로서는 이등병으로 가는 것보다는 나을 수 있겠다는 막연한 생각으로 일단 헌병 하사관에 지원하기로 마음먹고 구비서류를 준비하였으나 소정 기일 내에 준비가 안 되어 기회를 놓치고 말았다.

그 다음에 내 눈에 들어온 것이 '국제연합 연락장교단 모집'이었다. 한국군과 UN군 간의 연락장교로서 실제로는 통역장교의 역할을 하는 것인데 그 명칭의 어감이 멋이 있고 또 학교에서 배운 영어 구사능력을 실제로 익히고 발전시킬 수 있는 기회도 되겠다 싶어 지원하기로 하였다. 그런데 연락장교의 응시자격으로 연령이 만 20세 이상이어야 한다고 되어 있는데 나는 당시 만 19세밖에 되지 않았으므로 고민하던 중 나이를 한 살 올려 응시하여 합격하였다.

당시 '국제연합 연락장교단'의 단장은 훗날 국무총리를 역임하신 강영훈 대령이었다. 미남 청년장교인 강영훈 대령이 구두시험관으로 직접 나와서 질문하신 기억이 생생하다.

먼저 영문 국역문제로 "To be or not to be, that is the question"이

우리말로 무슨 뜻이냐고 물으셨다. 이거야 학교에서 배운 유명한 햄릿의 독백이므로 마음속으로 쾌재를 부르며 자신 있게 대답하였다.

다음 국문 영역에 가서는 "저 산 너머 적 1개 중대가 있습니다"를 영어로 말해 보라는 것이었다. 나는 학교에서 웬만큼 영어공부를 하였다고 자부하고 문제없으리라고 생각하였는데 시험관의 질문을 받는 순간 이 간단한 말을 영어로 하려니까 말문이 콱 막히는 것이 아닌가. 그러나 여하간에 어떻게 해서든 말을 만들어 'broken English'로 이야기하였는데, 강영훈 단장이 "There is one enemy company over the mountain"이라고 이야기하여 주었다. 그제야 "아~! 그렇게 하면 되는구나!" 하고 한숨을 돌렸다.

1952년 16병기중대 중위 시절의 저자. UN연락장교로 6·25에 참전하였다.

아무튼 이런 곡절을 겪고 그 시험에 합격하였는데 후일 내가 외무부 구주(歐洲) 국장 시절 강영훈 당시 주 영국 대사께서 일시 귀국하여 단 둘이 식사를 나눈 자리에서 당시 구두시험 이야기를 하였더니, 강 총리는 "아~! 그런 일이 있었던가?" 하고 유쾌하게 웃으셨다.

국제연합 연락장교단의 훈련은 2주일로 예정되어 있고 그 과정을 마치면 육군중위로 임관시켜 준다고 하였다. 부산 대신동에 있는 대신국민학교에서 16개 동작 등 기초적인 제식훈련을 받던 중 훈련시작 1주일 만에 훈련생 전원을 집합시키더니 나를 포함하여 반수 가량을 호명하여 대열 앞으로 나오게 한 후 일선 각 부대에 발령되었다고 하면서 해당 각 부대로 가는 것이 아닌가. 전선의 전황이 급하고 통역장교가 부족하여 어려움을 겪었던 모양이다.

그때 육군 중위의 계급장도 없이 내가 받은 군번은 60386이었고 소속 부대는 육군 제 3사단이었다.

2. 동해안을 따라서

배속 받은 부대를 찾아 괴나리 보따리를 메고 칠흑 같은 어둠 속에서 털털거리며 질주하는 군용트럭 뒤에 몸을 싣고 경주에서 포항 쪽을 향하여 갔을 때에 느낀 공포감을 나는 잊을 수가 없다.

쎙~! 쎙~! 쉴 새 없이 내 머리 위를 날아가는 대포소리를 들을 때마다 "아~ 이제는 죽었구나!" 하는 생각에 몸을 움츠렸던 것이다. 뒤에 안 일이지마는 그 대포알 날아가는 소리는 아군이 영천 쪽에 있는 적 진영을 향하여 쏘아대는 소리였다고 하였다.

작은누이 결혼식 덕분에 6 · 25 초기 서울에서의 고난과 피란의 고역은 면하였으나 전쟁을 한 번도 직접 겪어 보지 못한 나로서는 처음 맞닥뜨린 전쟁터였다. 그때 19년 동안 살아온 지나간 일들이 주마등(走馬燈)처럼 내 머리를 스쳐 지나갔다. 그러면서도 "이 시련은 나만이 당하는 것이 아니다. 모든 사람이 당하는 것이다. 나라 전체가 당하는 것이다"라고 되뇌고, 그렇기 때문에 아무리 어렵고 무서운 시련일지라도 이겨내야 하며 나 한 사람의 의무를 다하여야 할 것이라고 다짐하면서 마음을 굳게 먹으려고 노력하였다.

당시 육군 제 3사단 사령부는 포항 남동쪽으로 좀 떨어진 해안에 있었는데 당시 사단장이었던 이종찬 준장에게 도착신고를 하였더니 사단에서는 나를 맹호부대라고 부르는 제 23연대로 배속시켰다.

북진 개시

동해안에 부임한 지 약 한 달이 되었을 때 제 3사단 제 23연대는 동해안을 따라 북진하기 시작하였다. 육군중위로 임관된 나는 그때부터 제 23연대 고문관인 Morris 대위의 지프를 타고 그와 행동을 같이하였다.

밀고 밀리는 혈투가 계속되던 포항시를 탈환하여 들어가 보니 그간 야포와 함포사격으로 두들겨 맞은 이곳저곳에 큰 웅덩이가 파여 여러 군데 작은 호수들이 생겼고, 공중폭격으로 얻어맞은 포항시는 전 시내가 그야말로 쑥대밭이 되어 있었다.

포항시를 지나 그 뒷산에 가 보니 이게 웬일인가. 산 전체가 인민군의 시체로 덮여 있어 시체 썩는 냄새가 코를 찌르는 것이 아닌가. 그때가 늦은 여름, 초가을로 추석이 가까워지는 시기였으므로 바람이 우리 쪽으로 불어오면 온 산에 죽은 인민군 시체의 썩는 냄새가 바람을 타고 코를 찌르는 것이었다.

고문관인 Morris 대위는 시체 썩는 냄새가 아무렇지도 않은 듯 단검을 꽂은 M1총을 가지고 시체들을 뒤적거리고 다니더니 얼마 떨어진 곳에서 "조 중위, 이리 와 봐!"라고 큰 소리로 나를 부르더니 인민군 시체에서 찾아낸 쌍안경을 치켜들고 나에게 자랑하였다. 소련제 권총을 찾다가 못 찾고 쌍안경을 찾은 것이다.

그때 나는 생전 처음 보는 썩어 가는 시체 더미와 역겨운 냄새에 질려 얼굴이 백지장처럼 창백해져 있었던지, Morris 대위가 "조 중위, 어디 아픈가? 인민군이 많이 죽었어. 기분 좋지 않아? 왜 기분이 나쁜가?"라고 반문하므로 "아니, 괜찮다"고 나지막하게 대답하였다.

시체에 깔린 포항 뒷산은 야포와 함포사격으로 두들겨 맞고 공중으로부터 공격을 받아 바위와 흙밖에 남아 있지 않았다. 양쪽 발이 쇠사슬에 묶인 채 타 죽은 기관총 사수는 네이팜탄에 맞은 듯 마치 개구리가 반쯤 타 죽은 것처럼 쪼그라들어 죽어 있었고, 시체 주변에는 쌀가루인지 보릿가루인지 모를 식량주머니가 터져 그 가루가 이곳저곳에 널려 있었다.

누렇게 바랜 조잡한 선전 전단에는 "인민군 전사들이여! 이곳만 점령하면 남조선 전 국토에 인민공화국의 국기가 나부끼게 되니 전사들은 전력을 다하여 적을 공격하라!"고 독려하고 있었다. 이러한 전단에 속아 죽을 때까지 싸우다가 죽은 인민군의 시체를 보면서 공산주의자들의 악랄함에 치를 떨었다. 생전 처음 경험하는 전쟁의 현장은 만 19세인 젊은 나에게 너무나 큰 충격을 주었다.

인민군 포로

우리 제 3사단 제 23연대는 포항을 지나 동해안을 따라 계속 북진하기 시작하여 영덕시를 점령하였다. 당시에는 확실히 몰랐는데 아마도 그때가 UN군에 의한 인천 상륙작전이 성공한 그 무렵이 아니었나 짐작된다. 아무튼 인민군은 패주하기 시작하였고 그를 추격하는 최전방의 아군부대는 중대 대대 등 전투병력과 연대본부가 거의 동시에 움직였으므로 연대장과 미고문관 Morris 대위와 함께 영덕시에 들어갔을 때에는 바로 몇 백 m 전방에서 교전하는 총소리가 들렸다. 영덕시 중심가에는 "인민공화국 만세!"라고 쓴 플래카드가 걸린 높은 탑이 그냥 서 있었으며 그 꼭대기에는 인민공화국의 국기가 걸려 있었다. 연대장은 도끼를 가져오게 하여 그 탑을 직접 찍어 넘어뜨렸다.

그때, 도시 뒷산으로 개미떼처럼 도망쳐 올라가는 인민군들을 육안으로 볼 수 있었으며 우리 연대 장병들은 도망가는 인민군을 향하여 총을 쏘아 댔다. 미처 도망가지 못한 인민군들은 줄줄이 붙잡혀 와서 양손을 박박 깎은 머리 위에 얹고 길가에 꿇어앉아 있었는데, 대부분이 16세에서 20세까지의 어린 나이로 보였다.

그때 미고문관은 나를 통하여 연대장에게 "장교는 장교임과 동시에 신사여야 한다"고 하면서 잡힌 포로들에 대한 신사적인 대우를 강조하였다. 뒤에 그 말이 "전시 포로에 대한 대우에 관한 제네바 협약"을 준수하여야 한다는 뜻으로 이해하였지만 당시 내 마음에는 죽고 죽이는 살벌한 전쟁터에서 신사가 되라는 미고문관의 비현실성을 이해할 수가 없었으며 어딘지 위선적인 면이 있는 것처럼 느꼈다.

그로부터 약 4개월 후 중공군의 개입으로 우리 제 3사단이 후퇴하여 중동부 전선에 배치되었을 때의 일이 생각난다.

연대장이 한 미고문관에게 술 한잔 하자고 권하여 일선 산속에서 간단한 술상을 차려놓고 잔을 주고받는 자리에 통역으로 동석하였다.

술이 거나하게 취하여 연대장이 미고문관에게 "아주 질이 나쁜 적의 첩자를 두 놈 잡았는데 그놈 중 한 명은 내가 직접 쏴 죽이겠다"고 하자 같이 얼큰하게 취한 미고문관이 "나도 한 놈을 쏴 죽이겠다"고 하지 않는가. 연대장과 고문관을 따라 계곡에 가 보니 거지같이 너덜너덜한 평복을 입은 두 명이 묶인 채 악을 쓰고 있었다. 연대장이 M1 소총으로 그중 한 명을 쏘아 죽이자 잇따라 미고문관이 45구경 권총으로 다른 한 명을 쏴 죽였다.

그중 한 명은 끝내 "인민공화국 만세!"를 울부짖으며 쓰러졌다. 평복을 입었으나 인민군이 틀림없었고 아마도 첩보수집을 하는 정보대 요원이었던 것 같았다.

다시 동해안으로 돌아가서 북진을 계속하자. 이미 인민군은 완전히 와해된 듯 우리 제 3사단은 패주하는 인민군을 소탕하면서 동해안을 따라 북진에 북진을 계속하였다.

동해안의 국도에는 끝도 없이 길게 계속되는 아군의 convoy(호송차량)의 행렬이 뱀처럼 북쪽을 향하여 움직였다. 밤낮을 가리지 않고 어떤 때는 좀 빨리 가다가 멈추기도 하고 또 어떤 때는 속도를 줄여 천천히 가기도 하였다. 패주하는 인민군의 발악적인 저항을 받았을 때에는 앞서가던 아군과의 교전이 있어 총소리가 들리다가도 아군이 이를 간단히 물리치면 멈추던 convoy가 다시 움직이기 시작하였다.

그 기나긴 convoy 속에 나는 미고문관인 Morris 대위의 지프를 타고 있었다. 영덕에서 울진으로 가는 국도를 따라 올라가는데 오른쪽은 끝도 없는 백사장이 길게 이어져 바다의 파도가 계속 부딪치고 왼쪽은 깎아지른 듯한 작은 절벽이 병풍처럼 계속되는 곳을 지나가게 되었다. 그날 밤은 추석이었고 추석날 밤의 달은 당연히 밝았다. Morris 대위가 운전하는 지프 옆자리에 앉아 스며드는 추위를 막으려고 군담요를 무릎 위에 덮고 추석 달을 바라보면서 부모형제를 생각하였다.

북위 38도선 돌파

울진을 지나 얼마 안 가서였다. 한 청년이 "국군 만세! 대한민국 만세!"라고 쓴 현수막을 혼자 들고 미친 사람처럼 튀어나와 껑충껑충 춤을 추었다. 창백한 얼굴이 온통 수염투성이였던 것으로 보아 그동안 인민군에 끌려가지 않으려고 숨어 있었던 것이 분명하였다.

삼척과 강릉을 지나갈 때에는 남녀노소 할 것 없이 길거리에 나와서 태극기를 흔들며 열광적으로 우리를 환영하여 주었다. 그때가 마침 과일이 무르익은 가을철이었으므로 사과와 배를 지프 가득히 얹어 주었다. 공중에 붕 떠서 마치 개선장군처럼 환영인파를 지나갔던 그때 일이 눈에 선하다.

이렇게 북진을 계속하여 우리 제 3사단은 드디어 북위 38도선을 넘었다. 한·미군을 통하여 우리가 제일 먼저 북위 38도선을 넘었음을 알았다. 우리는 그곳에 "We are crossing the 38th parallel"이라고 쓴 나무 표지판을 세웠다. 그때가 1950년 10월 1일이었다.

양양

38도선을 넘어서자마자 양양이라는 작은 어촌이 나왔다. 양양은 지금 휴전선 이남이라 대한민국의 땅이지만 6·25 전쟁 이전까지는 38도선 이북에 있었으므로 북한의 관할하에 있었던 곳이었다.

그런데 이상한 느낌이 들었다. 우리가 들어가 보니 젊은 사람은 없고 늙은이와 여자들만 있는데 허름한 옷을 입고 길가에 나와서 만세를 부르는데 그 모습이 아주 어색하기 짝이 없었다. 모기만 한 소리로 만세를 부르면서 연신 도망가는 것이 아닌가. 또한 손에 든 태극기의 태극과 4괘가 거의 엉터리로 그려져 있는 것이 기이하게 느껴졌다.

그래서 도망가는 사람을 붙들어 그 까닭을 물은즉, 인민군이 도망가면서 국방군은 이미 다 죽고 지금 올라오는 군대는 양키 미군인데 그 미군도 모두 검둥이라 짐승처럼 포악해서 재산을 빼앗고 여자를 보면 닥치는 대로 겁탈한다고 하였다는 것이다.

38도선 이남에 살던 주민들은 인민군이 그렇게 거짓으로 선전하여도 속지 않았을 것인데 자유민주주의 치하에서 살던 경험이 전혀 없는 양양 주민들은 철저한 세뇌공작 때문에 인민군의 말을 그대로 믿고 맞아죽거나 겁탈을 당할까 봐 만세를 부르면서도 도망간 것이다. 이미 그때에도 다른 체제하에서 살던 동족이라 하여도 이와 같이 달라져 있었던 것이다.

원산, 흥남, 함흥

양양을 지나 우리 제3사단은 간성, 고성을 거쳐 참으로 신나게 북진을 계속하여 원산에 입성하였다. 북위 38도선을 돌파한 지 열흘 만이었다. 원산항도 함포사격과 포격 및 공중폭격으로 곳곳에 웅덩이가 파여 있었고 참담한 모습이었다.

원산을 떠나 흥남에 가서는 그 유명한 흥남질소비료공장을 둘러보았다. 미고문관의 지프를 같이 타고서 공장을 일주하는데 꽤 많은 시간이 걸릴 정도로 그 규모가 대단히 컸다. 일제강점기에 일본이 한국산 양곡을 착취할 목적으로 그 재배에 필요한 비료를 대량생산하기 위하여 마음먹고 지은 것이었는데 폭격 등으로 완전히 망가져 있었다.

흥남을 거쳐 함흥에 들어서자 북한에 와서 처음 도시다운 도시에 왔다는 인상이 들었다. 비록 전화(戰禍)를 입은 흔적은 있었으나 비교적 덜 파괴된 것 같고 도시 자체가 아담한 느낌을 주었다. 비교적 잘사는 집에 연대본부를 설치하고 연대장, 미고문관과 같이 거처를 정하였다. 그 집 서재에 들어서니 서울대 법대에서 배운 법률관계 일본서적이 서가에 가득 꽂혀 있는 것이 아닌가. 아마도 법조인이 살던 집이었던 것 같다.

나는 법대 2학년에 진학하자마자 6·25 전쟁이 터져 학업을 중단할 수밖에 없었는데 그 법률서적들을 보자마자 눈이 번쩍 뜨이도록 반가워서 일본 마키노(牧野) 교수가 쓴 형법책 한 권을 슬쩍하였다. 나는 그 책을 내 사물함에 넣고 다니면서 그 후 시간 날 때마다 읽었는데 그 일로 해서 마음 한구석에 늘 꺼림칙한 생각이 들었다.

성진 철수 작전

그 무렵 우리 제 3사단은 제 22연대만 제외하고는 예비사단이 되어 성진까지만 진격하여 휴식을 취하게 되었다. 제22연대만 계속 두만강 쪽으로 올라갔다. 들리는 소문에 의하면 우리의 인접부대인 제6사단 제7연대는 이미 압록강에 도착하여 압록강 물을 마시고 그 물을 수통에 받아 와서 위에 전달하였다고 하였다.

그때 우리들은 우리의 완전승리를 의심치 않았고, "아, 이제야 우리 나라가 통일이 되겠구나!"하며 기뻐하였다.

그런데 이게 웬일인가. 압록강 두만강 쪽으로 진격하였던 아군이 총 퇴각하기 시작하였다. 중공군이 개입하여 인해(人海) 전술로 밀고 내려온다는 것이었다. 그해 11월 말경이었다.

성진에 있던 우리 제3사단 병력은 성진 부두에서 LST(*Landing Ship Tank*, 상륙작전용 함정)에 탑승하였다. 뒤에 들은 이야기지만 나머지 국군과 미군은 흥남부두에서 철수하였다고 한다. 그 유명한 흥남철수 작전이다. 우리는 흥남철수작전과 별도로 성진에서 12월 10일 제일 먼저 철수한 것이다.

LST에 탑승하면서 부두 쪽을 보니 부두에는 우리와 같이 남쪽으로 가겠다는 북한주민이 개미떼처럼 몰려와서 LST에 태워 달라고 아우성을 쳤다. 미군 측과 이야기가 되었는지 그 민간인들은 앞을 다투며 몇 척 안 되는 LST에 몰려들었으며 내가 탄 LST에도 빈틈이 없을 정도로 탑승하였는데 부두 쪽을 보니 여전히 개미떼처럼 운집한 북한주민들이 태워 달라고 울부짖었다. 끝도, 끝도 없었다.

어차피 다 태워 줄 수는 없었던지 새까맣게 매달리는 북한주민들을 뿌리치고 LST의 뒷문이 냉정하게 닫힐 때 온 천지가 통곡소리로 진동하는 아수라장이 되었다. 많은 주민들이 물에 빠져 허우적거리는 것을 보았고 우리가 탄 LST는 무정하게 성진항을 떠났다. 운집한 주민들은 점점 멀어졌고 울부짖는 소리는 점점 작아졌다. 아마도 그들은 모두 뒤쫓아 온 인민군들에 붙잡혀서 죽음을 당하거나 곤욕을 치렀을 것이다.

LST 갑판 위에는 입추의 여지없이 북한주민들로 가득 찼고 배가 떠나서 파도에 흔들리자 많은 주민들이 뱃멀미를 하여 갑판 위에는 토해내는 음식물로 가득차고 거기서 나는 악취로 마치 생지옥과 같았다. 나는 바닷바람이 거센 혹한 속에서 몸을 떨었다.

LST의 조타수는 일본인이었으며 이렇게 LST를 타고 남하하여 사흘 만에 포항 근처인 구룡포에 도착하였다. 약 3개월이나 걸려 성진까지 북진하였다가 불과 사흘 만에 제자리로 후퇴해 버린 것이다.

구룡포에 도착한 제 3사단은 곧 중동부전선에 재배치되었다. 나는 중동부전선으로 떠나기 전에 부대장과 미고문관의 허락을 받고 며칠간 가족이 있는 마산 집에 다녀왔다.

다행히 인민군이 마산까지는 들어오지 못하여 어머니와 큰형 가족은 모두 무사하였다. 군에 입대한 뒤 최전선에 배치되어 함경북도까지 갔다가 4~5개월 만에 가족들을 만나는 기쁨은 이루 말할 수 없었다. 가족들은 나를 보더니 죽은 사람이 귀신이 되어왔다고 놀라워하고 반가워하였다.

가족들은 우리 부대가 성진까지 가서 예비사단(제 22연대 제외)이 된 줄은 모르고 압록강 두만강 쪽으로 계속 북진하였다가 중공군의 개입으로 거의 몰살하다시피 당하였다는 보도를 들었기 때문에 내가 십중팔구 죽었을 것으로 추측하였다는 것이다.

이런 이야기를 하면서 내 얼굴을 자꾸만 만지시던 어머니의 모습을 잊을 수가 없다. 어머니는 아들이 살아 돌아왔음을 되풀이하여 확인하고 싶어 하신 것 같다.

가족들과 행복하게 보낸 며칠이 빠르게 지나가고 나는 제 3사단 제 23연대가 있는 중동부 전선으로 갔다.

3. 중동부 전선 … 생사(生死)의 갈림길

　개전 초기에 동해안을 따라서 승승장구하며 북진하던 것과는 대조적으로 중동부 전선에서 경험한 전쟁은 힘들고 험난한 것이었다.
　지형도 첩첩산중이었고 계절이 가장 추운 때였으므로 연대본부를 따라다니면서 고생이 많았다.
　혹한에 산속에서 1인용 천막을 치고 군담요를 뒤집어쓰고 개구리처럼 자다가 잠결에 천막 받침 봉이 넘어지면 일어나서 다시 세우기가 귀찮아 그냥 움츠린 채 밤을 지새우는 일이 많았다. 1인용 천막은 받침 봉이 하나라 잘 넘어졌다. 눈이 오는 밤에는 받침 봉이 넘어져서 얼굴과 맞붙은 천막 위로 밤새 눈이 떨어지는 소리를 들으며 잠을 자야 했던 그때를 잊을 수가 없다.
　인제 근처의 촌락에서 중공군의 기습공격을 받은 일이 있었다.
　나는 제 23연대장인 김종순(金宗舜) 대령과 미고문관과 같이 그 촌락에서 자는데 밤중에 따발총소리와 꽹과리 소리에 놀라 침대에서 튀어나왔다.
　촌락 앞을 보니 훨씬 전방에 포진하고 있어야 할 아군병력이 파도처럼 밀려오는 것이 보였다. 그날은 달빛이 밝아 후퇴하는 모습이 마치 넓은 들판에 잘 자란 벼가 바람에 나부끼는 것 같았다.
　그 순간, 연대장이 옆에 있던 정보참모 이 대위에게 "저놈 잡아라!"

라고 나지막하게 말하였고, 이 대위가 그놈을 잡아 넘어트리자 다른 사람들이 합세하여 그놈을 때려죽였다. 순식간에 일어난 일이었다.

그놈은 너무 용감하여 빨리 돌진하며 아군의 연대본부인 줄 모르고 뛰어들면서 중국말로 뭐라 뭐라 하였는데 우리 연대장이 만군출신이라 중공군인 줄 알아차리고 "잡아라"라고 한 것이다.

이런 가운데, 중공군이 연대본부까지 들이 닥쳤으니 몸을 피해야 할 형세가 되었다. 일렁이는 벼 물결 속에 같이 합류하여 퇴각하기 시작하였다. 그곳은 넓은 평야지대라 은폐할 곳도 없어 장교고 사병이고 그냥 도망가는 것이었다.

아무튼 그때는 총알이 "쌩~!" 하고 날아오면 반사적으로 몸을 피하고 또 "쌩~!"하면 엎드리고 하면서 걷잡을 수 없는 상태에서 모두가 도망가기 바빴다.

그때였다. 논과 논 사이에 논두렁이 있는데 그중 약간 높게 올라온 곳에 김종순 연대장이 올라서더니 총알이 "쌩~ 쌩~!" 지나가는데도 태연하게 서서 "그만 후퇴하라. 대대장은 어디 갔나. 각 부대장은 여기에서 부대를 수습하라!"고 큰 소리로 외치는 것이 아닌가. 그랬더니 대대장, 중대장들도 총알이 비처럼 날아오는 데도 불구하고 소리소리 지르며 자기 부대를 챙기고 정비하여 그 이상의 후퇴를 막았다.

지형상 엄폐물이 충분하지 않음에도 불구하고 그 선을 지켜내다가 얼마 안 가서 날이 밝아오자 미군비행기의 공중 엄호를 받아 다시 반격해 간 것이었다. 참으로 기적과 같은 일을 목격한 것이다.

나는 그때 김종순 연대장이 총알이 "쌩~!" 하고 지나가는 높은 곳에서 "부대를 수습하라!"고 외치던 모습을 보고 솔선수범이란 저런 것이로구나 하고 깊은 감명을 받았다. 군 지휘관이기에 당연한 것이 아니냐고 말할지 모르지만 어디 그것이 실제로 그리 쉬운 일이 아니지 않은 가. 그런 지휘관이 많은 군대는 강한 군대일 것이다.

반격하여 연대본부가 주둔하였던 촌락에 가 보니 연대장 지프 운전병이 처참하게 죽어 있었다. 그 운전병은 연대장을 위하여 지프를 가지고 나오려고 시동을 걸다가 엔진이 얼어 시동이 걸리지 않아 피하지 못하고 중공군에게 맞아 죽은 것이었다. 위급한 상황에서도 자기 목숨을 돌보지 않고 끝까지 사명을 다하려고 시동을 걸다가 그런 참변을 당한 것이다.

현리 전투

중동부 전선인 현리에서 육군 제 3군단 병력이 몽땅 중공군에게 퇴로가 막혀서 하진부리까지 패주한 일이 있었다. 물론 우리 제 3사단도 그 포위망 속에 있었다.

1951년 5월 중순경 우리 제 3사단은 현리 북쪽 가리산 서쪽 해발 약 1천 m의 능선에 배치되어 적군과 치열한 공방전을 벌였다.

이 무렵, 오미재에 적 소수병력이 나타나 길을 막았다는 이야기가 들려왔다. 오미재는 현리를 향한 유일한 주보급로(MSR)로서 만약에 오미재가 막힐 경우 그 전방인 현리 지역에 포진한 아군 제 3군단 병력이 몽땅 그 퇴로를 끊기게 되는 것이었다.

처음에는 오미재를 점령한 적의 병력이 중대 이하의 아주 소수이고 아군은 일개 군단병력(제 3사단과 제 9사단)이었으므로 그리 대수롭게 여기지 않고 돌파작전을 시도하였으나 그게 아니었다.

현리 전선에서 고지를 뺏고 뺏기는 치열한 혈전을 계속하던 아군병사들에게 오미재가 막혔다는 소식이 퍼지자 장병들이 당황하기 시작하였다. 아군은 최전선이 흔들리고 마침내 후퇴하기 시작하였다. 그런 사이에 오미재의 적군은 점점 증강되어 제3군단의 병력이 군단사령부만 제외하고는 몽땅 포위당하는 꼴이 되고 말았다. 여러 명의 미고문관도 그 포위망 속에 있었다.

1951년 5월 17일로 기억한다.

나도 처음에는 오미재의 적군이 소수이므로 쉽게 물리칠 수 있을 것으로 알았으나 점점 사태의 심각함을 깨닫기 시작하였다. 날이 어두워지면서 철수가 시작되었다. 우리 제23연대는 나머지 연대의 철수를 엄호하면서 철수하라는 명령을 받은 듯 맨 마지막에 철수하였으므로 우리 바로 뒤에는 공병대가 길과 다리 등을 파괴했다. 뒤를 돌아보니 아군의 화포와 전차를 파괴하고 탄약을 집결시켜 폭파하는 듯 그 폭파소리가 천지를 진동하였으며 탄약을 폭파하는 불꽃이 하늘 높이 치솟아 올라가는 것이 장관이었다. 퇴각하기 전에 적의 수중에 들어가지 않도록 폭파해 버리는 것이었다.

워낙 험한 산간계곡이라 도주하는 길은 한 사람밖에 다닐 수 없는 좁은 길이었고 뒤따라오는 적의 따발총 소리에 엎어지고 넘어지면서 무조건 뛰었다. 좁은 길이었으므로 앞사람만 바라보고 뛰는데 앞사람이 설라 치면 나도 설 수밖에 없고, 멈추면 잠이 쏟아져 서서 쿨쿨 자게 되는 것이었다. 그러다가 뒷사람이 툭 치면 잠에서 깨어나고 앞에는 아무도 없고 그 길을 잃으면 실종되므로 앞사람이 보일 때까지 또 한참 엎어지고 넘어지면서 죽어라고 뛰는 것이었다.

그렇게 열심히 뛰어갔건만 뒤따라오는 적군의 총소리는 좀처럼 멀어지지 않았다. 거기에는 연대장도 없고 미고문관도 없었으며 나 혼자만

인제 근처에서, 제23연대 연대참모들과 같이.
가운데 서 있는 사람이 저자.

이 생명을 구하려고 필사적으로 뛰는 것이었다. 도망가는 길옆에는 많은 아군병사들이 물구덩이 속에 기진맥진하여 쓰러져 있었다. 5월이라고 하나 고산지대여서 그런지 산간계곡의 날씨는 추웠고 잠도 못 자고 허기진 상태에서 길옆 물구덩이에 쓰러져 자면 그대로 얼어 죽거나 적의 포로가 될 수밖에 없는 절박한 상황이었다.

그 이튿날 낮에 미군 비행기가 날아와서 비스킷 등 마른 식량을 공중투하하여 주었으나 내 옆에는 하나도 떨어지지 않았다.

이렇게 하여 방대산을 거쳐 이틀 동안 걸려서 그 험난한 오대산을 넘었다. 고도 1,400m 이상 되는 오대산에는 5월임에도 불구하고 우박이 쏟아졌으며 우박을 맞으면서 생전 처음 우박에 덮인 꼬불꼬불한 고산 식물을 보았다.

오대산을 넘어 하진부리에 도착하니 어둠속에서 횃불을 들고 각 부대를 수습, 정비했다. 제 3사단 제 23연대를 찾아가 보니 거기 모인 병력이 턱없이 적었다. 거기에서 처음 주먹밥과 고추장을 먹을 수 있었는데 그때 먹은 주먹밥과 고추장 맛을 지금도 잊을 수가 없다.

약 1년간의 일선근무를 마치고 휴가를 얻어 가족이 있는 마산으로 갔다. 후방에 와서 들으니 부산에 전시연합대학이 설치되어 학업이 중단된 대학생들이 학업을 계속한다고 하였다. 정신이 번쩍 들었다.

대구에 있는 육군본부 고급부관실 연락장교 인사담당 장교를 찾아갔다. 학연이나 지연 같은 연줄이 있는 것도 아니었고, 누구의 소개를 받아간 것도 아니었다. 무조건 방문하여 "지금까지 1년이나 최전방근무를 하였으니 이제 학업을 계속할 수 있도록 후방근무로 옮겨 달라"고 단도직입적으로 청하였다. 그 장교는 내 말을 듣더니 "잘 알겠다"고 하면서 "어떤 부대를 원하느냐?"고 묻는 것이 아닌가.

대화하면서 곧 알게 되었지만 그 장교 역시 통역장교였으며 대학재학 중에 입대하여 나와 똑같은 처지에 있었으므로 공부를 계속하겠다는 나의 입장을 너무나 잘 이해했던 것이다. 하여튼 희망하는 부대에 대하여는 미리 생각해 두지도 않았으며 솔직한 심정으로 후방으로 빼준다면 아무 부대라도 좋다는 형편이었으나 "어디로 가겠느냐?"고 물으니 욕심이 생겨 "병참부대로 옮겨 주십시오"라고 얼떨결에 대답하였다. 그 장교는 "알았다. 집에 가 있으면 연락을 주겠다"고 하면서 내 연락처를 받아 적었다.

군에 대한 지식이 많지 않았던 당시로서 막연히 "병참"은 군수물자를 취급하는 곳이라는 정도만 알고 그렇게 희망하였으나 과연 후방으로 발령을 내줄까 반신반의(半信半疑) 하면서 집으로 돌아왔다.

휴가기간이 다 끝나가고 조마조마하게 마음을 졸이던 중 육군본부 고급부관실 그 장교로부터 전화가 걸려왔다. "병참부대는 자리가 없고 마침 신설되는 병기부대에 자리가 하나 났는데 그리로 가겠느냐?"는 것이었다. 마다할 이유가 없었다. 이렇게 하여 제 3사단 제 23연대 근무를 마치고 후방인 병기부대로 발령을 받았다.

지금 생각하면 그 당시 무턱대고 찾아가서 후방으로 빼 달라고 부탁한 나도 그렇고, 이에 대하여 아무런 대가없이 그 부탁을 시원시원하게 들어준 그 장교도 지금 세태에서는 있을 수 없는 일이라 생각한다. 이름도 모르는 그 장교에게 두고두고 고맙게 여길 뿐이다. 그 장교도 당시 나와 같이 20대 초반의 청년이었다. 아직 살아 있는지, 지금 어디서 무엇을 하는지 가끔 어렴풋이 얼굴이 떠오른다.

4. 병기 부대

제 16병기 중대

처음에 발령을 받은 부대는 서울 삼각지에 신설된 육군 제 60병기대대 소속 제 19병기 중대였는데 그곳에서는 오래 있지 않았고 얼마 지나지 않아 전라남도 광주에 주둔하던 제 16병기 중대로 전속되었다. 정확한 부대 명칭은 '제16병기 정비 보급중대'이지만 편의상 '제16병기 중대'라고 약칭하기로 한다.

광주에 가 보니 전쟁 중이라고 하나 일선과 후방의 분위기는 아주 딴판이었다. 총탄이 날아오는 가운데서 적과 생명을 걸고 맞서 싸우는 최전방과는 달리 후방인 광주의 사는 모습은 너무나 느슨하였고, 특히 환락가의 밤은 전시 중이라는 사실을 잊게 할 정도로 황홀하고 흥청망청이었다.

한편 만 20세를 막 넘어선 나 자신으로서는 나와 내 주변을 살피지 않을 수 없었다. 학업은 중단상태이고 전쟁은 언제 끝이 날지 앞이 안 보이고 나라의 장래는 어떻게 될 것이며 우리 젊은이들의 장래는 어떻

미고문관과 함께.

전라남도 광주의 제16병기 중대. 뒷줄 맨 오른쪽이 저자.

게 될 것인가. 참으로 막막하고 암담한 심정이었다.

　제16병기 중대의 다른 병기장교 중에도 나와 비슷한 환경에서 학업을 중단하고 병기장교가 된 젊은이들이 있었으므로 그들과 어울려서 광주의 술집을 자주 찾는 그런 생활이 계속되었다. 술로서 좌절감(挫折感)을 달랬던 것이다.

　당시에는 월급 이외에 약간의 장교 후생비도 지급받아 부양가족이 없는 나로서는 경제적 여유도 좀 있었다. 후생비란 부대장비 중에서 일제 트럭 한두 대를 후생사업에 돌려 장사하여 번 수입을 가지고 장교 가족들 생활에 보태 쓰도록 지급한 돈이었다. 당시 군부대에서는 공공연하게 묵인했고 오히려 그렇게 함으로써 군대 내의 부정을 방지하는 역할을 하고 있었다.

병기정비 보급중대는 군 차량(전차, 장갑차 등)을 포함하여 총포, 탄약 등 모든 병기장비 등을 정비하고 보급하는 것을 임무로 하였다. 헌병중대를 포함하는 모든 부대들이 자기들 후생사업용 차량을 포함한 차량의 정비를 병기중대에 와서 부탁하는 처지였으므로 병기중대의 끗발은 막강했다. 이런 환경에서 우리 중대 장교들은 가끔 광주지구 헌병부대 장교들의 초청을 받아 광주의 요정에서 그들과 어울렸다.

20대 초반의 젊은 시절을 이렇게 흥청망청 놀면서 2년 이상이나 허송세월한 것이다.

미고문관 Hastie 대위

병기정비 보급중대는 군용차량, 전차, 총포, 탄약 등 모든 병기를 정비하고 보급하는 부대였다. 당시 이와 같은 장비는 전부 미국으로부터 지원받은 것이었으므로 정비기술의 제공과 보급의 감독을 위하여 중대단위에 미국의 대위급 병기장교인 미고문관이 미국의 기술하사관 두세명을 거느리고 파견 나와 있었다. 그래서 통역장교 1명이 필요한 것이었다. 특히 자동차의 엔진이나 타이어 같은 것은 당시 시중에 유출되면 엄청난 이익을 얻을 수 있었으므로 미고문관은 그러한 부정유출을 감시하는 역할도 하였다.

제 16병기 중대에 근무하던 광주시절에 나는 세 명의 미고문관 대위를 겪었는데 그 세 사람과 다 잘 지냈지만 그중 특히 Hastie 대위를 잊을 수 없다. Hastie 대위와는 가장 오래 같이 근무하였을뿐더러 인간적으로도 가깝게 지냈다.

Hastie 대위는 미국인 치고는 말이 적은 편이었고 검소하였다. 그가 차던 손목시계는 10년 이상 되어 보이는 고물이었으며, 발목까지 올라오는 군화(속칭 워커)는 2~3년은 넘게 신었던 것으로 보였다. 부자나라, 물자가 풍부한 미국의 육군 대위가 그렇게 아껴 쓰는 데 대하여 감명을 받았다.

같이 지낸 지 1년쯤 되었을 때 Hastie 대위는 자기 숙소에서 아들이 보낸 편지를 나에게 보여 주었다. 그 편지 속에는 아들이 오려서 보낸 만화가 들어 있었는데 그 만화는 어린 아이가 침대 밑에서 목을 빼고 아버지에게 "아빠, 엄마 때리지 말고 나를 때려!"라고 쓰여 있었다. 그때 Hastie 대위의 눈에는 눈물이 가득 고여 있었다.

나는 그제야 Hastie 대위가 부인과 이혼하였으며 서너 살밖에 안 되는 어린 아들이 있다는 것을 알았다.

그로부터 얼마 후 Hastie 대위는 나에게 농담 반 진담 반으로 여자친구를 소개해 달라고 하였는데 나는 그런 일에는 소질도 없거니와 가능하지도 않았으므로 농담으로 치고 웃고 넘겨 버렸다. Hastie 대위는 본국으로 떠나면서 "조 중위가 나에게 여자친구를 소개하지 않은 것은 아마도 잘한 것인지 몰라"라는 알 듯 모를 듯한 말을 하였다.

뒤에 외교관 생활을 하면서 혹시 미국근무를 하게 되면 Hastie 대위를 만날 수 있을까하고 기대해 보았으나 결국 미국 근무를 하지 못하고 만나지 못하였다.

어머니 회갑

제16병기 중대에 근무하던 광주시절, 마산 큰형 댁에 계시는 어머니의 회갑 생신에 맞추어 휴가를 얻어 어머니 곁으로 갔다. 마침 부산 병기창에 병기보급품을 실으러 가는 부대트럭편이 있어 그 앞자리 운전석에 앉아 가기로 하였다. 길이 좋지 않아 털털거리면서 한참 가다가 하동의 화개장터에 내려 닭 두 마리를 사서 한쪽 발씩 서로 묶어 트럭 뒤에 실었다. 도망 못 가게 조심하면서 몇 번이나 뒤를 돌아보았다.

마산에 도착하여 어머니께 인사하고 닭 두 마리를 드리면서 회갑잔치에 쓰시라고 하였더니 어머니 얼굴이 환하게 밝아지면서 너무너무 좋아하시는 것이 아닌가. 평소 희로애락(喜怒哀樂)을 잘 나타내지 않으셨던 어머니이시기에 오히려 내가 민망할 정도로 기뻐하셨다.

어머니 회갑을 맞이하여 휴가를 얻어 어머니가 사시는 마산 큰 형님 댁에 다녀왔다.

그 순간, 나는 내가 참 잘했다는 생각보다는 오히려 그동안 내가 너무나 어머니에게 해 드린 것이 없었다는 것을 뼈저리게 느끼고 자책감에 얼굴이 벌겋게 달아올랐다.

사실 나는 그때까지 어머니를 표나게 즐겁게 해 드린 일이 너무 없었던 것이다. 나 혼자의 느낌이었는지 모르지만 어머니는 내가 5남매의 막내여서 각별하게 더 사랑해 주셨던 것이 아닌가 생각하였다. 아버지가 돌아가신 후로는 더더욱 안쓰럽게 여기시는 것 같았다.

서울에서 학교 다니며 하숙생활을 하던 시절 어머니는 나에게 한지(韓紙)에 종서로 붓글씨로 흘려 쓰신 언문(한글) 편지를 얼마나 자주 보내 주셨던가. 처음에는 알아보기 어려웠던 어머니의 언문편지였지만 자세히 읽고 또 읽으면 90%까지는 알아 볼 수가 있었다. 대부분의 경우 먹는 것 잘 먹고 건강에 조심하라는 당부였지만 한 자, 한 자에 애정이 담겨 있었다. 그런데 어머니의 편지에 대하여 나는 얼마나 자주 회답 상서를 올렸는가. 너무 무심했던 과거를 생각하며 후회한들 무슨 소용이 있겠는가.

내가 40대 중반인 주프랑스 공사 시절에 어머니께서 타계하셨다는 비보를 들었다. 주프랑스 대사관 기사가 운전하는 공관차를 타고 프랑스 외무성에 갔다가 대사관으로 돌아오면서 그 기사가 보는 것도 아랑곳하지 않고 하염없이 눈물을 흘렸다.

제16병기 중대가 광주에서 대구 남쪽 경산으로 이동함에 따라 나도 경산으로 갔다. 그때는 전선이 어느 정도 안정되고 지루한 휴전회담이 계속될 무렵이었다.

대구에서 몇몇 학교친구들을 만났더니 다른 학교 동창들의 소식을 전하여 주었다.

"서울대 법대에 같이 입학한 친구 가운데 아무개는 이미 졸업했다", "중학과 대학 동창 중 아무개는 고등고시에 합격하였다" 등 실로 눈이 번쩍 뜨이는 소식이었다. 그자들은 무슨 재주가 있어 군대에도 안 가고 학교를 마칠 수 있었으며 고등고시까지 합격하였단 말인가. 나는 그동안 무엇을 하였는가. 나는 큰 충격을 받고 초조해지기 시작하였다.

그때부터 나는 우선 복학을 서둘렀다. 대위로 진급하여 대구에 있는 육군본부 병기감실로 근무처를 옮기고 서울대 법대에 등록하였다. 그때는 현역군인의 등록을 받아주었다. 법대 등록금은 군월급을 모아서 낼 수 있었다. 육군본부 병기감실에서는 주로 병기감실과 미고문관실 사이에 오가는 문서를 번역하였다.

그 후 학교가 서울로 올라와 있었으므로 나는 서울에서 가장 가까운 곳에 주둔하던 병기부대인 제309병기 대대로 전속하였다. 당시 제309병기 대대는 서울북방 의정부 방향 창동에 주둔했다. 천막을 친 장교 침실 내 나의 침대 머리맡에 있는 사물함은 법률서적으로 채워졌다. 그때부터 법률공부에 힘쓰려고 노력하였다. 그러나 마음뿐이지 그런 환경에서 공부가 잘되지 않았다.

무조건 등록은 해 두었으나 강의를 못 들었으므로 시험을 쳐서 학점을 따는 것이 쉬운 일이 아니었다. 학교 시험 때에는 제309병기 대대장의 허가를 받아 군복차림으로 학교에 가서 시험을 치렀다. 연령이 30대나 40대 이후가 되면 서너 살의 나이 차는 별로 눈에 띄지 않지만 20세 초반 때의 서너 살 나이 차는 대단히 큰 것이었다.

군복을 입고 서너 살 연하인 학생들과 같이 시험을 치르면서 5분 후면 시험관 교수가 시험문제를 가지고 들어올 시간인데 다급해진 나는

1955년 예비역 대위로 전역하여
군생활을 마무리했다.

옆자리에 앉은 어린 학생에게 시험범위인 법률책 3백 쪽을 내놓고 5분
동안에 중요한 요점을 간단히 설명해 달라고 하였다. 얼마나 다급하였
으면 그랬겠는가. 그 어린 학생은 하도 기가 막혀 말도 못하고 어리벙
벙한 표정을 지었다.

이러한 고초를 겪으면서도 나는 부대에서 공부를 계속하였고 꾸준히
학점을 따서 군복무기간은 5년이었으나, 2개 학년에 해당되는 학점을
군복무기간에 딸 수 있었다.

이와 같은 우여곡절 끝에 5년간의 군복무를 마치고 '학창 복귀' 케이
스로 1955년에 예비역 대위로 전역하고 서울대 법대 4학년 졸업반에 복
귀하였다.

2부

/

약소국 외교관의 사명

/

04
외교관 생활의 시작

1. 대학졸업과 고등고시 합격

5년간의 군복무를 마치고 서울대 법대에 복학하여 본격적인 고등고시(지금의 사법고시) 준비에 들어갔다. 법과를 선택한 이상 고등고시는 필수적인 과정으로 생각하였으며 나의 적성상 고등고시 사법과가 맞을 것으로 판단하여 그렇게 준비하였다.

고시과목을 중심으로 학교강의를 들으면서 나머지 시간은 하루 종일 서울대 도서관에서 살았다. 군대생활을 하면서 대학학점도 부지런히 따 놓았으므로 학교는 졸업시험까지만 치르고 마산 큰댁으로 가서 마산 시립도서관에 다니면서 마지막 마무리 공부를 하였다.

제대한 다음해인 1956년에 서울대 법대를 졸업하고 그 이듬해인 1957년에 시행된 제 8회 고등고시 사법과에 응시하였다.

시험 날이 다가왔다. 시험장에 가 보니 순조롭게 공부한 듯한 나보다 서너 살 연하로 보이는 수험생들이 삼삼오오 모여 이야기하고 있었다. 그들의 초롱초롱한 눈빛을 보니 군대생활로 늦어지고 제대로 체계적인 공부를 못한 나로서는 도무지 자신이 서지 않았다. 말동무도 없이 혼자 초조하게 기다리는데 시험관이 문제를 가지고 교실에 들어왔다. 내가 가장 어렵게 생각하던 민법시험 시간이었다.

시험관은 둘둘 말아 끈으로 맨 족자에 써 놓은 두 문제를, 족자를 풀어서 칠판에 걸어 보였는데 그 문제들 중 하나는 지금도 생생하게 기억

5년간의 군복무를 마치고 1956년에 서울대 법대를 졸업했다. 저자 왼쪽에 서 있는 김창희 동문은 오늘날까지 산행을 같이하는 등산친구이다.

한다. 그것은 '물권 변동의 요건과 효과'였다.

나는 그 문제를 보자마자 약간 마음이 놓였다. 그 당시까지 한국은 조선민사령에 의하여 일본민법을 준용했으므로 당시의 현행법인 일본 민법에 따라 물권 변동의 요건과 효과를 간결하게 설명한 다음 그때 이미 기초되어 논의되던 '신민법 초안'의 해당조항에 대하여 입법론적인 설명을 추가하였다.

내가 '신민법 초안'에 대하여 설명할 수 있었던 것은, 당시에 발간되던 월간 법률잡지인 〈법정〉(法政)을 구독했는데 그 잡지에 '민법 초안'에 대한 해석이 연재되었기 때문이었다. 아무튼 민법시험을 치르고 나서 큰 고비 하나를 넘긴 것 같은 안도감을 느꼈다.

내가 걱정하던 또 다른 과목은 국사였다. 일제강점기에 초중등교육을 받은 우리 세대가 우리나라 국사를 제대로 공부할 기회가 없었고 나의 성향이 역사적인 사실을 암기하는 재능이 부족하다고 스스로 느꼈기 때문이었다. 주변 고시준비생들의 권고에 따라 이병도 교수가 쓴 8백 쪽짜리 《국사대관》을 8번 읽은 것이 국사시험 준비의 전부였다. 오죽 급하면 우리나라 역대왕조의 왕명과 연대를 화장실 앞 벽면에 써 붙여 놓고 매일 큰일 볼 때마다 들여다보았을까.

국사문제도 두 문제였는데 한 문제는 기억이 없고 다른 한 문제는 '운양호 사건과 그 영향'이었다. 이 문제도 시험관이 요구하는 것이 암기보다는 이해력에 역점을 둔 것 같아 나름대로 생각한 것을 쓸 수 있어 다 쓰고 난 후 과락은 면하겠다는 느낌을 가졌다. 솔직히 고등고시에 응시하였을 때 첫 번에 합격하리라는 기대는 50% 이하였으나 시험을 치른 다음에는 그래도 혹시나 하는 희망도 가져 보았다.

필기시험을 치른 후 마산에 내려와서 심신의 피로를 풀던 중 당시 국무원 사무처(후에 총무처) 전례과장으로 재직 중이던 재종형 조은철로부터 전보 한 통이 날아왔다. 그런데 그 전보 내용이 "조광제 복합격"이었다. 처음에는 어리둥절하였다. 일단 합격을 축하한다는 내용이 아니겠느냐고 생각하면서도 '복합격'이란 말이 무슨 뜻인지 헷갈렸다. 혹시 '불합격'이란 말은 아닐까. 그러나 한편 생각해 보면 불합격한 것을 굳이 전보까지 보내며 알려 주겠느냐 싶어 그럴 리가 없다고 머리를 흔들었다.

그러는 사이에 합격자 발표가 신문에 보도되어 나는 온 식구의 축하 속에 공중에 떴다. 상기된 기쁨 속에서 제일 먼저 떠오르는 분이 저승에 계신 아버지였다. 우리들의 교육을 위하여 그다지도 애를 쓰셨던 아버지께서 살아 계셨으면 얼마나 기뻐하셨을까. 그날 밤 나는 밤새도록 눈물로 베개를 적시면서 아버지를 생각하였다.

2. 외무부 입부 … 정무국 조약과

필기시험에 합격하고 곧이어 지정된 일시에 구두(口頭) 시험을 치렀는데, 그 구두시험(면접)에 실패하고 말았다. 내가 치른 제8회 고등고시 사법과에서는 필기시험 합격자 수가 많아 구두시험에서 그 반수를 떨어뜨렸다는 이야기가 들렸다.

그 당시 제도는 요즈음과 달리 필기시험과 구두시험의 두 과정만 있었는데 필기시험에 합격하고 구두시험에 떨어진 자도 1년 후 구두시험에는 특별한 사유가 없는 한 다 합격시켜 주는 것이 관례였다.

나로서는 구두시험에 대비하여 준비를 할 것도 별로 없는 터라 1년을 허송세월로 그냥 보내기보다 그 동안이라도 근무할 수 있는 일반 행정 부처가 없는지 물색하기로 하였다.

그때 마침 국무원 사무처에 근무하던 나의 재종형인 조은철 전례과 장으로부터 외무부 직원 채용시험이 있는데 한번 쳐 보겠느냐는 연락이 왔다. 그 시험에 합격하면 촉탁을 거쳐 주사(主事) 직을 주고 근무성적에 따라서 사무관으로 올려준다는 것이었다. 그냥 1년을 놀 수도 없다싶어 그 시험에 응시하여 합격하였다. 처음에 외무부 총무과 인사계에 잠깐 있다가 의전국 여권과를 거쳐 정무국 조약과로 옮겨갔다.

당시 외무부의 직제는 총무과 외에 정무국, 방교국, 통상국, 의전국의 4개국(局)이 있었다. 정무국 밑에는 아주과, 구미과, 조약과 등 3개과가 있었다. 지금 이들 과(課)는 1개 내지 2개의 국으로 확대 개편되어 있지만 당시의 외무부 기구는 아주 단출한 것이었다.

정무국 조약과에 갔더니 윗분은 나에게 '재일교포의 북송문제'에 대한 연구서(study paper)를 만들어 보라는 과제를 주었다. 나는 아연 긴장하였다. '재일교포의 북송문제'는 일본 정부가 극비리에 북한의 재일 조총련과 야합하여 그 당시 이미 합의가 되어 발표까지 한 사안으로서 우리가 그 합의를 뒤집을 수 있는 형편은 아니었지만 내가 긴장한 이유는 이와 같이 중요하고 복잡한 사안의 연구를 나와 같은 신참자가 과연 해낼 수 있을까 걱정되었기 때문이었다.

그런데 주위를 살펴보니 약 10명 되는 조약과의 다른 직원들이 모두 제 나름대로 윗분으로부터 비슷한 과제를 받아 열심히 연구서를 만드는 것이 아닌가. 당시 조약과 직원들은 외국과의 관계에서 문제가 되어 윗분으로부터 지시받은 과제에 대하여 국제법적 측면에서 연구도 하고 또 직원들끼리 토론도 하면서 자기들이 하는 일에 대하여 긍지를 가지고 열심히 일하는 분위기였다.

어떤 직원은 자기가 작성한 연구서에 대하여 결재 받는 과정에서 윗분이 이견(異見)을 제시한 일이 있었는데 그 직원이 국제법 책을 들고 가서 윗분과 토론을 벌인 일도 있었다.

이렇게 하여 연구서가 완성되면 그것을 가지고 윗분의 결재를 맡고 장관까지 결재가 나면 그것이 외무부의 외교정책안으로 확정되고 또 그대로 시행되는 것이었다.

나는 차차 이러한 조약과 분위기에 익숙해졌으며 그러한 직장 분위

정무국 조약과 직원들과 함께. 앞줄 오른쪽에서 첫 번째가 연하구 전 스페인 대사. 중학교 동창인 연 대사의 권유로 사법고시 합격 후에도 외무부에 남기로 결심하였다. 왼쪽에서 다섯 번째가 저자.

기가 마음에 들었다. 이러한 분위기는 당시 국·과장과 같은 윗분의 총명함과 참신함 그리고 훌륭한 지휘능력이 만들어 낸 것으로 보였다.

그때 내가 맡았던 과제를 제목만으로 더듬어 보면 '재일교포 북송문제'(1959년) 외에 '외국인 토지 소유문제' 및 '출입국 관리법 개정' 등이 있었다. 그리고 조약과의 문서 중 섭외사범에 관한 사례를 추려내서 정리하여 〈섭외사범에 관한 예규집〉이라는 소책자를 만들어 외교관 실무용으로 전 재외공관에 배포한 기억이 난다.

대부분이 미혼이었던 당시 조약과 직원들은 퇴근할 때가 되면 버스값이 없어 이곳저곳을 뛰어다니면서 교통비를 빌릴 정도로 가난하였지만 나라의 이익을 위하여 일한다는 긍지와 사명감에 젊은 정열을 불태웠던 것 같다.

저녁 늦게까지 일하고 지금 세종로 코리아나 호텔 맞은편에 있던 외무부 현관까지 나와서 그냥 헤어지기가 싫어 과장이 자기 주머니를 털어 "나는 이것밖에 없는데 누가 더 없어?"하면 다른 직원이 "여기 있습니다"하고 돈을 보태서 무교동 막걸리집의 다락처럼 올라가는 천장 낮은 2층 방에 올라가서 과장 이하 과원들이 자주 막걸리를 마시고 기염을 토하였던 일이 기억에 새롭다.

3. 외무부에 남게 된 경위

이렇게 활기찬 외무부생활에 매료되어 생활하다 1년이 지나서 고등고시 사법과 구두시험에 합격하였다. 당시 외무부에서는 고등고시 행정과에 합격하여 1년간의 수습행정관 기간을 마치면 외무사무관급인

'외교관보(補)'라는 직급을 주었는데 나에게도 고등고시 행정과 합격자와 같은 예우를 하여 '외교관보'를 주었다(1958년).

내가 처음 외무부 입사시험을 치르고 들어왔을 때에는 고등고시 사법과 구두시험을 칠 때까지 잠정적으로 근무할 생각이었으나 막상 외무부에서 고등고시 행정과 합격자와 동일한 예우를 해 주니 이때부터 내 진로에 대한 갈등이 생겼다. 고등고시 사법과에 합격하였으니 당연히 판검사나 변호사로 나가야 할 것으로 생각하여 사법과에 응시한 것이 아니었던가.

마침 그 무렵에 경기중학교 동기동창인 연하구(延河龜) 군이 주 미국 대사관 근무를 마치고 내가 근무하던 조약과로 전임하여 왔다. 그 친구와는 중학교 시절부터 가깝게 지내던 사이였는데 서울대 문리대를 졸업하고 고등고시 행정과에 일찍 합격하여 벌써 미국 근무를 마치고 돌아온 것이다. 자연히 나의 진로에 대하여 그 친구와 상의하게 되었다. 그 친구는 판검사로 가거나 외교관으로 가거나 다 같이 국가를 위하여 일하는 점에서는 다를 바가 없지만 좀더 넓은 세계에서 활동하는 외교관 생활의 좋은 점을 역설하면서 나에게 외무부에 남을 것을 강력하게 권유하는 것이 아닌가.

당시 판검사 시보 T/O가 없어 당장 판검사 시보의 임명을 받기가 어려웠던 사정도 있었지만 나 자신으로서도 외무부 초기 조약과 근무의 참신함에 매료되기도 하여 심사숙고(深思熟考) 한 끝에 좀더 넓은 세계에서 국가를 위하여 봉사할 수 있는 길이라고 믿고 외교관 생활에 일생을 바치리라 결심하였다.

그런 가운데 첫 해외근무로 주 일본 대표부 3등 서기관으로 발령을 받았다. 그때가 한·일 국교정상화 이전인 1959년 10월이었다.

4. 주 일본 대표부 3등서기관

가까쿠테 요로시이

　같이 부임한 초임 3등서기관 세 사람이 집을 구하기 위하여 일본 복덕방 아주머니를 앞세우고 이 집 저 집을 다닐 때였다. 우리 세 사람은 모두 일제강점기에 초등학교와 중학교에서 일본말을 배웠으므로 일본 사람과의 의사소통에는 별 문제가 없으리라고 생각하였는데 그게 아니었다. 오랫동안 일본말을 쓰지 않아서 그런지 듣는 것은 알아듣겠는데 말이 얼른 나오지 않았다.

1959년 주 일본 대표부에 3등 서기관으로 발령을 받고 동경으로 향했다. 저자는 뒷줄 오른쪽에서 세 번째.

우리 세 사람 중에 나이가 제일 많고, 일본 중앙(中央) 대학을 졸업하였다는 사람이 나서서 자기 일본말이 제일 낫겠으니 자기에게 맡기라고 하더니 복덕방 아주머니에게 "코노 우치와 아노 우치요리 (대표부가) 가까쿠테 요로시이"라고 하는 것이 아닌가. 그 뜻은 아마도 "이 집은 저 집보다도 대표부가 가까워서 좋다"는 말이겠는데 가깝다는 말은 일본말로 '치카이'이므로 "치카쿠테 요로시이"라고 해야 하는 것을 한국말과 일본말이 짬뽕이 되어 "가까쿠테 요로시이"라고 오발한 것이다.

1959~1961년 (주 일본 대표부 3등 서기관).

일본 복덕방 아주머니는 눈이 휘둥그렇게 커져 영문을 몰라 하고 우리 세 사람은 그 친구의 오발에 한참 동안 폭소를 터트린 기억이 난다.

유태하 대사

나는 주 일본 대표부에서 경제과에 배속되어 총영사의 지휘·감독을 받으면서 주로 관수용(官需用) 구매사무와 재일교포의 모국으로의 재산반입사무를 담당하게 되었다.

당시에는 조달청으로부터 구매관이 나와 있지 않고 총영사가 구매관을 겸하되 실제 구매실무는 내가 담당하였다. 당시 우리나라의 국력은 일본에 비하여 격차가 너무 컸고, 우리가 필요로 하는 물자의 거의 전부를 일본으로부터 구매하는 실정이었다. 발전소의 설비 및 부품, 비료, 시멘트 등 모든 것을 일본으로부터 구매하였다.

내가 업무를 시작하자마자 '미쓰이', '미쓰비시'나 '스미토모'와 같은 재벌회사로부터 전화가 걸려 왔다. 처음에는 일본어 대화에 좀 당황하였으나 옛날 일제강점기에 배운 일본말이 되살아나면서 약 1주일 후부터는 말의 불편이 없어졌다.

내가 상대하는 사람(counterpart)은 대체로 일본 재벌회사의 과장급 이상이었고 그들의 연령은 대체로 40대 중반 이상이었다. 외교관으로서 처음 외국에 나와서 나이도 어리고 상거래의 경험이 전무한 나로서는 만사에 신중을 기하고 언행과 처신을 극도로 조심하였다.

우리나라가 관수용으로 구매하는 대부분은 입찰에 의하여 구매하였고 일정액 이하의 소액물자만 현지에서 수의계약을 하였는데 내가 맡은 일은 그 수의계약 부분이었다. 나는 될 수 있는 대로 좋은 품질의 물자를 싸게 구매하는 방향으로 노력하였다.

당시 주 일본 대사는 유태하 대사였다. 유 대사는 이승만(李承晚, 1875~1965) 대통령의 절대적 신임을 받아 한·일 회담이라는 어려운 문제를 푸는 데 노심초사(勞心焦思)했다. 다부진 작은 키에 워낙 개성이 강하여 공사(公使)를 포함하여 주 일본 대표부 직원 모두가 유 대사 앞에서는 기를 펴지 못하였다. 모두가 3등서기관이었다.

처음 주 일본 대표부에 부임한 직후에 이런 소문이 들렸다.

"유 대사는 직원이 부임해 오면 한 번씩 크게 혼쭐을 내 주는 습관이 있으니 조심하라."

내가 부임한 지 한 달이 지나고 두 달이 지나 나와 같이 부임해 온 직원들이 하나둘씩 야단을 맞았다. 그런데 아무리 기다려도 나에게는 그 벼락이 안 떨어지는 것이었다. 그래서 오히려 기분이 나쁘고 빨리 한번 벼락이 떨어져 지나갔으면 하던 참이었다.

하루는 근무시간이 끝나고 대표부 근처에 있는 한국식당인 '고려정'에서 저녁을 먹고 있는데 대표부 직원으로부터 전화가 걸려 왔다.

"유 대사가 찾으니 빨리 사무실로 올라오라."

나는 아연 긴장했다. 드디어 올 것이 왔구나. 두근거리는 가슴으로 헐레벌떡 사무실에 가서 경제과 다른 직원에게 무슨 일이냐고 물으니 아마 '구매 입찰공고' 때문에 그러는 것 같다고 하였다.

당시 우리 정부가 구매할 때 일정액수 이하는 수의계약으로 하되 일정액수 이상은 구매 입찰공고를 하여 여러 회사의 응찰을 받아서 결정하였으며 조달청에서 보내오는 그 입찰공고는 내가 받아 총영사(구매관)의 공람을 받은 뒤 대표부 게시판에 붙여 놓게 되어 있었다. 나는 대강 분위기를 알아차리고 2층 대사실로 뛰어 올라갔다.

키가 작은 유 대사는 의자 속에 푹 파묻혀서 화가 난 표정으로 머리를 돌리고 앉아 있었다. 그 앞에 총영사가 고양이 앞의 쥐처럼 꼿꼿한 자세로 앉아 있다가 내가 들어가니 원군을 만난 듯 모기같이 작은 소리로 말하였다.

"조 서기관이 왔습니다."

유 대사는 머리를 돌려 나를 노려보더니 투박한 경상도 사투리로 물으셨다.

"니는 와 입찰공고서를 내한테 안 보였노?"

문서처리상 '입찰공고서'는 총영사에게만 보이고 공람의 사인을 받게 되어 있고 중요한 내용이 있으면 총영사가 대사에게 보고하게 되어 있으므로 나로서는 잘못한 것이 전혀 없었다. 하지만 그렇다고 그 자리에서 그렇게 이야기할 수도 없지 않은가. 나는 순간적으로 "잘못했습니다!"라고 말하였다.

내가 잘못했다고 하는데 대하여 유 대사는 할 말이 없었던지 씩씩 화를 못 삭이는 것 같더니 다시 힐책(詰責)을 하였다.

"니는 와 총영사도 퇴근 안 하는데 먼저 퇴근했노!"

거기에 대해서도 "근무시간이 다 끝난 후에 퇴근하였습니다"라고 할 수도 있었으나 그 자리에서 그렇게 할 수도 없어서 또 한 번 "잘못했습니다!"라고 하였다.

그렇게 되니 유 대사도 할 말이 더 없었던지 "니 나가라!"고 하시기에 얼싸 되었다 하고 얼른 대사실을 빠져나왔다.

나중에 안 일이지마는 당시 한·일 회담이 암초에 부닥쳐 있을 때인데 당시 일본 외상인 후지야마 아이이치로(藤山 愛一郎)가 비료생산회사와 깊은 관계가 있고 그 회사가 한국에 비료를 공급하기로 된 것을 알고 그것을 사전에 알았더라면 비료구매를 가지고 후지야마 외상을 견제할 수 있었는데 그 기회를 놓친 것에 대한 애석함에 화가 머리끝까지 나 있던 것이었다.

유 내사는 몸은 삭시반 색 둥이 큰 분이셨다. 결재를 받으러 가면 의자 속 깊이 파묻혀 있다가 책상 위에 있는 돋보기 렌즈를 왼손에 들고 서류를 보면서 "어디고, 어디고…" 하시고, 내가 결재할 곳을 손가락으로 가리키면서 "여깁니다"라고 하면 아무 말도 묻지 않고 결재하셨다.

간혹 물어오는 경우에도 "이런 이런 관계입니다"라고 간단명료하게 답하면 되었고 자세한 것을 알려고 하지 않으셨다.

한 번은 결재를 받으러 들어가니 다른 직원이 먼저 결재서류를 가지고 들어와서 유 대사에게 열심히 설명했다. 자기가 일한 내용을 과시하고 싶은 마음도 있었으리라. 한참 긴 설명을 다 듣고 나서 유 대사는 그 직원에게 "니는 와 그리 말이 많노?"라고 핀잔을 주는 것이 아닌가.

주 일본 대표부 정무과의 직원 한 사람은 그 직무 중의 하나로 일본의 영자지 *The Japan Times*의 한국관계 기사를 발췌, 번역하여 매일 아침 유 대사에게 제출하게 되어 있었다. 그런데 하루는 그 직원이 시간이 없었는지 싫증이 났는지 대충대충 번역하여 유 대사에게 올렸다.

그날 유 대사는 얼굴이 벌겋게 되어 그 직원을 불러 양쪽 손 엄지손가락과 검지손가락으로 4각형을 두 번 만들어 보이면서 일갈하는 것이 아닌가.

"니는 와 영자신문기사는 이만큼 큰데, 번역해 온 내용은 요고밖에 안 되노?"

그 직원은 혼비백산(魂飛魄散)하여 "잘못했습니다. 다시 해 올리겠습니다"라고 하면서 유 대사에게 올린 것을 받아 쥐고 허둥지둥 대사실에서 뛰어나와 다시 번역해 올렸다.

내가 근무하는 주 일본 대표부 경제과는 1층에 있고 창밖으로 가운데 기다란 마당이 보이는 사무실에서 일하고 있을 때 종종 유 대사가 뒷짐을 지고 왔다 갔다 하면서 뭔가를 골똘하게 생각하는 것을 창 너머로 볼 수 있었다. 아마도 그때 유 대사의 머릿속에는 한·일 회담을 풀기 위하여 이런저런 궁리를 다한 것이 아닌가 추측하였다.

4·19 혁명이 일어나자 일본 재일교포들이 주 일본 대표부에 몰려와서 유 대사에게 물러나라고 윽박질렀다. 교포들이 몸으로 밀어붙이면서 유 대사의 안경이 바닥에 떨어지는 등 험악한 분위기가 빚어졌다.

그때 유 대사는 조금도 동요하지 않고 말씀하셨다.

"본부에 전보를 쳐 놓았으니 그 회답이 곧 올 것이다. 내가 명색이 나라를 대표하는 대사인데 물러나겠다고 하였으면 그 약속을 지킬 것이다. 본부의 전보를 기다려 달라."

나는 그때 유 대사의 그 의연한 태도를 잊을 수 없다. 그 당시 '역시 한 나라를 대표하는 대사는 어떤 어려운 상황에서도 대사의 위신을 지키는 저만한 배포가 있어야 되는 것이구나'라고 혼자 생각하였다.

야구선수 장훈(張勳)

연로(年老)하신 어머니는 내가 결혼을 하고 일본에 가기를 간곡히 원하셨다. 5남매의 막내로 내가 유일한 미혼이었기 때문이다.

"니가 일본에 갔다 오면 나는 눈을 감는데이. 니 짝 맞추어 주고 죽을란데이…."

그런데 당시 정부는 나라의 외화가 부족하다 하여 1등서기관 이하의 외교관에게는 가족동반을 허용하지 않았다. 이러한 상황에서 나는 어차피 결혼을 하여도 가족동반이 안 될 바에야 혼자 갔다 와서 결혼하리라 작정하고 단신 부임하였다.

처음 일본에 가서 얼마 동안은 대부분의 외교관이 기혼, 미혼 할 것 없이 단신 부임하였으므로 근무시간이 끝나면 같이 몰려다니면서 외식도 하고 술자리도 같이 하였다. 그러다가 4·19 이후에 1등서기관 이하의 기혼 외교관들도 모두 가족동반이 허용되어 부인들이 왔다.

종전에는 퇴근 후에 같이 어울려 다니던 동료나 선배 외교관들이 저녁 퇴근시간이 되기가 무섭게 모두 자기 집으로 돌아가는 것이 아닌가. 우물쭈물하다가 보면 대표부에는 나 혼자 남게 되고 쓸쓸하게 혼자 식당에서 밥을 사먹는 초라한 신세가 된 것이다. 이러한 외로움을 달래기 위하여 일본 프로야구에 관심을 가지게 되었다.

그런데 내가 결정적으로 일본 프로야구에 빠져들게 된 것은 그 당시 한참 인기가 높았던 재일동포인 장훈 선수 때문이었다.

어느 날 건장한 청년이 주 일본 대표부 경제과 내 사무실에 오더니 "장훈입니다"라고 자기소개를 하면서 인사했다.

얼떨결에 악수를 하였는데 그때 장훈 선수의 손이 어떻게 큰지 내 손을 잡던 투박한 그 손의 힘과 악력(握力)을 잊을 수 없다. 뒤에 다른 직원들에게 물어보니 장훈 선수는 1년에 한 번씩 꼭 대표부를 방문하여 각 방을 돌며 인사를 한다고 하였다.

장훈 선수는 '도에이 후리야즈(東映 Fliers) 야구단'의 4번 타자로 활약하고 있었는데 나는 장훈 선수가 대표부를 방문한 다음부터는 장훈 선수가 나오는 경기를 자주 TV를 통하여 보게 되었고, 가끔 야구장에 직접 가서 응원도 하였다. 재미있는 에피소드가 하나 있다.

하루는 장훈 선수가 타석에 서서 투수의 공을 기다리는데 상대방 응원석에서 큰 소리로 '조센징 카에레'(조선인은 돌아가라) 라고 소리를 질렀다. 민족적 차별감이 담긴 모욕적인 야유였다. 그 소리에 온 구장이 물을 끼얹은 듯 조용해지고 숨 막히는 긴장감이 감돌았다. 아마도 일본 관중들이 약간은 너무했다고 생각하면서 한편으로는 과연 장훈 선수가 어떻게 반응할 것인가를 보려는 호기심으로 조용해진 것이리라.

그런데 장 선수는 소리를 지른 일본인 쪽을 한번 노려보더니 하얀 이를 드러내며 씩 웃는 것이 아닌가. 그러고서 노상 하던 것처럼 야구방망이를 하늘 높이 올리듯 살살 빙빙 돌리는 자세로 투수의 공을 기다리다가 오는 공을 그대로 받아쳐서 홈런을 날리는 것이 아닌가.

그 다음날 일본 신문들은 일제히 이 일을 대서특필하였고, 모든 스포츠 신문과 잡지들은 두고두고 이 일을 다투어 기사화하였다. 장훈 선수의 인기가 더더욱 치솟은 것은 물론이다.

장훈 선수는 일찍이 아버지를 여의고 편모슬하에서 자라면서 늘 어머니로부터 한국인임을 잊지 말라는 가르침을 받아왔다고 한다. 오사카의 야구 명문고인 나니와쇼코(浪波商高)에서 두각을 나타내서 꿈의 구장인 고시엔(甲子園) 구장도 밟았다. 재일교포 학생선수단의 일원으로 한국을 방문하여 조국을 직접 와 보고 깊은 감명을 받아 한국인으로서의 근성이 유별나게 강하다고 하였다.

장훈 선수가 출장하는 야구경기장에는 거의 빠지지 않고 그의 어머니가 하얀 한복을 입고 응원석에 앉아 아들의 경기를 지켜보고 아들을 격려한다고 하였다. 장훈 선수는 어머니의 영향을 받아 한국인임을 항상 자랑스럽게 여기고 당시 일본 구단 측에서 좋은 조건을 제시하면서 일본 국적으로 귀화하라고 끈덕지게 권유를 받았으나 끝내 이를 물리쳤다고 한다.

5. 통상국 경제협력과 2등서기관

한독(韓獨)투자 보장협정

일본에서 근무한 2년 동안 4·19 혁명과 5·16 군사정변을 겪고 본부 근무발령을 받아 1961년에 귀국하였다. 외무부 통상국 경제협력과 2등서기관으로 배속받은 것이다.

한독투자보장협정 협상과 체결을 위해 독일을 방문하였다. 왼쪽에서 두 번째가 당시 조약과장이었던 노신영 전 국무총리.

그때는 군사정변 후 박정희(朴正熙, 1917~1979) 대통령이 경제개발의 돌파구를 열기 위하여 전력투구를 할 때였다. 그러기 위하여 우리나라가 무엇보다도 필요로 하였던 것이 미·일·유럽 등 선진국으로부터 외자를 끌어들여 산업을 일으키는 일이었다.

외자유치를 위하여 국내법으로는 '외자도입 촉진법'을 제정, 실시하는 한편, 동법에 의한 여러 가지 특혜를 보장하는 투자보장조약의 체결이 시급하였다. 또한 투자로 인한 2중과세의 부담을 덜어 주는 '2중과세 방지협정'의 체결을 서둘렀고 그 과제가 나에게 떨어졌다. 당시 경제기획원이 창설되어 있었으나 초창기인지라 거의 모든 조약은 외무부가 직접 주관하던 그런 시절이었다.

우리나라는 그때 어느 나라와도 투자보장에 관한 협정을 체결한 바 없었으며, 다만 '한미 우호통상항해조약'이라는 포괄적인 조약 중 한 조항에 투자보장에 관한 규정 한 줄이 있을 뿐이었다.

일본에 대해서는 국교정상화를 통하여 재산청구권조로 상당액을 얻어 낼 것을 기대하였다. 독일은 당시 광부와 간호사가 독일에 진출하고 박정희 대통령이 독일을 방문하여 정상회담을 하는 등 양국관계가 좋아지고 있었으므로 독일로부터의 투자를 기대하여 투자보장조약 체결의 첫 번째 나라로 독일을 지목한 것 같다.

아무튼 과제를 받았으나 우리나라가 그러한 조약을 체결한 선례가 없는 상황에서 무엇을 어떻게 시작하여야 할지 막막할 뿐이었다.

우선 독일 등 선진국이 외국과 체결한 투자보장 협정의 선례를 구해서 보내라고 해당 재외공관에 타전하였다. 보내온 조약 예를 가지고 비교표를 만들고 외자도입촉진법 같은 우리 국내법과의 관계를 조정하면서 초안을 만들기 시작하였다. 실로 벅찬 과제였다. 어렵기는 하였지만 이것이 우리나라 경제발전을 위한 터전 마련에 필요한 일이라 확신하고 열심히 하였다. 외무부 입부 초기 조약과에서 연구서를 작성하느라고 고생하던 경험이 큰 도움이 되었다.

작업하는 과정에서 가장 핵심적이고 어려웠던 점은 비록 외국자본을 유치하기 위하여 외국인 투자에 대하여 최대한의 편의와 특혜를 부여해야 되겠지마는, 그렇다고 하여 외국투자가만 배 불리고 우리나라의 국내산업 발전을 저해하는 결과가 되어서는 안 되겠기에, 외자유치와 우리 국내산업의 보호를 어느 선에서 조절해야 하느냐가 난점이었다.

몇 달 동안의 작업 끝에 조약안을 완성하고 각 조문에 대한 주석을 만들어 비밀로 분류하였다. 이렇게 다듬은 조약 초안을 가지고 윗분의 결재를 얻어 독일 정부와 교섭하기 위하여 독일 출장을 떠났다.

생전 처음 가는 유럽여행이요, 외국출장이었다. 그때 우리나라 대표단은 신응균(申應均) 당시 주 독일 대사를 수석대표로 하고, 노신영(盧信永) 당시 조약과장(출장 중 문서국장으로 승진함), 연하구 당시 주 독일 대사관 1등서기관 그리고 나를 포함한 4명이었다. 1962년의 일이었다.

회의는 본(Bonn)에 있는 독일 정부 청사에서 진행되었는데 독일 정부와의 교섭은 예상외로 힘들고 길어졌다. 독일 법무성 부국장을 수석대표로 하는 독일 측은 끈질기게 자기들 입장을 주장하였고 자구 하나하나에 대하여도 퍽 까다롭게 따지고 들었다.

독일 측과 대화를 마치고 녹초가 되어 돌아오면 우리 대표들끼리 매일 그 대화내용을 분석하고 다음날의 교섭에 대비하였다. 퍽 피곤한 하루하루였다.

그런데 이러한 피로를 노신영 국장과 나는 거의 매일 연하구 1등서기관 댁에 가서 풀 수 있었다. 그것은, 노신영 국장과 연하구 1등서기관

94

은 고등고시 행정과 제 4회 합격동기이고, 연하구 1등서기관과 나는 경기중학교 동기동창인 관계도 있고 해서 거의 매일 연하구 1등서기관 집에 가서 김치 등 한국음식을 마음껏 먹을 수 있었기 때문이다.

독일 측과의 설전(舌戰)에 지쳤다가도 연하구 1등서기관 댁에 가서 청어구이를 곁들여 독일 맥주(Dortmunder Union Bier)를 마시고 나면 모든 피로가 확 풀리고 기운이 솟아났다. 그때 연하구 1등서기관 부인의 노고와 고마움을 잊을 수가 없으며 청어구이와 독일맥주의 이야기는 두고두고 우리 사이에 화제가 되었다.

이러한 공식적인 활동 이외에도 생전 처음 가 보는 독일과 유럽의 모든 것이 나에게는 새롭고 신기하였다.

독일 측 수석대표가 하루는 독일이 자랑하는 백포도주(mosel wine)의 산지인 모젤 강가의 식당에 우리 대표단을 오찬에 초대하여 모젤 와인을 맛보게 하였는데 나는 그때 그 맛을 잊을 수가 없다. 그 맛을 굳이 말로 표현하라면 '취하는지 모르게 취하고, 뒤에 깨는지 모르게 깨는 그런 맛'이라고 할까.

그때 오찬 석상에서 또 한 번 놀란 일이 있다. 그 석상에서 우리 측 수석대표인 신응균 대사께서 포도주에 대하여 어떻게 박식하신지 신 대사의 설명을 듣고 독일 대표들이 자기들보다 훨씬 더 많이 안다고 혀를 내두르는 것이 아닌가.

그로부터 약 15년 후 내가 주 프랑스 공사 시절에 신응균 대사께서 방불하신 일이 있어 샹젤리제 식당에서 그분을 오찬에 모시게 되었다.

그때 내가, "신 대사님은 포도주에 대하여 어떻게 그렇게 박식하십니까?"

하고 물었더니 이렇게 대답하시는 게 아닌가.

"조 공사, 간단하네. 파리의 콩코르드 광장에 있는 호텔 옆의 영어전문서점에 가면 포도주에 관한 책이 있으니 그것을 사 가지고 정독하면 되네."

연하구 1등서기관 부부는 교섭 도중 주말이나, 교섭이 끝난 뒤에도 노신영 국장과 나를 독일 이외의 유럽 몇 나라를 자신들의 승용차로 드라이브하면서 구경시켜 주었다. 나에게는 그것이 처음 가 보는 유럽이었기에 그런지 잊을 수 없는 추억이 되었다. 그 뒤에도 어떻게 된 건지 나는 유독 유럽근무를 많이 하였고, 본부에서의 국장도 유럽국장을 하였으니 나는 아마도 유럽과는 깊은 인연이 있었던 것 같다.

Colombo Plan 기술자문위원회

독일 출장에서 돌아온 지 약 1년 후에 실론(지금의 스리랑카)의 수도 콜롬보에서 개최된 Colombo Plan(콜롬보 기획) 기술자문위원회에 참석하였다. 수석대표는 당시 주 홍콩 총영사였던 문덕주(文德周) 씨였다. Colombo Plan이란 지금은 없어졌지만 영연방 국가들이 중심이 되어 설치된 대(對) 후진국기술협력을 위한 국제기구였으며, 우리나라도 이 Plan에 의하여 연수생 파견의 혜택을 받고 있었다. 지금은 '후진국'이라고 하면 사람들이 거부감을 갖는 것 같지만, 그 당시에는 '개발도상국'이라는 말보다는 '후진국'이라는 말을 쓰는 것이 일반적이었다.

회의는 이틀간이었으나 나는 동남아시아의 가난한 나라를 처음 가보고 많은 충격을 받았다. 적도에 가까운 콜롬보의 더위는 살인적이었다. 우리가 묵었던 Galle Face Hotel(이 호텔은 아직도 같은 자리에 있다)은 콜롬보에서 가장 고급 호텔이라 하였다. 위치는 바다를 바라다

보는 좋은 곳이었으나 워낙 오래되어 복도에서 방으로 들어가는 나무 마루 바닥이 닳아서 움푹 파여 있었으며, 방 천장 한가운데에 매달린 목제 대형 고물선풍기가 졸면서 천천히 돌고 있었다.

호텔에서 내다본 콜롬보 거리에는 매일같이 군중데모가 열려 사람들은 구호를 외치고 있었다. 영국의 식민지로 있다가 독립한 탓으로 영국식 민주주의를 배워서 데모로 날이 새고 또 데모로 날이 지고 한다는 것이었다. 콜롬보는 항구도시인지라 선창가에 나가 보았더니 야릇한 악취가 코를 찌르고 생선이나 과일을 벌여 놓은 노점에는 온통 파리가 들끓고 불결하여 후진국의 못사는 형편을 목격할 수 있었다. 거의 모든 사람들이 맨발이었으며 검은 피부에 발바닥은 하얗게 닳아서 걸을 때마다 검은색과 흰색이 움직여 뻔쩍거리는 것 같았다.

이렇게 경제적으로 못사는 나라에서 민주주의를 한다고 매일 데모를 하는 것이 이해가 되지 않았다. 당시 그 나라의 수상은 Bandaranaike라는 여성정치가로서 전임 수상인 그의 아버지가 정적에 의하여 살해되어 그 아버지의 후광을 입고 동정표를 얻어 수상이 되었다고 하였다. 후광이든 동정이든 이런 후진국에서 여성이 수상이 될 수 있다는 것이 아마도 살기는 어려워도 정치적으로는 깬 면도 있다는 것을 느꼈다.

결혼과 변호사 자격 취득

일본에서 돌아와서 그 다음 해외공관인 주 제네바 대표부로 나갈 때까지 개인적으로 내게 두 가지 중요한 일이 있었다.

첫째는 결혼이었다. 친척의 소개로 은행가 집안인 달성 서 씨(達城徐氏) 가문의 여식인 일순(日順) 양과 혼사를 치렀다. 1년 후에 장녀 경실(京實)을 얻었다.

그 다음은 양준모(梁準模) 변호사(작고)로부터 변호사 실무수습을 받고 법무부가 시행하는 변호사 실무시험(1963년)에 합격했다. 나는 고등고시 사법과에 합격하고서도 외무부에서 계속 근무하였기 때문에 다른 사법과 합격자처럼 사법관 시보의 실습과정을 거치지 않았으므로 변호사 자격 취득을 위하여는 변호사 실무를 거쳐 그 시험에 합격해야 했다.

나는 앞에서 말한 대로 이미 외교관 생활로 나가기로 마음을 정한 바 있으나, 공무원 생활을 하다가 어떤 어려움에 부닥칠지 모르는 일이므로 기왕에 고등고시 사법과에 합격한 이상 확실하게 변호사 사무실을 개업할 수 있는 자격을 따 두는 것이 좋겠다는 생각에서 변호사 실무시험을 치고 그 자격을 따 둔 것이었다. 나는 그때 따 놓은 자격으로 외무부 퇴임 후에 변호사 사무실에 나가서 근무하는 등 노년생활에 큰 도움을 받았다.

6. 주 제네바 대표부 2등서기관

제 1차 UNCTAD 총회

1964년 5월 나는 주 제네바 대표부 2등서기관으로 발령을 받았다. 내 나이 만 33세 때였다. 생후 2개월밖에 안 된 장녀 경실이를 들것 속에 눕혀 오른손에 들고 비행기 맨 앞좌석을 잡아 제네바까지 장거리 여행을 하던 일이 지금도 기억에 생생하다.

우리나라에서 유럽으로 가는 항공편이 지금은 파리를 위시하여 유럽 여러 도시로 가는 직항이 많지만 그때만 해도 동남아시아를 거쳐 몇 군데 섰다가 가야하는 지루하고 긴 여행이었다. 그러나 그때는 신혼시절이었고 유럽 신천지에 가서 일하게 된다는 기대감에 가슴이 부풀어 피곤하지는 않았다.

　임지인 제네바에서는 제 1차 UNCTAD 총회 (국제연합통상개발회의) 가 개최 중이었고, 주 제네바 대표부는 온통 그 회의 일에 매달려 정신이 없었다. 나는 제네바에 도착하자마자 부엌이 딸린 Century Hotel에

1964년 제네바에 부임하기 위해 하네다 공항에서 비행기를 갈아 탔다.

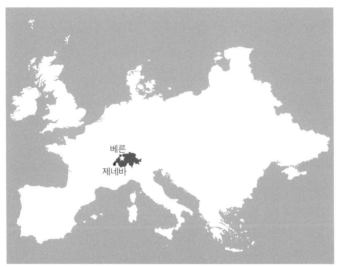

베른

제네바

1964~1967년 (주 제네바 대표부 2등 서기관).

주 제네바 대표부 임직원. 중간이 정일영 대사, 왼쪽 끝이 전승규 서기관.
제네바에는 항시 국제회의가 열리고 있었다. 가능하면 모든 회의에 참석하려고 노력했다.
사진은 UNCTAD상품위원회 회의.

제네바에는 항시 국제회의가 열리고 있었다. 가능하면 모든 회의에 참석하려고 노력했다.
사진은 UNCTAD상품위원회 회의.

아내와 2개월 된 딸을 머물게 하고 매일 아침부터 저녁 늦게까지 Palais des Nations에 있는 회의장에 나가야 했다.

보통 해외공관에 부임하면 먼저 와 있는 공관 직원의 도움을 받아 집도 구하고, 출퇴근할 자동차도 사야 하는 등 안정될 때까지 잡다한 일이 많다. 그러나 직원의 도움은커녕 나 자신부터가 회의장에 나가서 뛰어야 할 형편이었으므로 생전 처음 제네바에 와서 말 한마디 통하지 않는 곳에서 2개월밖에 안 되는 아기를 데리고 살아야 하는 아내의 고생은 이만저만이 아니었다.

내가 부임하였을 때에는 제 1차 UNCTAD 총회가 중반기에 들어가 있었다. 회의에서 논의되는 내용을 가만히 보니 "세계적인 빈부의 격차를 어떻게 메울 것인가?", "어떻게 세계경제를 균형 있게 발전시킬 것인가?"가 주요 쟁점이었다. 제 2차 세계대전 종식 후 서방 선진국으로부터 독립한 신생 개발도상국들이 늘어 그 목소리가 대단하였다.

신생 개발도상국들은 75개국 그룹을 형성하고 단결된 목소리를 냈다. 우리나라는 같은 후진국으로서 그 그룹에 가입하는 데 전력투구하였고 벅찬 교섭 끝에 베트남과 함께 가입하여 그 그룹은 총 77개국으로 늘어났다.

당시에는 UN에도 신생 후진국이 대거 가입하여 나라 크기와 관계없이 한 표를 각각 행사하면서 정치적인 영향력을 발휘하였다. 남·북이 분단되어 각자가 통일방안을 가지고 매년 UN에서 북한과 대결하는 우리나라로서는 북한이 참여하지 못하는 UNCTAD에서 신생 개발도상국 그룹의 일원이 되는 것은 대단히 중요한 일이었다.

개발도상국 그룹인 77개국 그룹의 공세에 대하여 선진 산업국가들은 B그룹을 형성하여 공동대처였는데 개발도상국들의 요구에 대한 B그룹의 반응은 비교적 냉담한 것으로 보였다.

UNCTAD 1차 총회에 대하여 소리만 크고 성과가 없는 사운드박스 (*sound box*) 같다고 낮게 평가하려는 현지 언론의 보도도 있었다. 그러나 회의가 세계 제 2차 대전 종결 후 많은 신생 개발도상국들이 독립한 세계 구도 속에서 UN 주관하에 처음 개최된 범세계적 경제회의로서 개발도상국들의 강력한 불만이 처음 표출되었다는 점에서 하나의 전기(轉機)를 이루었다고 볼 수 있다. 실제로 회의에서 결말을 보지 못한 많은 문제들은 앞으로도 UNCTAD 관계회의(이사회, 분과위원회) 및 제 2차 UNCTAD 총회에서 계속 논의하기로 하였다.

선진국, 개발도상국들과 사회주의국가들이 각기 자국의 경제적 이해관계를 위하여 열띤 공방을 벌이는 모습은 막 외교관 생활을 시작한 나에게 깊은 인상을 주었다. 앞으로 내가 맡아서 해야 할 다자외교(多者外交)에 대하여 많은 것을 배울 수 있는 기회가 되었다.

북한 대표와 동석

제 1차 UNCTAD 총회가 끝나고 회의를 평가하는 77개국 그룹회의가 개최되었다. 북한은 77개국 그룹의 일원이 아님에도 불구하고 77개국 중 친북(親北) 비동맹 회원국을 움직여 그들의 초청을 받아 회의에 참석하게 되었다. 그만큼 북한은 북한대로 우리의 77개국 그룹회의 가입에 신경을 곤두세움이 분명하였다.

남·북한 대표가 동석한 회의에 대하여 당시 정부에서는 대외적으로 비밀에 부쳐 국내 언론에 보도가 되지 않았으나 실제로 남·북한 대표가 동석한 최초의 회의가 아니었나 싶다.

제 1차 UNCTAD 총회의 우리나라 수석대표는 당시 외무장관을 겸하던 정일권(丁一權) 총리였다. 정일권 수석대표는 개회 초기에 기조연설을 마치고 귀국하시고 실질적인 회의참여는 이한빈(李漢彬) 당시 주 스위스 대사, 진필식 당시 주 제네바 대표부 공사, 윤영교 당시 외무부 경제협력과장 그리고 나 4명이 담당하였고, 이한빈 대사가 수석대표 역할을 하고 있었다.

회의가 시작되어 회의장에 들어가 보니 북한대표단 자리는 맨 앞줄이었고 우리 대표단 자리는 각국 대표단을 내려다볼 수 있을 정도의 뒷자리였다. 북한은 DPRK였고, 우리는 ROK이므로 알파벳순으로 좌석을 배치한 듯했다.

우리보다 먼저 북한대표의 연설이 시작되었다. 그 순간 깜짝 놀랐다. 맨 앞줄에 앉은 서기관급으로 보이는 두 사람 중 한 사람이 마치 북한 방송에 나오는 듯한 전투적 억양의 우리말로 "우리 인민공화국은 …"이라고 하는 것이 아닌가. 그러더니 곧 그 옆사람이 영어로 된 번역문을 읽어 나갔다. 그 번역문의 내용은 제1차 UNCTAD 총회에서 논의된 사항은 전혀 없고 처음부터 끝까지 정치적인 선전뿐이었다. 회의 참석을 안 했으니 회의내용을 알 리도 없었다.

우리 대표단의 차례가 되어 이한빈 대표가 제1차 UNCTAD 총회에서 토의된 내용을 중심으로 개발도상국의 입장에서 유창한 영어로 연설하였다. 연설이 끝나자 회의장의 각국 대표들이 박수를 쳤으며 여러 나라 대표들이 우리 대표단 자리에 와서 이한빈 대사에게 악수를 청하면서 참 잘하였다고 격려해 주었다.

회의가 끝나고 회의장 밖으로 나가는데 우리를 내려다볼 수 있는 뒷자리에 앉아 있던 북한 대표가 지나가면서 "수고했슈다"라고 평안도 사투리로 말하였다. 뒤에 들은 말에 의하면 그 사람이 북한의 수석대표로 참석한 당시 북한 외교부 부부장 허담이라고 하였다. 회의장의 북한 대표단 자리에는 서기관급 두 사람만 앉게 하고 자기는 뒤에서 우리 대표단의 동정을 살폈을 것이 분명하였다.

IBE의 국제교육회의. 중간이 정일영 대사, 왼쪽은 교육부 파견 IBE대표.

기능별 국제기구

제 1차 UNCTAD 총회가 끝나고 총회의 결과 UNCTAD 사무국은 제네바에 두고 2년 후에 개최될 제 2차 UNCTAD 총회 때까지 이사회와 상품, 제품, 재정, 기술 이전에 관한 4개 위원회를 열어 UNCTAD의 작업을 계속하기로 하였다. 따라서 주 제네바 대표부가 담당하여야 할 이들 회의의 참석과 보고업무는 그만큼 늘어나게 되었다.

당시 주 제네바 대표부의 인력은 공관장 밑에 차석인 나와 3등서기관 1명, 통신직원 1명으로 전부 4명이었다. 대사는 보통 총회 같은 큰 회의에만 참석하고 이사회나 위원회(*committee*)는 2등서기관이며 차석인 내가 거의 모두 감당하여야 할 형편이었다. 3등서기관 1명은 주로 총무를 보면서 경우에 따라 회의참석을 도와주었다.

제네바에는 새로 발족한 UNCTAD 외에도 ILO(국제노동기구), WHO(세계보건기구), WMO(세계기상기구), ITU(국제전기통신연맹), UPU(만국우편연합) 등 많은 기능별 UN전문기구의 사무국과 UNESCO 산하 IBE(국제교육국) 사무국이 있다. 이들 기구들의 연차총회 및 관련 위원회에도 참석해야 하므로 나로서는 정말로 바쁘고 힘든 나날이 계속되었다. 물론 이와 같은 UN전문기구 관계회의에는 본부 관계부처의 전문가들이 대표로 파견되는 경우도 있었으나 그런 때에도 항상 현지에서 도와주지 않으면 안 되는 경우가 많았다.

나는 주 제네바 대표부 근무 3년 동안에 약 10여 개 국제회의에 참석하였다. 어떤 경우에는 동시에 두 군데 회의가 중복되어 어느 한 쪽을 비워 둘 수가 없어 회의내용에 따라 이쪽저쪽을 왔다 갔다 하였다.

회의장에 가 보면 아프리카나 동남아시아 소국들의 나라 명패가 있는 좌석이 텅 비어 있는 경우가 더러 있었는데 그럴 경우에는 그 나라 자체가 우습게 보였다. 그렇기 때문에 당시 나는 회의가 겹치고 몸을 쪼갤 수 없는 경우에도 'Republic of Korea'라고 표시된 명패가 놓인 자리를 절대로 비워 둘 수는 없다고 생각하였던 것이다. 지금 회고하면 다소 무리를 하였지만 그 당시로서는 고지식할 정도로 책임감이 강했던 그런 시절이었다.

Fedorenko 소련 참사관

내가 '대한민국' 명패가 있는 회의장 자리를 비울 수 없다고 생각한 이유가 또 하나 있었다. 당시 우리나라는 UN관계나 기타 국제회의에 거의 빠짐없이 참석했다. 그에 반하여 북한은 참석을 못하는 상황에서 북한의 후견국인 소련 대표는 각종 회의 때마다 한국대표의 참석을 문제 삼고 "북한도 참석시켜야 한다"고 트집을 잡았다.

신임장 위원회가 열릴 때마다 소련 대표가 손을 들어 트집을 잡았는데 그런 발언을 하는 소련 대표는 항상 소련 대표부의 Fedorenko 참사관이었다. 이러한 발언에 대하여 "경제문제 등 전문적인 문제를 토의하는 회의에서 불필요한 정치적 발언을 하는 것은 부적절하다"고 하는 요지의 반론발언은 항상 내가 해야 할 일이었다.

내가 발언을 하게 되면 Fedorenko 참사관은 더 이상의 반론을 하지 않고 다만 자기가 앞에 행한 발언을 기록에 남겨 달라고 하였으며 곧 이어 나도 손을 들어 나의 반론발언을 기록에 남겨 달라고 하였다.

워낙 회의가 많고 신임장 위원회에서는 반드시 간혹 다른 회의에서도 "북한 대표도 참석시켜야 한다"면서 트집을 잡는 것이 관례였으며, 이에 대하여는 반드시 내가 반박하였는데 계속 이런 일이 되풀이되니 이렇게 주고받는 회의가 끝난 뒤에는 복도에 나와 서로 마주치면 악수를 하면서 "수고했다"고 하였다.

아무튼 당시 남·북 대결이 치열하였던 상황에서 국제회의 석상에서 소련이나 동구권 국가 대표들이 북한을 두둔하고 우리나라를 헐뜯는 무슨 발언이나 모략을 꾸밀지 모른다는 우려에서 더욱 더 '대한민국'이라는 명패가 놓인 우리 대표단 자리를 비워 둘 수가 없었던 것이다.

제네바에는 지금의 WTO (세계무역기구) 의 전신 (前身) 인 GATT (관세 및 무역에 관한 일반 협정) 사무국이 있었고, GATT 관계회의가 수시로 열리고 있었다.

제2차 세계대전 후에 발족한 GATT는 원래 'Rich men's club'이라는 별명이 있는 것과 같이 선진공업국들에 의하여 주도되었고, 자유무역을 지향하여 선진공업국들 간의 무역을 신장하고 그들의 경제를 발전시키는 데 크게 기여하고 있었다.

우리나라는 당시 GATT 가입국이 아니었는데 박정희 정부에 의하여 추진되었던 '무역입국'(貿易立國) 을 달성하기 위하여 '우리나라가 하루속히 GATT에 가입해야 하는가?' 또는 '당장 GATT에 가입하는 것은 시기상조인가?'와 같은 문제들이 중요한 논란거리로 되어 있었다.

외무부 차관을 역임하시고 주 제네바 대사로 부임하신 당시 정일영 (鄭一永) 대사는 부임하자마자 'GATT 가입 문제'에 대한 연구서를 작성하라는 과제를 나에게 부여하였다.

이 지시에 따라 나는 GATT 사무국의 고위전문가들과 접촉하면서 GATT에 대한 각종 자료와 정보를 수집하고 약 2개월 고생한 끝에 2백쪽에 달하는 'GATT 가입에 대한 연구서'를 만들었다.

GATT는 그 기구와 운영방식 및 가입절차 등이 일반 국제기구와 다른 점이 많았으므로 연구서에는 그 다른 점에 대한 설명을 하였는데 그 부분에 대하여는 전순규 (全順奎) 3등서기관이 수고하여 주었다. 나는 그러한 GATT에 우리나라가 가입하였을 때의 장단점을 분석한 다음 우리나라가 수출을 증대하기 위해서는 하루속히 GATT에 가입하여야 할

GATT 가입의정서에 서명하고 있는 한표욱 대사와 그 좌측에 Wyndham White GATT 사무총장. 왼쪽 끝이 저자.

것이라고 결론을 내렸다.

시기상조론의 주장은 GATT가 자유무역을 지향하는 'Rich men's club'이므로 국내산업이 취약한 우리나라 형편에서는 관세와 무역장벽을 없앨 수 없다는 것이었다. 그러나 GATT의 기구와 운영방식을 자세히 살펴보면 그러한 신생독립국의 입장을 고려하여 여러 가지 예외를 인정하므로 그러한 주장은 기우에 불과하고 오히려 우리나라의 무역을 증진하는 데 도움이 된다고 판단하였다.

정일영 주 제네바 대사는 그 연구서에 따라 본부에 GATT 가입을 건의하였으며 우리가 집필했던 연구서, 즉 'GATT 가입 건의서'도 본부

각 부처에 필요한 만큼 송부하였다.

우리의 건의에 따라 본부에서는 각 부처 간 협의와 법적 절차를 거쳐 GATT 가입의 정부방침이 결정되었고, 이에 가입교섭이라는 과제는 주 제네바 대표부에 떨어졌다. 1966년 5월 나는 GATT사무국을 방문하고 우리나라가 GATT에 가입할 의사가 있음을 천명하였다.

그런데 GATT 가입은 전 회원국이 모인 총회장에서 일정 수 회원의 찬성투표로 가입이 결정되는 등 다른 일반국제기구의 경우와는 달리 좀 복잡한 절차를 거쳐야 했다.

즉, 먼저 우리나라의 주요 교역국과 관세 양허표를 교환, 제시하고 서로가 어떤 범위에서 관세를 양허할 것인지에 대해 합의한 다음에 GATT 이사회에 우리 대표단을 파견하여 우리나라의 통상정책, 관세정책 등을 설명하여 자유무역을 지향하는 GATT체제에 어긋나지 않는가에 대한 심사를 받아야 했다. 가입에 대한 최종적인 체약국 투표는 우편투표로 실시하게 되어 있었다.

이미 연구서 준비 때부터 GATT사무국과 접촉하여 왔지만 가입신청 과정에서 더욱 바빠졌다. 1966년 7월 초순 본부에서 보내온 관세양허안과 우리나라의 무역정책 및 제도에 관한 Memorandum을 GATT사무국을 통하여 제출함으로써 우리 정부는 우리의 GATT 가입에 관심이 있는 GATT 체약국과 본격적인 협상을 개시할 수 있게 되었다.

당시 우리가 제출한 관세 양허안은 케네디라운드 무역협상에 참여하기 위한 양허안과 GATT 가입협상을 위한 양허안을 결합한 통합 양허안(combined offer)이었다. 그런데 케네디라운드 협상은 1967년 3월 이후에나 끝날 것이므로 우리의 GATT 가입이 늦어질 수 있다는 당시 Blumenthal 주제네바 미국 대사의 충고에 따라 통합 양허안을 분리하여 가입 양허안만 다시 제출하였다.

GATT사무국은 우리나라와 관세 양허교섭을 희망하는 나라가 우선 미국과 일본 그리고 뉴질랜드와 남아프리카 공화국 4개국이라고 알려 왔다. 나는 이들 나라 대표부의 실무자들과 예비교섭을 시작하였다.

뉴질랜드와 남아공 2개국과의 예비접촉에서는 우리의 관세 양허안에 대하여 큰 문제제기 없이 예비교섭을 끝냈으나 미국과 일본 2개국과의 교섭은 그리 간단하지 않아 몇 차례의 회합결과를 본부에 보고하였다.

당시 미국 실무대표는 주제네바 미국 대표부의 Kirk 참사관이었는데 재미있는 것은 45년 후인 2011년에 미국과 체결한 한·미 FTA 교섭의 초기 미국 대표 이름도 Kirk 씨였다는 것이다. 당시 일본 측 대표는 주 제네바 일본 대표부의 오다카 1등서기관이었는데 이 1등서기관은 해방 전후 일본 영화계를 풍미한 한국계 일본 여배우 이향란(李香蘭), 즉 야 마구치 도시코의 남편이라는 소문을 들었다.

1966년 9월 중순경에 본부로부터 재무부의 정소영(鄭韶永) 세정차 관보가 본부관계 각 부처 실무자들(외무부의 함태혁, 상공부의 노진식·정민길, 재무부의 안승율, 한국은행의 김건)을 거느리고 제네바에 왔다. 주 제네바 대표부에서는 한표욱(韓豹頊) 대사가 수석대표가 되고 내가 대표단에 합류하였다.

우리 대표단은 9월 중에 미국, 일본, EEC, 영국 및 캐나다와의 예비 교섭을 마치고 이들 나라들과 뉴질랜드 및 남아공화국과의 공식교섭에 들어가서 11월 중에 상호 간의 관세양허 교섭을 종결하였다. 11월 30 일부터 세 차례 개최된 GATT 가입관계 working party 회의에 우리 대 표단이 참석하여 우리가 이미 제출한 Memorandum에 의거하여 한국 의 무역제도와 무역정책 등을 설명하였다.

이어 12월 16일 개최된 GATT이사회에서 한국의 GATT가입에 대한 working party 회의 보고서가 아무런 논란 없이 승인되었다. 곧이어 GATT 사무총장은 한국의 가입의정서와 투표용지가 모든 체약국에 배포될 것이라고 공표하였다.

교섭단이 다녀간 다음 주 제네바 대표부는 모든 교섭의 마무리 작업을 마치고 각각의 GATT체약국으로부터 우편 투표를 받기 시작하였다. GATT에 가입하기 위해서는 GATT체약국 3분의 2 이상의 찬성이 필요하였다. 나는 매일 GATT사무국과 전화하여 우편으로 찬성투표한 나라를 확인하여 외무부 본부에 보고하던 기억이 지금도 생생하다.

마침내 전 체약국의 3분의 2번째에 해당되는 나라가 우편투표로 찬성하여 왔다는 소식을 GATT사무국이 전화로 알려 주었을 때에 나는 너무나 기뻐 GATT사무국의 담당부장에게 떨리는 목소리로 그동안의 협조에 감사한다고 말하고 본부에 이 기쁜 소식을 알렸으니 그때가 1967년 3월 1일이었다.

나는 날을 잡아 한표욱 대사님을 모시고 GATT 사무총장(Wyndham White)을 방문하였다. 한 대사님이 전권 위임장을 제시하고 한국의 GATT가입 의정서에 서명한 후 가입을 축하하는 샴페인을 터트려 기쁨과 감격을 나누었다. 그날이 1967년 3월 15일이었고 그날부터 한 달 후인 1967년 4월 14일 우리나라는 72번째 GATT 체약국이 되었다.

돌이켜보면 당시 우리나라가 조기에 GATT에 가입한 것은 아주 잘한 판단이었다. 우리나라는 GATT 가입 후 GATT 체약국들과의 자유무역을 통하여 획기적으로 무역을 증대하여 오늘날 무역대국을 이룩할 수 있는 터전을 마련하고 나아가서 오늘날과 같은 경제대국이 될 수 있었다고 생각한다. 우리나라 경제발전에 크게 기여한 GATT 가입교섭에 직접 관여한 나로서 당시를 회상하면서 뿌듯한 보람을 느낀다.

다자(多者)외교

나는 1964년 5월부터 약 3년간 주 제네바 대표부에서 2등서기관으로 근무하며 진필식(陣弼植) 공사, 정일영 대사, 한표욱 대사 등 세 분의 공관장을 모셨다. 앞에서 말한 대로 UNCTAD 관계회의와 UN전문기구 등이 주관하는 여러 국제회의에 참석하랴, GATT에 가입하랴, 엄청나게 바쁜 나날을 보냈고, 각종 국제회의에 참석하기 위하여 제네바에 출장 오는 본부대표단에 대한 지원업무 등도 있어 너무나 정신없이 뛰어야 했다.

그렇게 바쁘면서도 나는 하는 일이 신났고 나라를 위하여 일한다는 긍지 때문에 고생을 모르고 열성을 다하였다.

내가 모신 세 분의 공관장들은 각자 개성은 달랐으나 모두 경륜이 있고 사명감이 강한 훌륭한 선배 외교관이었다. 그분들은 미숙한 나에게 많은 것을 가르쳐 주었으며 나는 그분들로부터 과분한 사랑을 받았다. 나의 주 제네바 대표부 근무는 나에게 다자외교를 배울 수 있는 좋은 기회가 되었고 그래서 나는 제네바 근무를 퍽 행운으로 생각하였다.

주 제네바 대표부에서 회의장인 Palais des Nations까지 가려면 오른쪽에 레만(Leman) 호수를 끼고 가게 된다. 레만 호수와 그 호수 한가운데에 솟아오르는 젯도(Jet d'eau) 분수를 보면서 프랑스제 청색 승용차 Simca를 몰고 회의장으로 향하던 길이 눈에 선하다.

1966년 런던 월드컵

한 가지 기억에 남는 일이 있다. 그날도 Palais des Nations에서 오전 회의를 마치고 집에 와서 점심을 먹었다. 처음 부임 직후에는 UNCTAD 총회일로 바빠서 집을 구하는 데 고생하였으나 그 후 요행히 집을 잘 구하여 제네바 교외에 과수원 마당이 있는 독채를 얻어 그 집의 반은 주인이 쓰고 반대편의 반은 우리가 세를 들었다.

그런데 우리가 점심을 먹는데 집주인이 헐레벌떡 달려와서 상기된 얼굴로 알려 주는 것이었다.

"무얼 하고 있느냐. 월드컵 축구대회에서 당신네 나라가 이기고 있는데 왜 TV를 안 보느냐?"

당시 런던에서 열린 월드컵에서 북한이 이탈리아를 이기고 있는 경기를 보고 하는 말이었다.

나는 점심을 먹고 북한이 이긴 시합을 다 보고 Palais des Nations 오후 회의에 갔다. 회의장에 들어서자 여러 나라 대표들이 나에게 몰려와서 북한과 이탈리아의 경기를 화제에 올리더니 그중 한 대표가 "북한이 이탈리아를 이겼는데 기분이 어떠냐?"고 내 반응을 떠보는 것이었다. 나는 주저함이 없이 "스포츠는 정치와 다른 것이고 Korea가 이겼으니 아주 기분이 좋다"고 대답했다.

2002년 축구 한 · 일 월드컵 대회 때 'Again 1966'이라는 응원 구호에 힘을 얻었는지 우리나라가 이탈리아를 이기고 월드컵 4강에 올라간 것이 전 세계를 놀라게 하였지만 그 당시에 북한이 이탈리아를 이겼다는 사실은 더더욱 놀라운 일이었다. 그때 스위스 사람들은 남 · 북한에 대한 개념이 없어 집주인은 이기고 있는 나라가 북한인 줄 모르고 우리나

제네바 근무 시절 임대했던 집주인 내외와 함께.

라인 줄 알았던 것이다.

그 뒤에 1991년 내가 주 포르투갈 대사로 있을 때 세계청소년축구선수권대회를 포르투갈에서 개최했는데, 그때 남·북한이 단일팀을 구성하여 대회에 참가하여 8강까지 올라간 일이 있다. 그 이야기는 뒤에 따로 자세히 쓰기로 하겠지만, 여하튼 나는 축구와 인연이 많았고 그래서인지 나는 축구를 몹시 좋아하게 되었다.

아름다운 경치

주 제네바 대표부에서 근무한 3년 동안에 눈코 뜰 사이 없이 바쁜 가운데에서도 나는 틈만 나면 자동차를 몰고 스위스 전역을 여행하였다.

제네바는 유럽의 중심에 위치해 국경 근처의 프랑스, 이탈리아 등까지 구경할 수 있었다. 서울에서 오는 손님이 없고 자유시간을 가질 수 있는 주말이면 나는 가족을 데리고 자주 차를 몰고 나갔다. 장녀 경실이를 자동차 뒷좌석 카시트에 묶어 앉히고 자동차 뒤 트렁크에는 밥을 해먹을 수 있는 버너와 김치, 고추장, 쌀 등을 넣고 무조건 떠났다. 햄, 소시지, 살라미 등 반찬거리는 가다가다 사 먹으면 되었다. 그때는 그만큼 호기심도 많고 젊음이 넘쳤기에 가능하였던 것 같다.

산과 호수 그리고 젖소를 키우는 완만한 초원의 경치는 정말 아름다웠다. 가다가 점심시간이 되면 적당한 곳을 찾아 밥을 지어 먹었다. 피

제네바 부임했을 때 장녀 경실이는 불과 2개월밖에 되지 않는 아기였다.

곤하면 한숨 자고 또 일어나서 달렸다.

특히 기억나는 일로 한 번은 스위스의 동북쪽인 오스트리아, 이탈리아와 국경을 접한 투루와 콜(Trois Cols)이라는 가파른 고개를 넘으러 갔다. 투루와 콜이란 '세 고개'란 뜻인데 푸르카(Furka), 수스텐(Susten), 그림셀(Grimsel)의 세 고개가 삼각형으로 연결되어 있는 곳이다. 고개에 도착하기 전에 날이 저물었고 칠흑과 같은 어둠 속에 꼬불꼬불한 산길이 끝도 없이 계속되었다.

은근히 마음 한구석에는 겁도 났지마는 호텔도 없었으므로 내친 김에 끝까지 가 보자고 밤새 올라가서 야밤쯤에 겨우 호텔을 찾아들 수 있었다. 시골호텔이라 그런지 인심이 좋아 주인아주머니는 호텔부엌에서 밥을 지어 먹어도 좋다고 하여 우리는 가지고 간 쌀로 밥을 지어 먹고 하룻밤을 잤다.

다음날 아침 우리가 밤에 올라온 고개를 내려다보고 아연실색하였다. 꼭대기에서 내려다본 그 고개는 밤에 운전하기에는 너무나 가파르고 험하여 어떻게 저렇게 꼬불꼬불한 고개를 운전하고 왔는가 싶어 놀랐던 것이다.

아침에 그 꼬불꼬불한 고개를 내려오는데 또 한 번 눈이 휘둥그레졌다. 고개 길가의 경치가 너무나 아름다웠다. 해가 비치지 않는 그늘 쪽에는 흰 눈과 푸른 얼음이 번쩍였고 싹 돌아서 햇빛을 받는 곳에는 아름다운 꽃들이 만발하여 고개를 돌 때마다 도원경(桃源境) 같은 경치가 반복되는 것이 아닌가. 스위스에서 눈 산이나 호수 등 여러 곳을 가 보아 그 아름다움에 반했지만 나에게 가장 강렬한 인상을 준 것은 그때 투루와 콜의 경치였다.

1966년 말에는 연말연시 휴가를 이용하여 남프랑스 쪽으로 자동차를 몰았다. 지중해를 바라보는 남프랑스의 미항 생트로페즈(St. Tropez)의 자그마한 호텔에서 1966년을 보내고 새해 아침에 지중해를 붉게 물들이며 떠오르는 태양을 바라보던 기억이 새롭다.

청색 Simca

본부로 전임 발령을 받게 되자 3년 동안 쓰던 자동차를 팔겠다고 신문광고를 냈다. 제네바에 부임하여 출퇴근도 하고 회의참석도 하려면 꼭 필요하다고 하여 약 1천 달러를 현지 은행에서 빌려 구입한 1,300cc 프랑스제 청색 Simca였다. 당시 나의 월급은 4백 달러 정도였는데 그중 1백 달러는 집세로 내고, 매월 1백 달러씩 약 1년에 걸쳐 자동차 살 때 빌린 돈을 은행에 갚고 1백 달러는 매월 생활비로 쓰고, 남은 돈을 가지고 여행도 하고 잡비로 썼던 것으로 기억한다. 지금은 월급이 많이 넉넉해

제네바 재임 중에 나에게 충실하게 봉사해 준 청색 Simca.

졌지만 그 당시에는 나라형편이 어려워 초임 외교관 생활이 퍽 빠듯한 시절이었다.

각설(却說)하고, 신문광고를 낸 며칠 후 제네바 연수를 마치고 자국에 돌아간다는 파키스탄 공무원이 와서 자국에 가지고 가겠다면서 내 차를 사 가지고 갔다. 그날 나는 그 차를 인도하면서 이상한 허전함을 느꼈다. 출퇴근과 회의참석을 위하여 3년 동안 나에게 봉사하여 준 차가 아니었던가. 그 자동차 공간에서 우리 식구가 3년 동안 드라이브 하면서 생활하였던 추억들이 주마등(走馬燈)처럼 내 머리를 스쳐갔다. 나는 그 차가 보이지 않을 때까지 한참 동안 멍하니 서서 바라보았다.

05
검사 생활

나는 제네바 근무를 마치고 한국에 돌아온 후 1년 4개월간 서울지방검찰청과 춘천지방검찰청 원주지청에서 검사 생활을 하였는데 그 사연은 다음과 같다.

이미 앞에서 말한 바와 같이 나는 고등고시 사법과에 합격하고 외무부에 근무하게 된 특수한 경우였다. 다른 사법과 합격자들은 사법관 시보를 거쳐 판검사로 임명되거나 변호사를 개업하게 되는데 나는 그 과정을 겪지 않고 외무부에 다니면서 변호사 실무수습을 받아 그 실무시험에 합격하여 변호사 자격을 얻었다. 내가 변호사 자격을 딴 것은 외교관 생활을 마친 후에라도 변호사 사무소를 개업할 수 있는 조건을 갖추어 놓기 위한 것이었다.

그러나 그것만 가지고 과연 변호사 사무소를 개업할 수 있을까에 대하여는 항상 자신이 없었다. '면장도 알아야 해 먹는다'고 하지 않던가? 그래서 늘 언젠가는 실무를 익혀야 되겠다고 막연하게 마음먹었던 참이었다.

그런데 제네바에서 돌아와서 본부 기획관리실 법무관으로 발령받았다. 외무부 10년 경력에 서기관급 5년이므로 다른 동료들과의 형평상

당연히 과장 보직을 바랐는데 비록 법무관이 과장급이라고는 하나 과장보다 좀 떨어진 것으로 알려진 법무관 보직에 다소 실망하였다.

이모저모로 숙고한 끝에 나는 이 기회에 법조계에 가서 실무를 익히기로 마음먹었다. 내가 검찰청으로 옮기자 주변에서는 내가 인사에 불만을 품고 영영 외무부를 떠났다고 수군거렸다.

그러나 나는 그때 이미 10년간의 외교관 생활을 경험하고 국가 이익을 위하여 몸과 마음을 바쳐 일할 수 있는 외교관 생활에 매료되어 있을 때였다. 그렇기 때문에 나로서는 외무부를 아주 떠나는 것이 아니고 사법실무를 더 익힌 다음 외무부에 돌아올 작정이었다.

검찰청에 가 보고 일선 검사들이 평균 1인당 50건 이상이나 되는 사건을 다루면서 얼마나 고생하는가를 알게 되었다. 검사 책상 뒤에 있는 사건 캐비닛 속에는 항상 50건 이상의 형사 미제사건의 서류철이 들어 있었고, 입회서기 1명을 데리고 아침부터 저녁까지 피의자를 심문하고 기소여부를 결정하여야 했다.

일의 양도 많거니와 머리를 써야 할 일이 많아 긴장이 계속되어 피로감이 더한 것 같았다. 당시 서울지방검찰청은 덕수궁 근처에 있었다. 점심시간이 되어 근처 소공동 식당으로 몰려나가는 20대 후반에서 30대 중반의 검사들 뒷머리를 보면 유난히 흰머리가 많아 보였다. 지금은 검사의 수도 많이 늘었고 따라서 업무의 양도 많이 줄었겠지만 그 당시에는 사건 속에 파묻혀 수사활동에 진력하는 젊은 검사들을 보면 존경심마저 묻어나올 지경이었다.

아무튼 나는 당초 2~3년 정도는 최소한도 법조계에 근무하면서 실무를 익힐 계획이었지만 예상치 않던 사정이 생겨 생각보다 빨리 외무부로 돌아오게 되었다. 그것은 이전에 제네바에서 공관장으로 모시던 진필식 외무차관께서 나에게 외무부로 복귀할 것을 권하여 외무부 방교국 조약과장으로 돌아오게 된 것이다. 당시 최규하(崔圭夏) 외무장관께서도 나의 외무부 복귀를 고맙게 받아 주셨다.

주 제네바 대표부 근무를 마치고 서울에 돌아와서 나는 둘째 딸 경원이를 얻었다.

06
중견외교관

1. 방교국 조약과장

조약과는 외교의 마지막 보루 (堡壘)

외무부에 들어가서 처음 과장이라는 책임 있는 직책을 맡았다. 1968년 10월 내 나이 만 37세 때였다.

당시 조약과에서는 외국과의 모든 양자조약의 체결, 다자조약에의 가입 및 국제법에 관한 모든 업무를 관장했다. 조약과는 그 뒤 조약국으로 승격되었다가 현재의 '국제법률국'으로 이름이 바뀌어 그 밑에 조약과, 국제법규과 및 영토해양과 3개과를 두지만 당시에는 방교국 밑에 조약과라는 1개과에서 그 모든 업무를 담당하였다.

업무의 성격이 당장 급박하게 돌아가는 외교현안보다는 신중하게 검토하고 연구하는 법적 사고(思考)를 요구하고 또 국제법에 관한 지식도 필요하였으므로 조약과 직원들은 대체로 그러한 지식을 갖춘 젊고 유능한 인재들이었다. 나의 재임 중에도 가능한 한 그러한 인재들을 끌어모았다.

나는 직원들에게 "조약과는 나라의 변호사로서 국가이익을 지키는 마지막 보루"임을 강조하고 소신 있게 사명감을 가지고 업무를 수행할 것을 요망하였다. 직원들도 이와 같은 나의 뜻에 공감하고 자부심을 가지고 열심히 뛰어 주었다.

당시 나는 의욕이 넘쳤고 맡은 바 업무수행에 최선을 다하는 한편, 국가이익의 보호, 신장을 위하여 중요하다고 판단되는 경우에는 윗분의 지시가 없더라도 일을 만들어서까지 강력하게 밀어붙였다. 윗분들 역시 조약과에서 하는 일에 대하여 항상 믿어 주고 또 밀어 주셨다.

지금 생각하면 나에게는 그때가 외무부 근무 중에서 가장 보람 있었던 시절로 기억되며 당시에 모시던 윗분들과 나와 같이 동고동락하였던 직원들에게 고마움을 느낀다.

한 · 일 대륙붕 경계선

나의 조약과장 시절(1968~1970)에 우리나라는 박정희 대통령의 주도하에 관·민이 일체가 되어 우리나라 산업개발에 전력을 다하였다. 그 산업개발에 절실하게 필요한 것이 석유인데 우리나라에서는 석유가 한 방울도 생산되지 않아 전적으로 수입에 의존하였다. 이웃나라인 일본에서도 석유를 생산하지 못하고 수입에 의존한다는 점에서는 우리나라와 다를 바가 없었다. 이런 상황에서 당시 많은 공업국들이 대륙붕(大陸棚)에 눈을 돌려 대륙붕에서 석유를 탐사, 시추하는 데 관심을 쏟기 시작하였다.

'대륙붕'이란 육지의 영토가 몇천 년, 몇만 년에 걸쳐 바다로 밀려 내려와서 그것이 퇴적하여 수심이 1백m 이내가 되는 곳을 말하는데 그러한 대륙붕에서 석유가 나올 수 있다는 것이다.

우리나라 제주도 서남방과 일본 규슈의 서북방은 대륙붕이 겹치는 지역인데, 이 중복된 지역에 일본의 석유회사인 니혼세키유(日本石油)와 데이고쿠세키유(帝國石油)가 제3국과 제휴하여 또는 단독으로 석유의 탐사, 시추를 계획하고 일본정부에 그 허가를 신청하였다는 기사를 일본신문에서 보았다.

당시 대륙붕에 관한 국제협약으로는 1958년 제네바에서 채택된 것이 최근의 것으로 "대향(對向)하거나 인접한 국가 간에 중복되는 대륙붕의 경계는 등거리 원칙에 의한다"라고 되어 있어 아마도 일본이 상기와 같이 겹치는 대륙붕 구역의 중간선까지는 당연히 자기네 것이라고 생각하고 일본정부에 탐사와 시추를 허가해 달라고 신청한 것이라고 판단하였다.

그러나 그렇다고 하더라도 일단 대향국인 우리나라와는 경계선에 대하여 협의하여야 할 것이라고 생각하면서 이 문제를 가지고 직원들과 의논하던 중 권병현(權丙鉉) 사무관(전 주 중국 대사)이 중요한 정보를 가지고 왔다. 즉, 최근 독일과 덴마크 및 독일과 네덜란드 간에 대륙붕 경계선 분쟁이 생겨 헤이그(The Hague)에 있는 국제사법재판소에 계속(係屬)되어 그 심리를 거쳐 판결이 나왔는데 1958년 제네바 협약의 등거리 원칙을 배척하고 자연연장설(自然延長說)을 취하였다는 것이었다.

이 사건을 '북해 대륙붕 사건'이라고 하는데 국제사법재판소는 1969년 2월의 판결에서 "등거리 원칙이 일반원칙이 아님을 전제하고" 일방 당사국의 육지영토의 자연적 연장이 타방 당사국의 육지영토의 자연적 연장을 해치지 않도록 당사국 간 공평하게 합의하여야 한다"고 하여 대류붕이란 육지영토의 자연적 연장임을 강조한 것이다.

우리나라와 일본 간에 겹쳤다는 대륙붕의 지형을 보면 우리나라는 한반도와 제주도의 영토가 몇 천 년, 몇 만 년에 걸쳐 남쪽 바다로 흘러내려 완만한 경사를 이루다가 그것이 큐슈의 서쪽인 류큐해구(硫球海溝)까지 가서 끝나며, 반면 일본의 경우는 큐슈 서쪽으로 얼마 가지 않아서 류큐해구로 급격히 떨어져서 해구를 이룬다.

그러므로 최근 국제사법 재판소의 판례의 취지를 한·일 간 대륙붕 경계의 경우에 적용하면 우리나라 영토의 자연적 연장과 일본 영토의 자연적 연장이 끝나는 곳, 즉 '류큐해구'가 양국 간 대륙붕의 경계선이 되는 것이다.

국제사법재판소가 자연연장설에 바탕을 두고 내린 북해 대륙붕 사건의 판결에 힘을 얻어 나는 곧 상공부 광무과장, 해무청 수로과장, 지질연구소장으로 구성된 실무과장 회의를 외무부 주관으로 소집하였다.

일단 우리의 대륙붕 경계선이 류큐해구까지 미친다는 국제법 이론을 뒷받침하는 데 있어서는 국제사법재판소의 자연연장설을 근간으로 하였으나 그 외에도 그 지역에 있는 작은 섬, 즉 도리시마(鳥島)와 단조군토오(男女群島)를 어떻게 취급할 것인가에 대하여 국제법상 문제점이 있을 수 있으므로 1958년의 대륙붕 협약 채택 시의 토의과정과 그 이전 제네바에 있는 국제법위원회에서 동협약안을 작성하는 과정에서 그와 같은 작은 섬이 어떻게 취급되었는가 등에 대하여도 면밀하게 연구, 검토하여 우리의 관할권 주장이 국제법상 당연하다는 이론적 근거를 철저하게 준비하였다.

그 무렵 이 문제를 실무적으로 담당하던 권병현 사무관이 장관 비서실로 전임되고 그 후임으로 김석우(金錫友) 사무관(21세기 국가발전연구원 원장, 전 통일부 차관)이 이 일을 맡아 수고하게 되었다.

'자연적 연장'임을 입증하려면 해저 지도가 필요한데 그때만 하여도 해무청 수로과장이 가지고 온 해저 지도가 일본 총독부 시절에 만든 유일한 것이라고 들은 기억이 나고 지질연구소에서는 한·일 간 주장이 중복되는 지역의 지질이 제3기층으로서 그런 지질에서 석유가 나올 개연성이 가장 많다고 하여 우리 실무팀을 흥분시켰던 기억이 난다.

우리는 극비리에 10여 차례의 실무과장 회의를 개최한 끝에 우리의 대륙붕 구역이 우리 영토의 자연적 연장이 끝나는 류큐해구까지로 하는 '해저 광물자원 개발법'과 '동법 시행령'을 마련하였다. 구역을 위도, 경도로 표시하는 내용은 대통령령인 시행령에 포함시켰다.

나는 이와 같이 준비한 '해저광물자원 개발법 및 동 시행령'의 문건과 우리의 대륙붕 경계선이 명시된 해도를 들고 그 결재를 받으려 장관실에 들어갔다. 최규하 당시 외무장관께서는 나의 설명을 들으시고 "조약과장 …" 하고 뜸을 들이시더니 "이렇게 해도 괜찮을까?"라고 하시면서 결재를 주저하시는 것이었다. 나는 하는 수 없이 "좀더 생각해 보겠습니다"고 하면서 물러설 수밖에 없었다.

그러나 그 다음날 아침에 다시 장관실에 들어가서 "장관님. 어젯밤 밤새도록 검토해 보았는데 이렇게 해도 될 것 같습니다"라고 하면서 결재하여 달라고 고집하였다. 그런데도 결재를 주저하시므로 하는 수 없이 윤석헌(尹錫憲) 차관에게 가서 "장관님이 결재를 안 하십니다"고 하여 지원을 요청하였더니 같이 가서 말씀드리자고 하여 결국 결재를 받을 수 있었다.

최규하 장관께서는 전에 한·일 회담에 직접 관여하셨을 때 '평화선' 문제로 인하여 일본 대표들과 교섭하는 과정에서 큰 곤욕을 치르셨던 경험이 있으며 아마도 그러한 연유로 해서 또다시 한·일 간에 분쟁의 씨가 되면 어쩌나 하고 주저하신 것이 아닌가 추측하였다.

이와 같이 만반의 준비를 완료한 다음 '해저광물자원 개발법'을 국회에 상정하여 통과시키고 동법과 동법시행령을 1970년 1월 1일자로 공포하였다.

어느 정도 예상은 하였으나 한·일 간에 중복되는 대륙붕 구역의 중간선까지를 자기들 구역이라고 생각하던 일본 측은 발칵 뒤집혔다. 주한 일본 대사관의 마에다 참사관이 나를 만나겠다고 면담을 요청하더니 일본 외무성에서 대표단을 보내겠다고 제의했다.

이에 대하여 조약과에서는 '류쿠해구'에 의하여 일본의 대륙붕과 한국의 대륙붕이 별개의 대륙붕으로 분리되는 것이므로 우리의 조치는 국제법상 정당하여 일본 측과 협의할 성질이 아니라고 하여 일본 측 요청을 일축하였다.

일본 측 협의요청을 묵살할 즈음 나는 주 호주 대사관 참사관으로 전임 발령을 받았다. 김태지(金太智) 신임 조약과장(전 주 일본 대사)에게 사무인계를 마치고 호주로 떠날 준비를 하는데 한·일 대륙붕 문제에 대한 일본 측 협의 요청에 응하기로 하였으니 나의 부임 날짜를 늦추어 일본 측과의 첫 번째 회의를 하고 호주로 떠나라는 윗분의 지시가 내려와서 그렇게 하고 호주로 떠났다.

이렇게 시작된 한·일 대륙붕 문제에 대한 협의는 내가 떠난 후에도 계속되었는데 양측의 주장이 팽팽하게 맞서 결국 합의를 보지 못하고 우리가 주장하는 자연연장선과 일본이 주장하는 중간선이 겹치는 구역을 미결로 둔 채 그 구역을 양국이 공동개발하기로 합의하여 협정을 체결하였다.

양국 간 대륙붕 경계선은 아직 미정이나 양국 간에 겹치는 구역의 절반은 확보한 셈이 되므로 호주에 부임한 후에도 늘 관심을 가졌다. 그 구역에서 석유가 나와 주었으면 얼마나 좋을까 기대하였으나 그렇지 못하여 안타까울 뿐이다.

그런데 나는 외무부에서 퇴임한 후에 이 문제(한·일 대륙붕 경계선 문제)와 관련하여 아주 놀라운 정보를 들었다. 그 사연은 다음과 같다.

우리가 자연연장설에 의거하여 일본 류큐해구까지 우리의 대륙붕 경계선이 미치는 것으로 선포하자 일본 측이 대표단을 보내겠다고 요청하여 왔고 이에 대하여 우리가 그 협의 요청을 묵살하고 있을 즈음, 박정희 대통령은 우리나라 철강산업의 중요성을 인식하고 포항제철을 건설하기 위하여 골몰하고 있었으며 거기에 필요한 자금을 얻기 위하여 전력을 다하고 있었다 한다.

그러나 그러한 자금을 제공할 수 있는 선진 각국 정부들은 그 당시 한국 경제수준이 너무 빈약하여 철광석에서 철을 뽑아내는 고로(高爐) 공장을 건설할 단계가 아니라면서 소극적인 반응을 보이고 있었다. 그런 상황에서 박정희 대통령은 한·일간에 합의된 청구권 자금 5억 달러 중 민간 경협자금 2억 달러를 포항제철 건설에 사용할 수 있도록 일본 정부에 교섭하였고 김학렬(金鶴烈) 당시 경제기획원장관까지 파견하여 교섭하였으나 뜻을 이루지 못하였다.

박 대통령은 카나야마(金山) 당시 주한 일본 대사를 은밀하게 불러 일본 총리에게 보내는 친서를 써 주면서까지 이 문제에 대한 우리의 강력한 요청을 전달하였으나 역시 일본 측의 승인을 얻지 못하였다.

그 무렵 한·일 대륙붕 경계선 문제로 왈칵 뒤집힌 일본 재계는 재계 인사들의 모임인 경제단체연합회(경단연)의 대표들이 우리나라를 찾아왔다. 대외적으로는 '문화를 사랑하는 경제인 모임'이라는 이름으로 경단연의 정치자금 담당인 하나무라(花村) 부회장을 단장으로 하는 대표단이었다. 그들이 박정희 대통령을 예방한 자리에서 한·일 대륙붕 문제에 대하여 한국 측이 일본 측의 협의요청에 응해 줄 것을 요구하였고, 박 대통령은 포항제철의 건설을 위한 경협자금 2억 달러 지원을 강력히 요청하였다 한다. 결국 한·일 대륙붕 문제에 대하여 한국 측이 협의에 응하는 대신 경협자금 2억 달러 지원을 일본 경단연 측이 약속하였다는 것이다.

이 이야기는 카나야마(金山) 전 주한 일본 대사와 가깝게 지내던 재일교포 최서면(崔書勉) 씨(국제한국연구원장)가 카나야마 대사로부터 직접들은 이야기라고 한다. 나는 이 이야기를 당시 한·일 대륙붕 경계선 문제를 담당했던 실무자 김석우 씨를 통해서 들었는데, 그는 최서면 씨로부터 이 이야기를 들었다고 전해 주었다.

조약법에 관한 비엔나 회의

조약과장이 된 지 얼마 안 돼서 나는 오스트리아의 수도 비엔나(빈)에서 개최되는 '조약법에 관한 UN회의'에 참석하기 위하여 약 2개월간 장기출장을 가게 되었다. '조약법'이란 모든 국제협약을 규율하는 일반원칙을 정한 '조약에 관한 국제조약'으로서 제 2차 세계대전 후 UN총회 결의에 의거하여 UN과 UN전문기구의 회원국들이 모여 조항별로 토의하여 국제조약으로서 채택하고자 한 것이었다.

나는 이미 주 제네바 대표부 시절에 UNCTAD나 GATT관계 국제회의에 참석한 경험이 있어 그때의 경험이 많은 도움이 되었다. 특히

1969년 조약과장으로 재임 중 조약법에 관한 비엔나 회의에 참석했다. 저자 옆에는 이동익 당시 3등서기관(전 뉴질랜드 대사).

UNCTAD나 GATT 관계 회의에서는 아시아·아프리카 및 남미의 개발도상국들이 77개국 그룹을 형성하여 수의 힘을 빌려서 경제적 선진국에게 강한 압박을 가했는데, '조약법회의'에 가 보니 국제법 분야에서도 아시아·아프리카 등 신생독립 개발도상국들이 종래의 국제법 이론에 승복하지 않고 그 수정을 요구하는 것이 인상적이었다.

조약법 회의가 진행되는 동안 아시아·아프리카 국가들은 비공식 그룹회의를 통하여 자기들의 의견을 조정했으며 우리 대표단도 그 그룹회의에 빠짐없이 참석하였다.

우리 대표단의 수석대표는 주 오스트리아 유양수(柳陽洙) 대사였다.

유양수 대사는 개·폐막총회나 중요한 회의에만 참석하시고 대부분의 공식, 비공식 회의는 교체수석대표인 내가 이동익(李東翊) 3등서기관(전 주 뉴질랜드 대사)과 함께 참석하였다. 이동익 3등서기관은 당시 주 제네바 대표부 근무를 마치고 본부조약과로 전임발령을 받고 귀임 준비 중이었는데 조약법 회의에서 채택하게 될 조약법 협약을 익히게 하기 위하여 내가 대표단에 포함시켰다.

아시아·아프리카 국가들의 첫 비공식 회의에서 친북한 국가의 대표가 우리를 '남한'(South Korea)이라고 부르면서 우리의 참석을 문제 삼기 시작하였다. 조약법 회의에 참석하지 못한 북한이(당시 북한은 UN 회원국이 아니었음) 비동맹회의 성향이 강한 친북한 국가를 포섭하여 우리의 비공식회의 참석을 방해하는 것이 분명하였다.

이에 대하여 나는 주 제네바 대표부 시절의 경험을 살려 발언권을 얻어 우리는 남한이 아니라 대한민국(Republic of Korea)의 대표임을 분명히 하고 조약법과 같은 국제법 문제를 다루는 데 있어 정치적 편견을 가져서는 안 되며 우리도 신생독립국가로서 다른 아시아·아프리카 국가들과는 많은 국제법 문제에서 같은 의견을 가졌다면서 우리 대표단에 대한 문제제기를 단호히 물리쳤다. 결국 그 뒤부터 모든 아시아·아프리카 국가들의 비공식 회의에 참석하였다.

나는 아시아·아프리카 국가들의 비공식 그룹회의에 참석하면서 국제법에 관한 아시아·아프리카 국가들의 정부 간 기구인 아시아·아프리카 법률자문위원회(Asian-African Legal Consultative Committee, 이하 AALCC)가 있다는 것을 알았고, AALCC는 사무국을 인도의 뉴델리에 두고 매년 아시아·아프리카 국가들이 모여 국제법에 관한 문제를 다루어 왔고 이번 '조약법에 관한 국제협약안' 역시 이미 AALCC의 제

10차 회의에서 논의했다는 사실을 알게 되었다.

　나는 조약법에 관한 비엔나 회의를 마치고 본부에 귀임하는 대로 AALCC에 우리나라가 가입하는 문제를 긍정적으로 검토해 보리라고 마음먹었다.

　조약법에 관한 비엔나 회의가 워낙 장기간 개최되었으므로 주 오스트리아 유양수 대사는 우리 대표단의 기동력에 필요하다고 하면서 대사관의 행정차량 1대를 회의기간 중 마음대로 쓸 수 있도록 차량열쇠를 우리에게 맡겨 주셨다. 이동익 서기관은 귀임중이라 부인까지 동반하고 비엔나 시내의 방 두 개짜리 아파트를 빌려 한국음식도 해 먹을 수 있어 회의기간 중 비엔나에서 지낸 생활은 전혀 불편함이 없었다.

조약법에 관한 비엔나 회의 일정은 빠듯하고 힘겨웠지만 당시 유양수 대사(저자 우측)는 주말에 나와 이동익 서기관을 데리고 다니면서 오스트리아를 구경시켜 주었다.

가끔 주말에는 유 대사 내외분께서 교외 드라이브까지 초청해 주셔서 그때 비엔나의 출장은 정말 잊지 못할 추억으로 남아있다. '비엔나의 숲'에 가서 백포도주를 마시면서 노래 부르던 일, '다뉴브 강변'을 드라이브 하던 일이 잊히지 않는다. 당시 따뜻하고 고맙게 우리에게 베풀어 주신 유양수 대사 내외분께 마음으로 감사할 뿐이다.

'조약법에 관한 비엔나 회의' 참석 당시에 생각나는 인사가 한 사람 있다. 파키스탄의 수석대표이며 당시 파키스탄의 검찰총장인 S. S. Pirsada 씨이다. 그분과는 회의장의 대표단석이 바로 우리 옆자리였던 관계로 회의기간 중 많은 대화를 나누었으며 특히 AALCC의 활동에 대한 좋은 정보를 얻었다. 그분이 뒤에 제 11차 AALCC회의에서 우리가 준회원국으로 가입하는 데 은근히 힘이 되었음은 뒤에 상술하겠다.

AALCC 가입

나는 '조약법에 관한 비엔나 회의'에 참석하고 귀임하는 대로 AALCC의 사무국이 있는 인도의 뉴델리에 주재하는 최운상 총영사(崔雲祥) 앞으로 전보를 쳐서 우리나라가 AALCC에 가입할 것을 추진하는 데 대한 의견을 묻고 또 그 가능성을 타진하였다.

최운상 총영사는 미국의 하버드(Harvard) 대학에서 국제법과 국제기구론 분야의 박사학위를 받은 국제법 전문가로서 당시에는 우리나라가 인도와 외교관계를 수립하기 전이었기 때문에 그 직명이 총영사였으나 실질적으로는 대사급이었다.

대(對) UN외교, 비동맹 외교 등에서 사사건건 북한과 대치하던 당시에 우리가 북한보다 먼저 AALCC에 들어가서 비동맹 그룹에서 영향력이 강한 아시아·아프리카 국가들과 유대를 강화하는 한편 그들이 주장하는 국제법 이론을 파악할 수 있을 것이라는 등 AALCC 가입이 바람직하다는 것에 대해서는 이론이 없었다. 다만 걱정되는 것은 북한의 방해공작이었다.

최운상 총영사가 의견을 보내왔다. 우리나라가 AALCC에 가입할 것을 추진하는 데 대하여 적극적으로 찬성한다는 것이었다. 또한 가입하기 위한 전략으로 AALCC에서 가장 영향력이 있는 인도의 지원을 받기 위하여 AALCC의 인도인 사무국장인 Sen 박사를 방한 초청하는 것이 좋겠다고 건의했다. 최운상 총영사의 건의에 따라 윤석헌 외무차관 이름으로 Sen 박사를 초청하여 그의 방한이 실현되었다.

Sen 박사가 도착하던 날 그의 숙소인 타워호텔 옥상에서 내가 Sen 박사에게 서울 시가의 모습을 보여 주었더니 그는 한참동안 아무 말 없이 깊은 상념에 잠겨 있었다. 내가 그 까닭을 물었더니 한국의 발전상을 보고 자기의 조국 인도를 생각하였다고 조용히 말하였다. 또한 김포공항에 도착하여 공항 화장실에 가 보고 청결하게 유지되는 데 대하여 큰 충격을 받았다고 하면서 자기의 조국 인도는 언제 그렇게 될까 싶어 마음이 무거웠다고 하였다. 그때가 1969년 하순의 일이었다.

AALCC 사무국장인 Sen 박사는 인도의 저명한 국제법 전문가로서 방한 중 우리 외교안보연구원에서 외무부 직원들을 상대로 '아시아·아프리카의 국제법'이라는 제목으로 강연하는 자리를 마련하여 주었으며 그 외에도 체한 일정을 세밀하게 짜서 그를 따뜻하게 접대하였다.

Sen 박사는 서울을 떠나면서 한국의 AALCC 가입을 위하여 자기로서 할 수 있는 협력을 다하겠다고 약속하고 세세한 가입절차에 대하여도 조언했다. Sen 박사와의 협의결과를 가지고 면밀한 검토를 거쳐

1970년 1월 19일부터 10일간 가나(Ghana)의 수도 아크라(Accra)에서 개최되는 제 11차 AALCC 회의에서 준회원국으로 가입한다는 방침을 세웠다.

Sen 사무국장의 조언에 따라 제 11차 AALCC 회의 개최 전에 분담금을 지불하고 준회원국 가입신청서를 그에게 제출하는 한편 AALCC에서 영향력이 강한 인도, 일본, 가나, 요르단 등 국가의 지지를 얻도록 해당 공관에 은밀하게 지시하였다. 나는 회의 개최국인 가나의 아크라에 가는 도중에 일본에서 일본대표를 만나 사전에 가입교섭을 하기로 하고 인도에서 수석대표인 최운상 총영사와 합류하기로 하였다.

그런데 내가 출발하기 이틀 전에 중동지역 공관으로부터 긴급한 전보가 날아왔다. 몇몇 중동지역 국가의 대표단이 북한 측 요청이 강하여 우리나라의 AALCC 가입을 지지하기 어렵다고 한다는 것이 아닌가.

출발 전날 제 11차 AALCC 회의 참석관련 훈령에 대한 최종결재를 받기 위하여 윤석헌 차관실에 들어갔다.

"중동국가들의 반대가 만만치 않다는데 그래도 가겠소?"

윤 차관님은 내 얼굴을 한참 보시더니 웃으셨다. 걱정도 되고 또 내 마음을 떠보려고 하시는 것 같았다.

"장군이 한번 뽑은 칼을 도로 넣을 수야 없지 않겠습니까."

이렇게 대답하고 결재를 받았다.

일본에서 만난 쿠마오 니시무라(Kumao Nishimura) 일본 수석대표는 대사를 지낸 직업외교관이었으며 한국의 AALCC 가입을 지원하기로 약속하였다.

인도에 도착하여 수석대표인 최운상 총영사와 합류하고 제반사항을 합의하였다. 우리가 뉴델리에 도착한 날 저녁에 최운상 총영사는 뉴델리 주재 가나 대사관 직원 전원을 부부동반으로 관저 만찬에 초대하여 한국관계 영화를 보여 주고 가나의 협조를 요청하였다.

뉴델리에서는 짧은 체재시간을 이용하여 올드델리(Old Delhi)라는 구시가를 구경하였는데 우리가 탄 승용차가 서자 순식간에 거지 아이들 떼거리가 모여들어 시커먼 손을 승용차 창문을 향하여 일제히 내밀어 깜짝 놀랐다. 인도가 인구는 많고 굉장히 가난한 나라라는 인상을 받았다.

우리 대표단은 AALCC 가입이라는 과제를 안고 1970년 1월 18일 열사(熱砂)의 나라 가나의 수도 아크라에 도착하였다. 도착한 날에는 Sen 사무국장, 요르단, 일본 대표와 면담하여 그들의 지원을 다짐하였고 회의가 개최되는 19일 아침 회의장에 들어섰다. 회의장은 원형 경기장이나 UN 안전보장이사회 회의장처럼 가운데 공간이 있고 회원국 대표단석이 이를 동그랗게 둘러싸 서로가 볼 수 있게 되어 있었으며 회원국 대표석 뒤에는 옵서버석이 한 단계씩 높게 되어 있었다.

우리 대표단은 모든 회원국 대표들의 시선을 받으면서 가운데 둥근 공간을 가로질러 먼저 일본의 니시무라 대표에게 가서 반갑게 악수하고 인사말을 하였다. 그런데 이게 웬일인가. 일본 대표 옆에 있는 파키스탄 대표는 그 전에 비엔나에서 개최된 조약법 회의에서 자주 만났던 Pirsada 검찰총장이 아닌가. 반가운 마음에 그쪽으로 가서 파키스탄 대표와 큰 제스처를 써 가면서 악수하고 재회의 기쁨을 나눈 다음 우리나라의 가입을 밀어 달라고 요청하였다.

첫 회의가 열릴 때까지 얼마 남지 않은 시간에도 우리 대표단은 이곳저곳을 다니면서 각자가 분담하여 접촉하고 지원을 부탁하였다.

한편 우리 대표단은 Sen 사무국장에게 우리의 좌석이 마련되어 있지 않다고 불평하고 좌석마련을 요청했는데 Sen 사무국장이 당황해하면서 주최국인 가나대표와 협의하여 옵서버석에 자리를 정하여 주었다.

인도는 이미 최운상 총영사가 Sen 사무국장을 통하여 지지를 확인한 상태이고 일본이 지지를 확약한 마당에 인도와 사이가 좋지 않은 파키스탄까지 우리가 친하게 악수하는 모습을 빙 둘러앉은 회원국 대표들이 보고 아마도 AALCC를 움직이는 주동적인 나라들이 한국의 가입을 지지하는 것이 대세라고 대부분의 대표단이 보았을 것이다.

19일 오후 본회의에 앞서 있었던 회원국 수석대표회의(비공개회의)에서 사전협의에 따라 파키스탄 대표로 하여금 한국의 가입을 동의케 하고 이를 실론 대표가 재청케 하여 만장일치의 합의를 보았다고 인도

AALCC 사무총장이었던 인도의 Sen 박사(왼쪽에서 일곱 번째)를 방한초청하여 외교안보연구원에서 아시아와 아프리카 국제법에 대한 특강을 진행하게 하였다. 저자는 왼쪽에서 두 번째.

대표가 우리에게 알려 주었다. 본회의에서는 요르단 대표가 한국의 가입을 동의하고 일본대표가 재청하여 준회원국 가입이 만장일치로 결정되었다. 우리 대표단은 준회원국 가입이 가결된 직후 자리와 명패를 옵서버석으로부터 정회원국과 같은 맨 앞줄인 전면 원형좌석으로 옮기고 최운상 수석대표가 기조연설을 하였다.

그 후 우리 대표단은 정회원국과 거의 같은 자격으로 모든 회의에 적극적으로 참여하였으며 (준회원국은 발언권에서 정회원국과 같고 다만 투표권이 없으나 실제로 투표하는 예가 거의 없는 것이 AALCC의 관례임) 주최국인 가나와 정회원국 대표단이 베푼 모든 행사에 초대되어 모든 회원국 대표 및 국제기구 대표들과 접촉하여 정회원국 가입을 위한 활동을 전개하였다.

우리나라가 처음 참석한 제11차 AALCC 회의(가나의 아크라)는 10일간 개최되었는데 회의에서 가장 중요하게 다루어진 문제는 '피란민의 권리'와 '국제하천'이었다. 수석대표인 최운상 총영사는 나에게 '국제하천'에 대한 기조발언을 해 보지 않겠는가 하므로 나는 즉시 "해 보지요"라고 말하고 곧 연설문을 준비했다. 되도록 당사국 간의 이해관계 대립에 말려들지 않도록 조심하면서 의제 토의초반에서 Preliminary observation이라고 전제하고 국제하천의 농업용도가 특히 아시아·아프리카 국가들에게 중요하다는 점을 강조했다. 또 전통 국제법의 규칙이나 국제관행은 이와 같은 아시아·아프리카 국가들의 특수문제를 적절히 다루지 못하므로 이 문제가 AALCC에서 논의되어야 할 것이라고 말하고 약간은 파키스탄과 이라크 편으로 기운 듯한 발언을 하였다.

AALCC 준회원국 가입과 회의경과를 본부에 보고했더니 최규하 외무장관은 우리 대표단의 노고를 치하한다는 격려의 전보를 보내 주셔서 우리 대표단의 사기를 올려 주었다.

그 뒤의 일이지만 우리나라는 그 후 1974년 제15차 AALCC회의(도쿄)에서 정회원국이 되었고, 나는 외교안보연구원 연구위원으로 재직하던 1990년에 AALCC가 중국 북경에서 열렸을 때 회의 수석대표로 임명되어 대표단을 이끌고 참석한 바 있다.

외교관계에 관한 비엔나 협약

내가 조약과장으로 부임하였을 때 이경훈(李敬壎) 전임 조약과장(전 주 오만 대사)은 '외교관계에 관한 비엔나 협약의 비준'을 중요한 미결사항의 하나로 나에게 인계하면서 최규하 장관께서 각별히 관심을 가지신 사항이라고 귀띔했다. 우리나라가 1962년에 서명한 협약을 그때까지 비준하지 못한 이유는 동협약이 전문 53개조 및 2개의 부속의정서로 된 방대한 조약이라 조문별 해설을 만들기가 힘들어서 여의치 못하였다는 것이었다. 협약을 비준하려면 국무회의의 심의를 거쳐 국회의 동의를 받아야 하는데 그 동의를 받기 위해서는 그 내용을 설명하는 해설서가 꼭 필요했던 것이다.

나는 외교관의 특권과 면제 등 외무부가 직접 관계되는 중요한 협약의 비준이 늦어진 데 대하여 놀라면서 마침 그 무렵 주 미국 대사관 근무를 마치고 조약과에 배속된 장선섭(張瑄燮) 사무관(전 주 프랑스 대사)으로 하여금 협약의 해설서를 만들도록 지시하였다. 외교관의 특권과 면제 등을 다루므로 해외공관 근무를 경험한 직원이 더 이해가 빠를 것으로 생각하였기 때문이었다.

나는 그 작업이 만만치 않게 어려울 것임을 알고 있었다. 그러나 장선섭 사무관은 이 작업을 예상보다 빠르게 해냈다. 《외교관계에 관한 비엔나 협약의 해설서》가 2백 쪽을 넘는 두툼한 한 권의 책으로 만들어져서 1970년 4월에 나온 것이다.

과묵하신 최규하 장관께서는 나에게 이 문제를 재촉하시거나 언급하신 일이 한 번도 없었으나 나로서는 내 임기 내에 이 문제는 끝내야 되겠다는 생각을 가지고 있었다. 나는 기쁜 마음으로 '협약의 비준에 관한 건'을 국무회의에 올려 그 심의를 거쳐 국회의 동의를 받기 위하여 국회 외무위원회에 상정하였다. 국회 외무위원회 소속 국회의원 책상 위에 《외교관계에 관한 비엔나 협약 해설서》가 한 권씩 의젓하게 놓였으며 최규하 장관께도 사전에 그 책을 드렸음은 물론이다.

국회 외무위원회가 열리던 날, 회의 직전 최규하 장관님은 연신 그 책을 뒤적이시면서 나를 쳐다보고 만족해하시는 것을 보고 나는 마음속으로 어려운 일이지만 참 잘했다고 생각하였다.

최 장관님은 외무위원회 의원들 앞에서 자신 있게 설명하셨고 외무위원회에서 그 비준 동의안이 통과되었으며 그 뒤 본회의를 통과하였음은 물론이다.

우리나라는 1970년 12월에 동협약 비준서를 국제연합사무국에 기탁하였으며 1971년 1월 27일자로 동협약이 우리나라에 대하여 발효하였다.

양자조약 (兩者條約)

조약과에서 다루는 조약에는 다자조약(多者條約)도 있지만 그 대부분은 외국과의 양자조약이다. 덴마크와의 사증면제 협정, 베네룩스 3

국과의 사증면제 협정 등이 기억나며 통상국에서 넘어온 한·일 상표
보호협정, 여러 나라와의 무역협정과 항공협정이 있었으며 정보문화
국으로부터 넘어온 독일과의 독일문화원, 이른바 Göethe Institute에
관한 협정과 여러 나라와의 협정 등이 내 임기 중에 체결되었다.

당시 조약과 인원은 8명이었는데 외무부 내에서 총무과와 여권과를
제외하고는 직원 수가 비교적 많은 편이었는데도 불구하고 맡은 업무
가 과중한 편이었다. 조약체결을 위하여 관계조약안을 심의하고 국무
회의 안건으로 올리고 그중 중요한 조약안은 국회의 동의를 얻기 위하
여 설명서를 붙여 국회에 올리는 일들이었으므로 업무량이 만만치 않

조약과장으로 재임 시 많은 나라들과 양자조약을 맺게 되었다. 사진은 뉴질랜드와의 무역
협정. 왼쪽 끝이 저자.

베네룩스 3국과 사증면제협정에 서명하고 있는 최규하 전 외무부 장관. 태극기 뒤에 저자.

았다. 또한 조약체결 업무 외에 조약집 같은 참고자료를 편찬하는 일이 많았다.

　이와 같이 열심히 일하는 직원들에 대하여 나는 그 사기진작책으로 각 지역국이나 기능국에서 조약체결을 교섭하는 경우에는 그 교섭과정에서부터 조약과 직원을 참여시켜야 한다고 주장하여 관철시켰다. 그 결과 조약교섭이 외국에서 진행되는 경우에 조약과 직원에게도 해외출장의 기회를 가질 수 있도록 한 것이다.

　우리나라가 AALCC에 준회원국으로 가입한 후 AALCC의 Sen 사무국장과 교섭하여 동 사무국(뉴델리)에 조약과 직원 1명(김석우 전 통일부 차관)을 3개월간 파견근무하게 하여 AALCC 정회원국 가입에 대비하였다. 그리고 UN이 추진 중인 국제법의 법전화사업(해양법, 국제무역법 등)을 체득하기 위하여 작업하는 제네바의 국제법 위원회에 조약과 직원 1명(박동순 전 주 이스라엘 대사)을 3개월간 출장 보낼 수 있도록 예산을 따내서 그 출장을 실현시켰다.

조약과 업무의 양과 중요성에 감하여 나는 '조약국'으로의 승격을 강력하게 건의하였으나 직속국장인 방교국장의 견제로 나의 임기 중에는 실현되지 못하였다. 그러나 그 뒤 우여곡절 끝에 결국 조약국으로 승격되었다.

2. 주 호주 참사관

아이들의 교육

호주로 떠나던 날 아침 우리 부부는 딸 셋을 거느리고 김포공항에서 비행기에 탑승하였다. 그동안 외무부 방교국 산하에서 같이 근무한 오재희(吳在熙) 국제기구과장(후에 외무차관)이 고맙게도 공항까지 전송 나와 주었다. 오재희 과장은 그 후 얼마 안 있다가 주 노르웨이 대리대사로 발령을 받아 노르웨이의 오슬로로 갔다. 나는 호주에서 1년쯤 있다가 주 네덜란드 대사관으로 전임되었는데 내가 네덜란드에 간 후 휴가를 이용하여 오슬로에 가서 약 2년 만에 오재희 대리대사 부부와 재회의 기쁨을 나눌 수 있었다. 그때 오재희 대리대사는 우리가 호주로 떠나던 날의 광경을 이야기하면서 고만고만한 어린 딸을 셋이나 데리

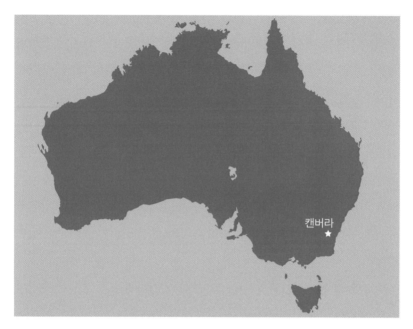

캔버라

1970~1972년 (주 호주 참사관).

고 떠나는 우리를 퍽 안쓰러워하였다고 했다.

우리가 호주로 갔을 때 큰딸 경실이는 초등학교 1학년이었고, 제네바에서 돌아온 지 얼마 안 되어 둘째 딸 경원이가 출생하여 4살이었고, 그 2년 후에 셋째인 경진이를 얻은 것이다.

나는 이 나라 저 나라로 옮겨 다녀야 하는 외교관 생활의 전 과정에서 아이들은 부모와 같이 성장하는 것이 중요하다고 판단하고 아이들이 대학과정에 들어갈 때까지는 조금 힘이 들더라도 아프리카를 포함하여 모든 임지에 아이들을 동반하였다.

우리나라와 호주는 전통적으로 우호적인 관계를 유지할뿐더러 그때는 영국의 EEC 가입(지금의 EU)으로 호주가 정치적, 경제적으로 영연방 국가로부터 아시아·태평양 국가로 변신하고자 노력하기 시작하던 때였으므로 주 호주 대사관 근무는 별 어려운 일이 없는 편안한 생활이라 할 수 있었다.

대사관이 있는 호주의 수도 캔버라(Canberra)는 아담한 공원과 같은 인공도시로, 우리는 대사관과 멀지 않은 Dominion Circuit에 독채를 구하여 딸 셋을 데리고 평화스럽고 활기찬 가족생활을 보냈다. 우리가 살던 집은 주 영국 공사로 나가 있는 호주 외교관의 집으로, 앞뒤에 정원이 있어 어린 아이들이 많은 우리 식구가 살기에는 아주 쾌적한 집이었다.

부임한 지 얼마 안 되어 크리스마스를 맞이하였는데 호주는 우리나라와 정반대인 지구의 남반부에 위치하므로 그때는 한창 더운 여름이었다. 아이들 학교에서 주관하는 크리스마스 파티에 학부모로서 가 보니 땀을 뻘뻘 흘리면서 크리스마스트리를 장식해 놓고 아이들을 즐겁게 하는 그런 파티여서 퍽 신기하게 느껴졌다.

환경이 좋아 아이들 자라는 데는 별 문제가 없었으나 초등학교 1학년인 큰딸 경실이의 학교적응이 문제였다. 학교에 동양아이가 아주 드물기 때문에 학교에 가면 "Chinese, Chinese~!"라고 놀려 댄다는 것이었다. 학교에 막 들어간 초기에 배가 아파서 학교에 안 가겠다고 하였다. 말 한마디 통하지 않고 얼마나 스트레스가 쌓이면 그러겠느냐고 안쓰러워하면서 아무 말도 하지 않고 집에서 쉬게 하였다. 한 이틀 쉬다가 심심해졌는지 다시 학교에 가겠다고 하므로 그리하라고 보내 주었다. 그런 일을 몇 번 되풀이하다가 얼마 안 가서 적응이 되었는지 배가 아프다는 이야기는 더 이상 하지 않게 되었다.

호주에 부임한 지 약 10개월 후 넷째 딸이 태어났다. 남쪽에서 얻은 진주라고 하여 남주(南珠)라고 이름을 지어 주었다. 호주는 의료관계 사회보장이 잘 되어 있어 정기적으로 간호사가 집에까지 방문하여 출생아를 무료로 보살펴 주고 필요한 예방접종을 실시하여 주었다.

농산물을 위시하여 물가가 싸서 생활비도 적게 들고 아이들도 건강하게 성장하여 아내가 제일 만족해하는 것 같았다.

네덜란드에 가거든 한국인임을 밝혀라

호주 근무 1년이 지날 무렵 예상치 않게 네덜란드로 전임발령을 받았다. 뒤에 들은 이야기지만 내가 서울을 떠난 후 한·일 대륙붕 경계선 문제로 일본 측이 계속 이의를 제기하면서 헤이그 소재 국제사법재판소에 이 문제를 제소하겠다고 하자 본부에서는 헤이그에 있는 국제사법재판소와의 유대를 강화할 필요가 있다고 생각하고 조약과장 시절 이 문제를 다루었던 나를 네덜란드로 발령낸 것이라고 하였다. 그런 이유와 또 다른 몇 가지 당시 사정이 고려되었던 것으로 보인다.

주호주 네덜란드 대사관의 참사관 내외는 네덜란드로 부임하는 우리 내외를 위하여 송별 만찬을 베풀어 주었다. 백발의 노(老) 참사관은 우리를 위하여 전자 오르간을 쳐 주었으며 우리가 알아야 할 일이 있다고 하면서 다음과 같이 귀띔하여 주었다.

"네덜란드 사람들은 일본에 대하여 좋은 감정을 가지고 있지 않다. 그러므로 네덜란드에 가서 네덜란드 사람들과 사귈 때에는 반드시 한국인임을 분명히 하는 것이 좋을 것이다. 그렇지 않으면 일본사람으로 잘못 알 수도 있다."

제 2차 세계대전 당시 일본이 네덜란드 영토였던 인도네시아를 해방시킨다고 떠들면서 행패를 부렸던 일을 상기시켜 주었다. 그 참사관은 또한 네덜란드에 가거든 라이덴(Leiden) 대학의 동양학 과장인 Fos 교수를 만나 보라고 조언하여 주었다.

3. 주 네덜란드 참사관

나는 네덜란드로 부임하는 비행기 안에서 생일을 보냈다. 만 41세가 되는 생일이었다. 아내는 호주 근무 중에 부친상을 당하였는데 그때 한국에 가지 못하여 이 기회에 부친 묘소에 다녀오겠다고 한국에 갔다. 밑의 어린 두 아이를 데리고 갔다가 약 한 달 후에 네덜란드에서 합류하기로 하였다. 내가 데리고 가는 위의 두 아이는 비행기 타는 데 신이 나서 눈망울이 초롱초롱하였다.

나는 가만히 눈을 감고 새 임지인 네덜란드에 대하여 생각하였다. 주제네바 대표부 시절에 여름휴가를 얻어 네덜란드에 가 보았으므로 부임지 네덜란드가 그렇게 생소하지는 않았다. 그때 가 본 헤이그의 국제사법재판소의 고풍스러운 건물과 풍차(風車)의 평화스러운 풍경을 머릿속에 그리면서 새 임지에 가서 해야 할 새로운 생활에 대한 기대와 호기심이 내 가슴을 설레게 하였다.

불과 한 달간의 이별이었으나 생전 처음 가족이 헤어져서 지내는 것이라 너무 긴 이별로 느껴졌다. 먼저 부임하여 전임 참사관이 살던 집에 입주하고 아이들 학교도 알아보았다. 해외공관 근무에 필수품인 자동차는 자주색 독일제 Opel Record를 샀다.

아내와 어린 두 딸이 오는 날 나는 새 차를 몰고 헤이그와 암스테르담 중간에 있는 스키폴(Schiphol) 공항에 마중을 나갔다. 멀리서 항공기 여승무원이 아기를 유모차에 태워 끌고 오는 모습과 그 옆에 아내가 셋째 딸 경진이 손을 잡고 오는 것을 보고서야 무사히 왔구나 하고 마음을 놓았다. 경진이는 가슴둘레에 레이스로 장식한 밤색 비로드 옷을 입고 연신 싱글벙글하면서 내 주위를 뱅뱅 돌았다. 가족 간의 정은 어쩔 수 없는 것, 그렇게 아빠와 재회한 기쁨을 나타내는 것이었다.

네덜란드는 튤립 꽃으로 유명하지만 우리가 도착했을 무렵에 헤이그 근처인 큐켄호프(Keukenhof) 라는 곳에서 매년 한 번 있는 튤립축제가 열린다고 그곳 대한무역진흥공사(KOTRA) 직원이 귀뜸했다. 가족이

1972~1975년 (주 네덜란드 대사관 참사관).

아름다운 꽃의 나라 네덜란드. 왼쪽부터 셋째 딸 경진, 저자, 첫째 경실, 둘째 경원.

네덜란드인들의 기질은 우리나라 사람들과 비슷한 데가 있었다. 튤립밭 앞에서 포즈를 취한 맏딸 경실.

다 합류한 그 주일 주말에 나는 아내와 아이들을 모두 자동차에 태우고 큐켄호프에 꽃구경을 하러 찾아 나섰다. 제네바에서 이미 3년간 근무한 경험이 있었기에 유럽은 지도만 있으면 어디든지 자동차로 찾아갈 수 있다는 자신감이 있어 지도만 보고 제대로 찾아갔다.

큐켄호프에 가서 광야에 융단처럼 끝없이 펼쳐지는 튤립밭과 아름다운 공원으로 조성하여 가지각색의 튤립을 꽃피우게 한 것을 보고 그 아름다움에 도취되어 할 말을 잊었다. 아이들이 어찌나 좋아하는지 하루종일 꽃 속에 파묻혀 구경도 하고 사진도 찍으면서 참 좋은 나라에 왔구나 하고 아이들과 같이 들뜬 하루를 보냈다.

유럽 사람들이 대체로 다 그렇지만 특히 네덜란드 사람들은 꽃을 좋아하여 집집마다 베란다에 아름다운 화분을 내놓고 가꾸는 것이 생활의 일부가 되어 있었다.

UN 외교와 수출증대

당시 주 네덜란드 대사관은 공관장 밑에 참사관 1명과 3등서기관 1명으로 구성된 3인 공관이었으므로 참사관인 내가 정무, 경제 및 공보·문화업무를 담당하고, 3등서기관이 총무, 영사 및 통신 업무를 담당하였다.

정무관계에서 무엇보다 중요하게 다루어진 문제는 UN에서 네덜란드의 지지를 얻는 것이었다. 당시 UN에서는 남·북한이 각자의 통한결의안(統韓決議案)을 가지고 매년 총회 때마다 치열한 표 대결을 벌였으며 현지 공관에서는 주재국의 지지를 얻기 위하여 외교적인 역량을 다하였다.

다행히 네덜란드는 당시 UN에서 한국을 열성적으로 지원하는 핵심 그룹(core group)의 멤버로서 북한과 대결하는 어떤 외교 문제에서도 우리를 발 벗고 지지하여 주었다.

이 문제와 관련하여 나는 네덜란드 외무성의 Norbert 국제연합과장과 Walraven 국제기구과장을 수시로 방문하거나 오찬이나 자택 만찬에 초대하여 한국에 대한 지지를 요청하였다.

이들은 현지 UN에서 '핵심그룹'의 일원으로 열심히 뛰는 자기들 동료 외교관이 현지의 활동상을 적어 보내온 사신의 내용까지 일일이 나에게 보여 주면서 네덜란드의 지지뿐 아니라 다른 여러 나라가 한국 입장을 지지하도록 작용하였음을 알려 주었다. Norbert 국제연합과장은 자기 누이가 한국에 수녀로 가 있었다고 하면서 한국에 대하여 퍽 호감을 가졌으며 훗날 내가 주 칠레 대사로 재직하였을 때 인접국인 아르헨티나에 주재하는 네덜란드 대사를 역임하였다.

당시 우리나라의 대유럽 수출은 박정희 대통령의 강력한 수출진흥정책에 힘입어 상승곡선을 그리기 시작했다. 네덜란드에서도 KOTRA와 네덜란드에 진출한 3~4개 한국 상사들이 모여서 대사관 주재하에 매월 수출진흥회의를 개최하는 등 대(對)네덜란드 수출증대에 노력하였다. 그때 유럽 전체 국가 중 대 네덜란드 수출액이 독일 다음인 2위로서 처음 1억 달러를 초과하였다고 뿌듯해하였던 기억이 난다.

한국학 진흥

내가 호주를 떠날 때 주 호주 네덜란드 참사관이 송별만찬을 베풀어 주면서 네덜란드에 가거든 라이덴 대학의 Fos 교수를 만나 보라는 조

주 네덜란드 대사관 참사관 시절 집무실에서.

1970년대에는 태권도 외교도 매우 중요했다. 네덜란드의 태권도 선수권 대회에서.

언을 기억했다. Fos 교수는 원래 일본학을 전공하였고 부인이 일본사람이었는데, 당시 라이덴 대학의 동양학 과장으로서 한국학에도 깊은 조예(造詣)가 있었다.

우리 대사관과의 관계도 긴밀해져서 그 교수는 시간을 내서 우리 대사관 직원들에게 한국어와 일본어의 유사점에 대하여 강의도 해 주곤 하였다. 뒤에 내가 퇴임한 후 한·일 고대사에 빠져들어 여러 책을 읽다가 일본어의 기원이 한국어(가야, 백제, 신라 말)임을 알게 되었는데, 당시 Fos 교수는 이미 그 기원을 인식하고 우리에게 알려 준 것이 아닌가 추측하였다.

대사관에서는 Fos 교수가 라이덴 대학 한국어과 발전에 기여한 공로를 들어 본부에 건의하여 그에게 문화훈장을 수여하였다.

당시 그 교수 밑에 동양학과를 계승할 후계자로서 Walraven이라는 학생이 있었는데 그이는 나와 가까이 지내던 외무성 국제기구과장인 Walraven 씨의 아들이었다. 나는 그 학생이 한국학에 대하여 관심이 있다는 것을 알고 본부에 건의하여 장학금을 신청하였다. 그는 서울대 국어국문학과에서 공부하여 한국학의 전문교수가 되었고, 뒤에 한국 여성과 결혼하여 라이덴 대학의 동양학 과장으로 Fos 교수의 뒤를 이어 받았다고 한다.

인연이라는 것은 참 묘한 것인데, 나는 2001년 양재동 교육문화센터에서 국제교류재단 창립 10주년 기념으로 개최한 '한국 불교에 대한 서양인의 인식'이라는 제목의 학술회의에서 우연히 Walraven 교수를 만나 재회의 기쁨을 나눈 일이 있다.

이준 (李儁) 열사 묘지

　네덜란드의 헤이그에는 이준 열사의 묘지가 있다. 1907년 우리나라
가 일본에게 국권을 빼앗겨 갈 무렵, 대한제국의 고종황제가 헤이그에
서 열리는 만국평화회의에 이준 열사 등 대표단을 은밀하게 파견하여
일본의 부당함을 만국에 호소하려 하였으나 뜻을 이루지 못하고 이준
열사는 그곳에서 분사(憤死) 했다.
　그런데 그 이준 열사의 묘지가 너무나 허술하고 초라하여 본부로부
터 예산을 얻어 그 묘역을 보수, 단장하였다. 당시 공관장이 출타중이
어서 공관장을 대신하여 내가 미화 · 보수 공사를 마치고 조촐한 준공

네덜란드에 있는 이준 열사의 묘지.

식을 거행한 기억이 난다(당시 〈한국일보〉가 보도함). 이준 열사의 묘지는 그 이후에도 여러 번 보수하여 지금은 더 좋아졌다고 한다.

이준 열사의 묘는 헤이그의 공동묘지 속에 있는데 하루는 한국인 파독광부가 밤늦게 공동묘지의 담을 넘고 들어갔다가 네덜란드 당국에 붙잡히는 사건이 발생하여 네덜란드 신문에 크게 보도된 일이 있었다.

그 당시에 독일에는 한국의 광부와 간호사가 많이 파견되어 있었고 그들이 휴가를 얻어서 네덜란드에 오면 반드시 이준 열사의 묘지를 찾는다고 했다. 워낙 이국땅 독일에서 고생이 많으므로 조국을 생각하고 고생과 서러움을 달래기 위하여 그렇게 온다고 하였다. 그렇게 마음먹고 여행 왔다가 마침 시간이 지나서 문이 닫히고 못 들어가게 되니 담을 넘어서 들어가다가 붙들렸던 것이다.

네덜란드 당국은 그를 곧 석방했고, 신문에 난 기사 내용도 담을 넘었다는 것은 잘못이지만 이준 열사의 묘지가 한국인에게 주는 의미가 무엇인가를 설명하고 아주 호의적으로 보도하였던 것으로 기억한다.

네덜란드인들이 부르는 한국의 〈애국가〉

나의 네덜란드 근무 중 우리나라의 '리틀 엔젤스' 공연단이 네덜란드에 와서 헤이그의 벨에어(Bel Air)라는 공연장에서 공연한 적이 있다. 그때 공연장에 갔더니 입구와 복도에서 공연 프로그램 등을 나누어 주는데, 나누어 주는 사람들이 모두 백인들이었다. 한국의 어린이들이 펼치는 춤과 노래는 언제 보아도 완벽하고 아름다웠으며 그날도 공연은 대성공이었다.

공연을 마치고 박수를 치는 순간 놀라운 광경이 벌어졌다. 한국인이 아닌 백인 젊은이들이 무대 위에 뛰어 올라가더니 "동해물과 백두산이…"라는 〈애국가〉를 합창하는 것이 아닌가. 나를 위시하여 대사관 직원들과 가족들은 모두가 어리둥절하였다. 공연시작 전에 프로그램을 나누어 주던 사람들은 아마도 네덜란드의 통일교 신자들이 아닌가 추측하였다.

하루는 나의 대사관 사무실에 네덜란드 사람으로부터 항의 전화가 걸려왔다. 자기 아들이 집을 나가서 행방불명인데 알아보니 통일교에 빠져 통일교 연수원에 들어가서 집에 돌아오지 않으니 한국대사관에서 무슨 조치를 취해야 할 것이 아닌가 하는 것이었다. 그 사람들은 통일교가 한국의 국교인 줄 아는 것 같았다.

이런 항의에 대하여 나는 한국에는 종교의 자유가 있어 통일교도 여러 종교 중의 하나로 그 자유가 보장되어 있지만 국교는 아니라는 점을 말하고, 만일 통일교가 네덜란드에서 네덜란드법을 위반하는 범죄행위를 할 경우에는 네덜란드의 사법당국이 처벌하면 될 것이고 대사관으로서는 어쩔 도리가 없다고 친절하게 설명하여 주었다.

네덜란드인의 기질

나는 네덜란드 근무 기간 중 공·사 간에 행복하고 보람 있게 보냈다. 우선 네덜란드 사람들이 마음에 들었다. 공·사 간에 만난 네덜란드 사람들은 대체로 경우가 밝았으며 개방적이면서 진취적이었고 해양국가답게 퍽 사교적이었다. 그리고 정의감이 강했다.

암스테르담에는 제 2차 세계대전 당시 《안네 프랑크의 일기》로 유명한 유태인 소녀 안네가 독일의 나치를 피하여 가족과 같이 숨어 있던 집

이 있어 지금도 관광객이 끊임없이 찾고 있다. 《안네 프랑크의 일기》
를 읽어 보면 그 집에서 안네와 가족이 그렇게 오랫동안 숨어 있을 수
있었던 것도 이웃에 살던 주위 네덜란드인들의 정의감이 감싸 주었기
때문이었다.

한 가지 기억에 남는 일이 있다. 당시에는 석유파동으로 극도로 기름
을 절약하기 위하여 주말에 차량운행을 금지하고 부득이한 경우에만
허가를 받아 운행할 수 있게 한 일이 있었다. 어느 일요일 내가 살던 2
층집에서 바깥을 내려다본즉 길 양쪽에 주차해 놓은 많은 차들이 한 대
도 위반하지 않고 그대로 서 있는 것이었다.

우리나라에서 당국이 이런 조치를 취할 경우 과연 저렇게 완벽하게
지켜질 수 있을 것인가를 생각하면서 네덜란드 사람들의 애국심과 준
법정신에 큰 감명을 받았다.

뮌헨 올림픽

독일의 뮌헨(München)에서 1972년 올림픽 대회가 개최되었을 때의
일이다.

집에서 쉬고 있는데 갑자기 아이들이 나에게 달려오더니 좋아서 껑
충껑충 뛰었다.

"아빠, 텔레비전에 나왔어! 태극기 봤어! 아빠도 텔레비전 봐!"

텔레비전을 보니 한국 권투선수가 가슴에 태극마크를 달고 권투예선
전을 치르는 뮌헨 올림픽 경기를 중계하고 있었다.

요즘에야 한국이 올림픽에서 메달도 많이 따고 체육강국으로 텔레비
전에도 자주 나오지만 그때만 해도 권투나 유도 등 개인종목의 예선전

장모님께서는 자라는 아이들을 위해 한복을 꼭 보내 주시곤 하였다. 왼쪽부터 경진, 경원, 경실, 오른쪽 앞에는 막내 남주.

에 나오는 것이 고작이었다. 또 유럽에서는 자기나라 선수 위주로 텔레비전 중계를 하기 때문에 한국선수를 텔레비전에서 보기가 어려웠던 것이다.

그러던 차에 한국 권투선수가 가슴에 태극마크를 달고 나왔으니 그동안 시무룩하였던 아이들의 심사가 풀려서 그렇게 좋아하고 흥분하였던 것이다. 나는 그것을 보고 아이들이 우리나라에 대한 정체성을 가지게 된 것에 대하여 뿌듯한 만족감을 느끼면서도 한편으로는 개발도상국인 우리나라가 앞으로 더욱 발전하여 아이들이 어깨를 펴고 성장하게 되기를 간절히 소원하였다.

그 무렵에 딸 넷 중 위의 두 아이가 학교에 다녔는데 큰딸 경실이는 영국계 국제학교 초등반에서, 둘째딸 경원이는 현지 유치원에서 네덜란드 아이들과 어울려 지내고 있었다. 1년에 한 번 학교 선생님과 학부모가 만나서 자녀 교육에 대하여 상담하는 기회가 있는데 우리들의 걱정은 언어도 잘 통하지 않는 어려움에다가 백인 아이들 속에서 아이들이 학교에서 기가 죽으면 어쩌나 하는 것이었다.

경실이가 다니는 영국학교에 가서 담임을 맡은 30대의 남자 교사를 만나 그러한 걱정거리를 얘기했더니 그 선생님은 크게 웃으면서 그런 걱정은 전혀 안 해도 된다고 하면서 다음과 같은 일화를 이야기하여 주었다. 즉, 하루는 수업시간에 어떤 남자 아이가 꽥 하고 비명을 지르기에 알아보았더니 그 아이가 책상 맞은편에서 서로 마주보고 앉아 있는 경실이의 발을 건드리면서 장난을 치다가 경실이가 그 아이의 발등을 꽉 밟아 버려 그 아이가 비명을 질렀다는 것이었다. 경실이는 그 학교에서 3년 내내 우등을 하였다.

경원이가 다니는 유치원의 담임선생은 우리를 보고 경원이가 비상하게 머리가 좋은 아이이니 장래에 꼭 대학에 보내라고 몇 번이고 이야기하였다. 요즘 우리나라에서는 교육열이 높아 거의 모든 사람이 대학에 가는 것을 당연한 것으로 알지마는 당시 유럽에서는 학자를 지향하는 경우가 아니면 꼭 대학에 가야 한다고 생각하지 않는 경향도 있었다. 실제로 대사관에서 현지 여비서를 채용할 때 보면 대학에 가지 않은 후보 지원자가 많았다.

경원이는 그 후 나의 주 프랑스 공사 시절에 프랑스 초등학교 과정에서 한 학년을 월반하였다.

국제해양법 회의

1974년 나는 본부로부터 베네수엘라의 수도 카라카스(Caracas)에서 개최되는 제 1차 국제해양법 회의 대표단의 일원으로 참석하라는 지시를 받았다.

영해, 대륙붕, 경제수역 등 새로운 국제해양법 질서를 확립하기 위하여 UN 주관하에 소집된 것인데 3면이 바다로 둘러싸인 우리나라로서도 퍽 중요한 회의였다. 나의 조약과장 시절에 한 · 일 대륙붕 문제를 다루었기 때문에 나를 대표단의 일원으로 포함시킨 것 같다.

마침 내가 회의참가 지시를 받은 그 시기에 네덜란드의 최완복(崔完福) 대사도 출장 중이었으므로 3인 공관에서 차석까지 공관을 오래 비울 수가 없어서 해양법 회의 초기에는 참석하지 못하였고 중반기부터 참석하게 되었다.

엄청나게 큰 빌딩 속에 회의장과 호텔이 다 들어 있고, 호텔은 취사도 할 수 있게 되어 있었으며 같은 건물 안에 슈퍼마켓도 있어서 그 호텔에 들어갔다. 회의가 한 달 이상인 장기간이었으므로 본부에서 나온 노창희(盧昌熹) 조약과장(전 외무차관)과 박수길(朴銖吉) 동북아과장(전 주 UN 대사)은 이미 그 호텔에 들어와 있었다. 이들과 같이 장도 보고 밥도 같이 해 먹으면서 회의장을 왕래하였다.

그 회의에는 북한대표도 참석하였는데 북한대표단의 숙소가 우리들 숙소와 가까운 관계로 회의 시작할 때와 끝날 때 같은 엘리베이터에서 자주 만나게 되었다. 두세 번 만난 다음 우리들은 북한 대표들에게 자연스럽게 말을 걸었다. 회의가 끝난 다음에는 "수고가 많았습니다" 등의 인사를 했는데 북한 대표들의 반응은 묵묵부답이었다.

우리들은 계속 인사말을 걸었더니 북한대표 중 한 명이 짜증스러운 얼굴 표정으로 "매국하는 치들 하고는 이야기도 안 하겠슈다"라고 평안도 사투리로 내뱉는 것이 아닌가.

그때는 그러한 북한대표들의 반응이 상투적인 것으로만 알았는데 그 뒤 북한 대표단이 해양법 회의기간 중 베네수엘라 정부와 극비리에 접촉하여 베네수엘라와의 외교관계 복원을 성사시켰다는 말을 듣고 당시 북한 대표단이 극도의 말조심을 한 것이 아닌가 추측하였다.

네덜란드령 Surinam과 Antilles 출장

네덜란드 근무가 3년이 다 되어 갈 무렵인 1974년 말경 당시 이상옥 (李相玉) 미주국장(전 외무장관)으로부터 사신이 왔다. 내용인즉 남미 대륙북단에 있는 네덜란드 영토 수리남(Surinam)이 멀지 않아 독립한다고 하는데 독립 후에 어떻게 될지 사전에 방문하여 정세를 파악하기 위하여 나를 조사단장으로 보내려고 하는데 사정이 어떻겠느냐는 것이었다.

UN에서 통한(統韓) 결의안을 가지고 남·북한이 매년 치열한 외교전을 벌이는 상황에서 수리남이 독립하면 그 나라도 중요한 한 표가 될 것이므로 미리 가서 접촉해 보라는 것이었다.

이상옥 국장에게 "가겠다"고 회신하였더니 곧 주진엽(朱進燁) 3등서기관(주 베네수엘라 대사관)을 데리고 네덜란드령 수리남과 안틸레스 (Antilles)를 방문하여 정세를 조사하라는 지시가 공문으로 왔다.

당시 수리남과 안틸레스는 네덜란드의 영토였지만 외교와 국방을 제외하고는 거의 자치가 인정되는 자치정부를 가졌으며, 외교, 국방 등의 연락과 조정을 위하여 각 자치정부로부터 네덜란드 정부에 전권 장관을 파견하고 있었다.

나는 네덜란드 외무성을 통하여 이들 전권 장관들을 소개받고 그들을 만나서 수리남과 안틸레스 방문 일정을 협의하였다.

해가 바뀌어 1975년 1월 11일 베네수엘라의 수도 카라카스에 도착하여 내가 주 네덜란드 공관장으로 모셨던 송광정(宋光楨) 주 베네수엘라 대사와 재회의 기쁨을 나누고 인접국인 수리남에 대하여 궁금한 것을 물었다. 솔직히 말해서 그때까지 나는 수리남이나 안틸레스에 대하여 아는 것이 없었으며 한국인으로는 수리남에 태권도 사범이 한 사람 있다는 것 외에는 구름을 잡는 것 같아 걱정이 태산 같았다.

지금은 인터넷을 통해서 엄청난 자료를 구할 수 있지만, 그 당시에는 직접 가서 부딪쳐 보는 수밖에 없었다.

1월 13일 월요일 새벽에 나는 수리남 자치정부의 수도인 Paramaribo 국제공항에 도착하였다. 공항에는 자치정부의 공보관 겸 의전장인 Mr. Hering이 우리 조사단을 맞아 주었다. 그때가 0시 45분, 야밤중인데도 불구하고 후끈한 열대성 공기가 나를 에워쌌다.

그날 아침에는 수리남 경제개발성 국가계획국 경제전문가인 Dr. Abrahams로부터 수리남 경제에 대한 설명을 들었으며, 오후에는 바나나 재배농장을 둘러보고, 저녁에는 파라마리보에 주재하는 우리 원양어업회사 대표 7명을 만찬에 초대하고 그들의 조업 현황, 현지정세 및 애로사항 등을 청취하였다. 그곳에 있는 태권도 사범을 통하여 한국의 7개 회사가 새우잡이에 종사하고 있음을 알았으며 그들과의 간담회에서 수리남의 국내정치 상황 등 많은 정보를 얻을 수 있었다.

다음날인 1월 14일 아침에는 Soemito 농업상을 방문하고 어업, 농업, 임업 분야에서 양국이 협력할 수 있는 가능성에 대하여 의견을 나누었으며 곧 이어서 나는 Arron 수상을 예방하였다.

그 자리에서 나는 Arron 수상에게 "수리남이 머지않아 독립하게 된 것을 축하"한 다음 "우리나라와 수리남과의 관계가 독립 후에도 계속 강화되기를 바란다"고 말하였다. 이에 대하여 수상은 "고맙다"고 대답했다. 이어서 수상에게 "한국은 귀국이 독립한 후에 가장 먼저 귀국과의 외교관계를 희망하는 나라 중 하나가 될 것이다"고 한 데 대하여 수상은

Koreanen bij prem. Arron

HOGE FUNKTIONARIS EN UIT KOREA OP BEZOEK

Maandagochtend zijn in Surina-me aangekomen de heren Kwang Je Cho en Jin Yup Choo, respek-tievelijk adviseur van de Ambas-sade van de Republiek Korea in Nederland en derde Secretaris op de Koreaanse Ambassade in Caracas. Zij zullen zich hier in opdracht van hun regering oriënteren m.b.t. de mogelijkhe-den van economische samenwer-king i.v.m. de aanstaande onaf-hankelijkheid van Suriname. Beide funktionarissen werden op het Planbureau ontvangen, waar bij hun een uiteenzetting werd gegeven over enkele aspekten van de economische ontwikke-

ling. O.m. staan ontmoetingen met Minister-President Henck Arron, Minister Drs. Michel Cambridge van Opbouw, Veeteelt en Minis-ter Mr. Eddy Bruma van Econo-mische Zaken op 't programma. De Koreaanse funktionarissen rei zen op 19 januari naar Curacao.

De RPD deelt mede dat de heren Kwang Ye Cho en Jin Yuo Choo, respectievelijk adviseur van de ambassade van de Republiek Ko-rea in Den Haag en secretaris van de Koreaanse ambassade in Caracas, dinsdagmorgen 14 ja-nuari een beleefdheidsbezoek heb ben gebracht aan Minister-Presi dent Henck Arron. Bij deze gelegenheid werd weder-zijds de bereidheid uitgesproken

de betrekkingen tussen beide lan-den, in het bijzonder ná de on-afhankelijkheid van Suriname te intensiveren. De Minister-President toonde zich verheugd over de belangstelling van de Republiek Korea voor ons land.

Zoals bekend zijn de Koreaanse diplomaten naar Suriname ge-reisd om zich in opdracht van hun regering te oriënteren inzake de mogelijkheden tot samenwer-king op economisch en techno-logisch gebied. Foto: De heer Kwang Ye Cho, ad viseur van de Koreaanse ambas sade in Den Haag wordt op het ministerie van Algemene Zaken door premier Arron beroet.

독립을 앞둔 수리남의 Arron 수상과 함께.

"외교관계를 갖게 되는 것은 quite sure이다. 우리 양국은 very good relations을 갖게 될 것으로 확신한다"고 말하였다.

나는 Arron 수상의 이런 말들을 듣고 퍽 고무되고 흥분된 기분으로 수상실을 나왔다.

그날 오후에는 파라마리보 주재 미국 총영사관을 방문하고 Martin Jacobs 총영사 대리로부터 수리남의 독립전망과 독립 후의 정세 등에 관한 유익한 정보를 청취하였다.

다음날 아침에는 Dr. Cambridge 개발상을 방문하여 수리남 개발계획을 청취하는 것으로서 수리남 방문일정을 마무리 짓고 안틸레스로 향하였다.

1월 15일 오후 안틸레스의 수도인 퀴라소(Curaçao) 공항에 도착하여 안틸레스 외무국의 Mr. Ter Haar의 영접을 받고 체재일정을 협의한 다음 날에는 안틸레스의 Evertsz 수상을 예방하였다. 이어서 Kroon 경제상 및 Pourier 개발상을 연이어 방문하여 안틸레스의 경제사정과 개발계획을 청취한 다음 Kroon 경제상이 초대한 오찬에 참석하고, 오후에는 쿠라사오 자유무역지역을 시찰하였다.

다음 날인 1월 17일에는 경제성의 Statius Van Eps 어업국장을 방문하고 어업현황 및 어업분야 협력가능성에 대하여 의견을 교환한 다음 Kroon 경제상, Pourier 개발상 및 외무국 직원 2명을 오찬에 초대하였다. 그날 오후에는 안틸레스 상공회의소의 Mauricio 소장의 주선으로 주요 무역업자 10명을 소집한 자리에서 그들에게 한국과의 무역, 한국의 주요 수출상품에 대하여 설명해 주고 질의응답 형식으로 의견을 교환하였다.

이상과 같이 4일간의 일정으로 수리남 및 안틸레스 방문일정을 마치고 네덜란드에 귀임한 다음 조사단의 이름으로 다음과 같은 요지로 보고서를 작성하여 본부에 제출하였다.

1. 수리남은 현 자치정부와 맞서고 있는 인도족의 야당이 그 조기독립을 반대하고 있고 네덜란드 정부와의 관계에서 몇 가지 해결하여야 할 문제들이 있기는 하나 현 자치정부가 조기 독립을 서두르고 있고 노동당이 주축이 된 진보적인 네덜란드 정부의 태도가 원하면 언제든지 독립을 허용하겠다는 입장이므로 특별한 사태발전이 없는 한 금년 중 (1975년 11월 20~30일 중)에 독립할 것으로 예상됨.

2. 본 조사단이 현지에서 자치정부와의 접촉과 기타 정보를 통하여 관찰한 결과 현 자치정부의 정책방향은 인접 신생독립국인 가이아나 (Guyana)보다는 온건한 편이었으며 독립한 후에도 갑자기 좌경으로 급선회하거나 극단적인 노선을 추구할 것으로 보이지는 않았음. 그러나 이러한 현 정부의 태도는 이념적인 이유에서가 아니라 이미 미국을 위시한 여러 서방국가들이 그곳의 풍부한 자원개발을 위하여 뿌리 깊게 진출하고 있고 아직도 풍부하게 매장된 자연자원의 개발을 위하여 이들 서방국가들의 도움을 계속 필요로 하고 있는 실정에서 네덜란드, 미국을 위시한 서방국가의 비위를 크게 건드릴 필요가 없다는 현실적인 타산에 의한 것으로 보였음.

3. 본 조사단을 맞이하는 자치정부의 태도도 예상보다 우호적인 것이었으며 특히 Arron 수상은 독립 후 우리나라와의 관계수립에 대하여 퍽 긍정적인 반응을 보였고 경제관계 장관들은 아국과의 경제협력을 희망하고 있었음.

4. 다만 이와 같은 독립 전의 태도가 독립 후에도 계속될 것인가에 대하여는 안이하게 안심할 수 없는 몇 가지 요소가 없지 않았던바, 현 정부가 노예의 후손인 흑인들이 주동이 된 정권으로서 그 추구하는 노선

이 강력한 내셔널리즘을 바탕으로 하고 있고, 현 정권의 제 2인자인 Bruma 경제상이 맑스 정당인 NRP의 당수로서 혁명적 좌경노선의 제창자라는 사실은 독립 후 좌경화를 우려케 하는 요소라 하겠음. 더욱이 중공이 뿌리를 박아 놓은 가이아나와 인접해 있고, 소련의 영향력이 강한 쿠바와 빈번한 접촉을 하는 여건에서 수리남 독립 후 북괴가 이들 소련, 중공의 힘을 빌려 수리남에 대하여 필사적인 진출을 꾀할 것이 분명하므로 우리로서는 조기에 수리남과 관계를 맺어 두어 독립 후의 사태에 대비하는 것이 현책인 것으로 판단되었음.

5. 한편 경제협력 면에서 수리남은 보크사이트, 금을 위시하여 각종 광물자원, 산림자원, 수산자원이 풍부하고 거의가 미개발상태에 있어 자치정부는 이들의 개발을 위하여 어떤 나라의 협력도 받아들이겠다는 태도였으며 실제로 독립을 앞두고 많은 나라에서 외교관이나 사절단을 파견하여 수리남과의 우호관계를 다짐하고 경제개발을 위한 사업에 협력하는 문제를 협의하고 있었음. 따라서 정치적 문제와 아울러 경제적 면에서도 자원이 부족한 우리나라로서는 수리남과 조기에 경제협력 관계를 가지는 것이 현명할 것으로 판단되었음.

6. 현재 수리남의 수도 파라마리보 기지에는 우리나라의 7개 원양어업회사가 주재원 18명을 두고 그들 회사 소속 어선 56척이 근해에서 새우조업을 하고 있으며 안틸레스의 St. Marten 기지(5개 회사 5명 주재원, 어선 20척)와 트리니다드 토바고(Trinidad & Tobago)의 Port of Spain 기지(10개 회사 40명 주재원, 어선 90척)를 합친다면 우리나라 원양어업의 카리브해 및 대서양 진출은 실로 놀라운 규모라 하지 않을 수 없으며 그만큼 그들 원양어업을 보호해야 할 필요성이 긴요할 것으로 판단되었음.

7. 실제로 이들 어업종사자들은 각종 영사확인 등의 지연으로 많은 불편과 곤란을 겪고 있을뿐더러 조업 그 자체에서도 특히 수리남 독립

후에 닥칠 제한, 해양법 회의 결과 넓어질 영해의 범위(경제수역) 등을 앞두고 앞날의 불안을 감추지 못하고 있으며 지금부터 벌써 수리남 자치정부로부터 서서히 그러한 움직임을 느끼고 있는 실정임.

따라서 가이아나와 트리니다드 토바고에 우리나라 공관설치가 어려운 형편에서 수리남의 파라마리보에 독립 전에 조기에 공관(영사관이나 명예영사)을 설치함으로써 독립 후 외교공관으로의 전환이 용이할 것이며 동 공관으로 하여금 카리브해 지역에 기지를 둔 우리 원양어업을 보호케 함이 좋을 것임.

이상과 같이 조사결과를 보고하고 수리남 독립 이전에 파라마리보에 영사관 또는 명예영사를 둘 것과 대사급을 단장으로 하여 3~4명으로 구성되는 친선 및 경제사절단을 금년 3~4분기 전에 수리남에 파견할 것을 본부에 건의하였다.

이와 같은 조사단의 건의는 그대로 받아들여져서 수리남에 영사관을 설치하였고, 수리남 독립 후에는 대사관으로 바뀌었다.

안틸레스의 독립전망에 대하여는 여러 가지 이유로 1980년 이전에는 실현될 가망이 보이지 않으므로 우리가 당장 신경을 써야 할 필요는 없는 것으로 판단된다고 보고하였다.

네덜란드의 Orange Nassau 훈장

네덜란드를 떠날 때는 전혀 몰랐는데 다음 임지인 코트디부아르(Côte d'Ivoire)에 가서 얼마 있으니 네덜란드의 Orange Nassau 훈장이 나왔으니 네덜란드 대사관에 와서 수여받으라는 연락이 왔다. 나로서는 외교관 생활에서 처음 받는 훈장이고, 공관장이 되기 전에 받은

네덜란드 대사관에서 수여한
Orange Nassau 훈장.

네덜란드를 떠날 때의 송별 리셉션. 우측 앞이 아내 서일순.

유일한 외국 훈장이라 뿌듯한 마음으로 네덜란드 대사관에 가서 네덜란드 대사로부터 이 훈장을 받았다.

Orange Nassau 훈장은 네덜란드의 Julia 여왕의 이름으로 수여되는 것이지만 그렇게 하도록 추천한 사람들은 네덜란드 외무성의 고위 간부들이었을 것이다. UN 등 국제기구에서 긴밀하게 협력하고 양국 간 통상 증대를 위하여 노력하고 한국학 진흥을 위하여 Walraven 씨에게 장학금을 주고 서울대에 유학 보내 양국 간 문화교류를 촉진하는 등 양국 간 관계 발전에 기여한 공로가 인정된 것 같다.

Norbert UN과장, Walraven 국제기구과장의 얼굴을 떠올렸으며 Rookmarker 아주국장과 Kooyman 외교담당 국무상 등과 만나던 일들이 주마등처럼 머리를 스쳤다.

4. 주 코트디부아르 공사

이상한 인사 (人事)

네덜란드 근무가 3년이 되어 갈 무렵 나는 본부에 들어갈 준비를 하고 있었다. 당시 외무부의 관례로 해외근무 기간은 3년이었는데 나는 이미 호주에서 1년 2개월 근무하였으므로 네덜란드 근무와 합치면 해외근무 4년이 넘었기 때문이었다. 그리고 이미 외무부의 동기들 중에는 국장이 된 사람도 있었으므로 나도 국장으로 들어가기를 은근히 기대하고 있었다.

그러던 차에 난데없이 아프리카의 코트디부아르로 가라는 전임 발령을 받고 깜짝 놀랐다. 이와 같이 나처럼 외국의 세 나라를 계속 해외근무만 하는 경우는 없었다. 무슨 잘못된 일이 있는가 싶어 알아보았더니 그런 것은 없고 아프리카 국가들에 대한 UN외교를 강화하기 위한 인사라는 것이었다.

UN에서 통한(統韓) 결의안을 놓고 북한과 치열하게 표 대결을 벌이는 상황에서 아프리카 신생국들의 지지를 얻는 것이 긴요한데, 유능한 외교관들이 미국과 유럽에만 가려고 하므로 미국과 유럽에 가 있는 우수한 참사관들을 차출하여 아프리카 주요 국가들에 공사로 보내서 아

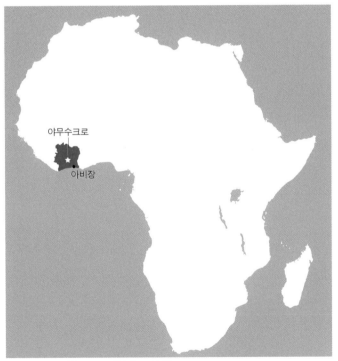

1975~1976년 (주 코트디부아르 공사).

프리카에 가 있는 공관장들을 보좌하도록 하는 것이라고 하였다.

미국과 유럽에서 근무하는 여러 명의 참사관들이 나와 같이 아프리카 여러 나라에 공사로 전임되었다.

그렇게 되면 오히려 현지 대사의 사기를 떨어트리게 되고 그러한 대사 밑에서 차석인 공사가 마음껏 활동할 수 없다는 현지사정을 모르는 이상하고 감정적인 무리한 인사였다.

말라리아와 파상풍

코트디부아르는 서부 아프리카에 위치한 열대 국가이다. 코트디부아르란 말은 '코끼리 뿔의 해안'이란 뜻이다. 그만큼 그곳에는 코끼리가 많았는데 많은 백인들이 돈이 되는 그 뿔을 구하려고 몰려들었다가 풍토병에 걸려 죽어가서 그곳을 백인의 무덤이라고 불렀다고 한다.

4살에서 11살까지의 딸 넷을 거느리고 코트디부아르의 수도 아비장 (Abidjan) 에 부임하였더니 그곳 대사관 직원과 가족들이 말라리아와 파상풍이 얼마나 무서운 풍토병인가에 대하여 입에 거품을 물고 이야기하면서 겁을 주었다.

말라리아를 예방하기 위하여는 니바킨 (nivaquine) 이라는 알약을 먹어야 하는데 매일 먹는 것과 일주일에 한 알씩 먹는 것이 있다는 것이다. 이 약의 주성분은 키니네 (quinine) 로, 독하기 그지없기 때문에 장기복용하면 위장이나 눈을 상하게 된다는 것, 말라리아는 특히 아이들에게 치명적이라는 것 등이었다.

더욱이 코트디부아르 대사관에 근무하다가 최근 본부로 간 아무개 서기관이 말라리아 병으로 아들을 잃었으며, 전임 코트디부아르 주재

일본 대사는 휴가차 유럽에 여행 갔다가 그곳에서 죽었는데 그 일본 대사는 오기로 니바킨 알약을 먹지 않아서 변을 당하였다는 것이다. 말라리아는 병균의 잠복기간이 있는데 일본 대사의 경우에는 병균이 휴가 중 벨기에에서 나타나 발병 사망하였다고 하였다.

우리는 말라리아에 걸리지 않기 위하여 식탁 위에 니바킨 알약을 놓아두고 매일 아침 한 알씩 복용하였다.

말라리아보다 더 무서운 병은 파상풍인데 흙속에 사는 아주 작은 벌레가 외부에 알을 까면 그것이 부화하여 사람의 피부를 썩어들게 한다고 하였다. 양말에도 알을 깐다고 해서 우리는 양말까지도 세탁 후 꼭 다리미로 다려서 신어야 했다.

우리는 아비장에 도착하여 적당한 주택을 구하지 못하여 어린아이들 넷을 데리고 한 달을 찌는 듯한 호텔 방에서 지내면서 고생하던 일이 악몽처럼 되살아난다. 더더욱 아이들 학교의 학기가 시작하는 시점이 유럽과 달라서 제때에 학교에 진학시키지 못하여 오랫동안 호텔에서 고생하였다. 네덜란드의 국제학교에서 영어로 공부하다가 아비장 학교에서는 언어가 불어로 바뀐 것도 아이들에게는 큰 어려움이었다.

대사관 근처에 있는 독채 하나를 구하여 본부와 끈질긴 교섭 끝에 허가를 받아 겨우 임대차 계약을 체결하였다. 당시 아비장에는 에어컨이 달린 마땅한 집을 구하기 어려웠고 또 임차료가 엄청나게 비쌌기 때문에 본부에서도 쉽게 허가해 주지 않았던 것이다. 우리가 입주한 집도 에어컨이 달려 있으나 비싼 전기료를 절약하기 위하여 되도록이면 에어컨을 끄고 살았으며 가끔 벽면이나 천장에 작은 도마뱀이 기어 다녀 아이들이 기겁을 하기도 하였다.

코트디부아르는 적도에 가깝고 습기가 많아 1년 내내 찌는 듯한 더위가 계속되는 곳이다. 춘하추동 사계절이 없으므로 세월이 가는 줄을 모르는 것이 사람을 정신적으로 힘들게 하였다. 사실 더위로 인한 고통보다는 정신적인 고통이 더 컸던 것으로 기억된다. 문명사회에서 소외된 오지(奧地)에서 언제까지 있어야 하는가. 막막해하면서 무더운 나날을 보냈다.

이런 가운데 가장 신경을 쓴 것이 건강관리였다. 아이들이 말라리아에 걸리지 않도록 매일 니바킨 알약의 복용을 챙겼으며 나는 시간이 나는 대로 골프를 치고 돌아와서는 몸을 씻은 다음에 꼭 낮잠을 잤다. 다행히 아비장에는 9홀짜리 골프장이 있어 주말은 물론이고 주말 이외에 휴무인 수요일에도 반드시 골프를 쳤다. 골프를 친 다음에 낮잠을 자거나 밤에 자고 나면 항상 러닝셔츠가 땀에 흠뻑 젖게 되므로 러닝셔츠는 매일 여러 번 갈아입어야 했다.

Dahomey의 일방적 외교단절

코트디부아르에서 동쪽으로 다음다음 나라가 다호메이(Dahomey)라는 소국인데 지금은 베넹(Benin)이라고 나라 이름을 바꾸었다. 당시 주 코트디부아르 대사는 그 나라를 포함하여 주변의 몇몇 나라를 겸임했는데 난데없이 그 다호메이가 한국과의 외교관계를 단절하였다는 사실을 라디오로 보도하였다. 우리와는 아무런 협의나 통보도 없이 일방적으로 발표한 것이다.

내가 코트디부아르에 공사로 부임한 지 얼마 안 되는 1975년 10월의 일이었다. 그 나라는 1973년에 북한과도 국교를 수립하여 북한이 같은 해에 그곳에 대사관까지 설치하였는데 아마도 그곳에 나와 있는 북한 대사관의 장난임을 추측할 수 있을 뿐이었다.

본부에 보고하였더니 본부에서는 나에게 다호메이에 가서 내용을 알아보라고 지시했다. 나는 바짝 긴장하였다. 북한 대사관이 나와 있는 곳이라 나는 혈혈단신 적지에 가는 기분으로 다호메이행 비행기를 탔다. 다행히 그곳에는 우리나라 정부가 파견한 의사 두 명이 가 있어 그들에게 미리 연락하였더니 공항에 나와 나를 맞아 주었다.

도착 즉시 외무성 의전장을 방문하여 외상과의 면담을 신청하였더니 호텔에 가 있으면 연락해 주겠노라고 하였다. 의전장실을 나오면서 보니 북한 대사차로 보이는 벤츠 차량이 밖에 서 있었다.

그 길로 한국 의사 댁에 가서 점심 대접을 받으면서 그곳 사정을 들었다. 한국 의사들의 말에 의하면 북한은 대사관이 나와 있을 뿐 아니라 농업기술자가 여러 명 와서 농업기술을 제공하는 등 자기들에 대한 지지획득을 위하여 꽤 적극적인 활동을 하고 있다고 하였다. 호텔에 돌아가서 하루 종일 의전장의 연락을 기다렸으나 연락은 끝내 오지 않았다.

그 무렵 윤석헌 주 프랑스 대사가 아프리카 사절단장으로 아프리카 몇 나라를 방문하였는데 내가 다호메이에 도착한 다음 날 그곳 공항을 지나가게 되어 있었다. 그 시간에 맞추어 내가 공항에 가서 윤석헌 대사에게 다호메이 건을 보고하기로 되어 있었다. 내가 시간에 맞추어 공항에 가서 윤 대사를 만나 아직도 외상을 만날 수 없었던 사정을 말하고 한국 의사 차에 편승하여 호텔에 돌아오는데 전날 외무성 의전장실 밖에서 본 낯익은 외교관 벤츠가 우리 차를 바짝 미행하는 것이 아닌가. 북한 대사관차가 분명하였다.

이 친구들이 무슨 짓을 하려는가? 오만 생각을 하면서 한국 의사에게 속력을 내도록 하고 한참 오던 중 그 전날 저녁을 먹었던 중국 식당 근처에 가서 유턴을 하라고 하였다. 포장도 안 된 흙먼지투성이의 도로에서 갑자기 유턴하니 바짝 뒤따라오던 그 외교관 차는 흙먼지를 뒤집어쓰고 시야가 가려져서 어리둥절하였고 그 틈을 타서 그 차를 따돌리고 호텔로 돌아왔다.

호텔에서 여러 번 의전장에게 외상면담을 전화로 독촉하였으나 계속 기다리라는 말뿐이었다. 그리하여 어쩔 수 없이 의전장실에 밀고 들어갔고 횡설수설하는 의전장을 무시하고 외무차관실에 밀고 들어가서 단교의 연유를 따졌다. 외무차관은 한국과의 단교에 대하여 자기는 모르는 일이고 군인출신인 외상 혼자서 한 일이라고 되풀이하면서 발뺌하고 있었다.

참으로 한심한 나라도 있구나 싶었다. 결국 현지에서 다호메이 정부로부터 아무런 설명도 듣지 못한 채 아비장으로 돌아올 수밖에 없었다.

북한이 갖은 방법을 동원하여 다호메이로 하여금 한국과 단교토록 한 것이 분명하였다. 다호메이의 후신인 베넹과의 외교관계는 그 후 1990년에 재개되었다.

주 코트디부아르 공사로 온 지 약 1년이 지났을 때 주 프랑스 공사로 내정되었으니 준비하라는 전보를 본부로부터 받았다.

5. 주 프랑스 공사

대사관 개축공사

내가 주 프랑스 대사관에 부임하였을 때에 대사관 건물은 너무나 협소하고 초라하였다. 그래서 윤석헌 주 프랑스 대사는 그 건물을 팔고 본부로부터 예산을 확보하여 나폴레옹의 무덤이 있는 앵발리드(Invalides) 근처인 그르넬(Grenelle) 가에 있는 큰 독채를 구매하였다.

그 집은 앞마당과 뒷마당이 있는 전통적인 프랑스 독채로서 프랑스 외무성과도 가까운 좋은 지역에 있었다. 프랑스 혁명 당시 왕이었던 루이 16세의 의전장(Marquis de Brézé)이 살던 집이라 문화재로서 문화성에 등록이 되어 있는 집이라 하였다. 프랑스 옛날 귀족들이 마차를 타고 소리 내며 들어가는 앞마당의 바닥에는 돌이 깔려 있고 현관과 집 모습이 꼭 옛날 프랑스 영화에서 보던 귀족 저택 그대로였다.

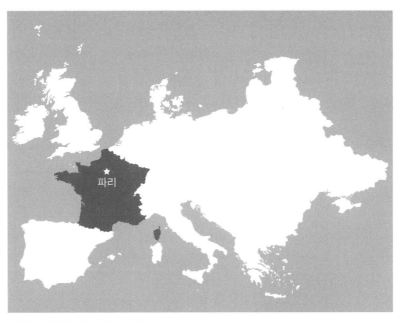

1976~1979년 (주 프랑스 공사).

워낙 오래된 고가(古家)인 데다가 대사관으로 쓰기 위해서는 상당한 개축이 필요하였기 때문에 본부와 교섭하여 수선비를 확보하여 대수선을 하게 되었다. 윤 대사는 그 대수선 공사를 나에게 맡겼다.

그때까지 집수리나 건축 같은 것을 해 본 경험이 없던 나로서는 당황할 수밖에 없었으나 그렇다고 못하겠다고 할 수도 없었다. 공사내용과 건축자재 등에 대하여 건축업자와 따지고 또 따지면서 여러 달 동안 씨름한 끝에 개축 공사를 마무리할 수 있었는데 그 과정에서 한두 가지 기억에 남는 일이 있다.

처음 공사를 시작할 무렵 외무성 의전장을 방문하여 전화선의 신속한 가설 등 필요한 협조를 요청하였다. 나의 이야기를 다 들은 다음 그 의전장은 걱정하지 말라고 하고서 자기로서도 우리에게 부탁할 것이 있노라고 하면서 그 집이 문화성에 등록된 집이므로 집 내부는 얼마든지 개조하여도 좋지만 외부형태는 그대로 두었으면 좋겠다는 것이었다. 물론 그렇게 하겠다고 약속하였고 건물 본채 양쪽 끝에서 대문 쪽으로 증축하여 ㄷ자형으로 사무실을 늘렸다.

뒷마당에는 오래된 나무들이 울창하였고, 그중 나무 하나가 말라 죽은 것이 있어 그냥 빼 버리려고 하였더니 그것도 문화성의 허가를 받아야 한다고 하여 허가를 받고 빼 버린 기억이 난다.

그래도 무언가 한국적인 건조물이 있어야 하겠다고 생각하고 서울에서 한국 기와와 필요한 자재를 가지고 와서 뒷마당에 조그마한 한국식 팔각정 정자를 하나 지었다.

이와 같이 프랑스라는 나라가 자기들의 문화적 역사를 중요시하고 문화유산에 대한 보존, 관리를 철저히 하며 또 그러한 의식이 국민 전체의 의식 속에 철저하게 박혀 있는 것을 보고 우리나라는 너무나 우리

루이 16세의 의전장 Marquis de Brézé의 저택을 주 프랑스 한국대사관으로 개축하게 되었다. 대사관의 연회홀에서 대사관 식구들과 같이. 중간이 윤석헌 대사 내외분. 저자는 윤 대사 뒤에.

의 과거유산에 대하여 소홀히 하는 것이 아닌가 자성하였다.

공사를 끝내고 현관을 통하여 들어서자마자 만나는 1층 넓은 홀에서 새 대사관 이전 리셉션을 성대하게 개최하였다. 그동안에는 대사관이 협소하여 매년 호텔을 빌려 국경일 리셉션을 개최하였는데 이제는 우리 대사관에서 떳떳하게 개최하게 된 것이다. 높은 천장에 매달아 놓은 초대형 샹들리에의 불빛 아래 새로 마련한 초대형 카펫 위에서 프랑스의 각계각층 인사들과 술잔을 나누면서 양국 간의 우의를 다졌던 그때의 장면을 잊을 수가 없다.

그날 저녁 가장 기뻐한 사람들은 프랑스에 있던 교포들이었다. 그동안 우리 대사관이 협소하여 기를 펴지 못하였는데 이제 대사관을 보니 프랑스 사람들 앞에서 어깨를 쭉 펴고 이야기할 수 있게 되었다고 하면서 그렇게 좋아할 수가 없었다. 그렇게 좋아하는 교포들을 보고 대사관은 역시 여러 가지 의미에서 우리나라를 대표하는 상징이구나 하는 것을 새삼 느꼈으며 그동안 대수리 업무로 시달렸던 피로가 확 날아가는 것 같았다.

백건우·윤정희 납치 미수사건

1978년 여름 나는 가족과 같이 여름휴가를 보내기 위하여 프랑스 남부 피레네 산맥을 등진 프랑스 시골마을의 농가를 일주일간 빌리기로 하였다. 자동차에 전 가족을 태우고 예약된 날짜에 그곳에 도착하여 보니 병풍처럼 둘러쳐진 피레네 산록을 뒤로 한 소박한 프랑스 농가가 우리를 기다리고 있었다.

닭과 돼지를 키우는 그 농가는 우리나라의 농가와 크게 다르지 않았으며 자동차의 소음 대신 닭소리와 돼지소리가 가끔 들릴 뿐 한가한 농촌 풍경이 아주 마음에 들었다. 당시에는 네 딸을 다 데리고 갔는데 애들이 너무 좋아하는 것이었다. 그 집에는 모든 집기와 취사도구가 구비되어 있었으므로 각자가 분담하여 장을 보고 식사를 만들어 먹으면서 그곳에서 보낼 휴가생활에 대한 기대에 부풀어 있었다.

그런데 하룻밤을 자고 다음날 파리에 있는 대사관으로부터 긴급히 돌아오라는 연락이 왔다. 파리에 사는 피아니스트 백건우 씨와 배우 윤정희 씨 부부가 납치되었다는 것이다. 나는 당시 주 프랑스 대사관의 차석공사로 있으면서 총영사를 겸하고 있었기 때문에 백건우 씨 부부가 오스트리아, 유고슬라비아로 여행하던 중 납치될 뻔하여 억류되어 있는 상태라면 여권관계 등 예사로운 일이 아니었다.

겨우 마음에 드는 농가를 빌려서 휴가를 보내려던 계획을 포기하고 전 가족을 데리고 파리로 돌아왔다. 빌린 집은 나와 중학교 동창이며 낭트(Nantes) 대학 교수인 이영철 박사 가족이 쓰겠다고 하여 인계하여 주었다.

백건우 씨 부부는 납치 직전에 유고슬라비아 주재 미국 대사관으로 피해서 겨우 난을 피하였는데 당시 모든 정황으로 보아 북한의 소행일 것이라는 의혹이 있었는데 지금 확인할 도리는 없다.

아무튼 그 당시 남프랑스 피레네 산록의 평화로운 농가에서 휴가를 즐기지 못한 것에 대하여는 두고두고 아쉬움을 남겼다.

한국전 참전 동지회

프랑스는 6·25 전쟁 때 일개 대대병력의 지상군을 파견하여 한국을 도운 나라이다. 당시 1950년부터 1953년까지 3년간 1천여 명의 병력을 파견하여 주로 미2사단 23연대에 배속되어 전투를 치르고 많은 사상자를 냈다. 부산에 있는 UN 묘지에 44명의 전사자가 묻혀 있고 269명은 프랑스에 묻혀 있다.

나는 윤석헌 대사를 대신하여 한국전쟁에 참전한 프랑스 대대에서 거행되는 기념식에 참석한 일이 있었다. 그날은 한국 겨울의 중부전선처럼 찬바람이 매서운 날씨였는데, 그곳 유학생의 도움을 받아 기념비

에 우리나라 태극기를 덮어 준 기억이 난다. 이 기념식에는 그곳 엑상
프로방스(Aix-en-Provence) 지방에서 공부하는 한국 유학생들도 참석
하였는데, 저녁에는 이들 유학생들이 그곳 주민들을 초대하여 간단한
연극과 노래무대를 선보였다. 그때만 해도 프랑스에 거주하는 한국인
들이 많지 않았고 한국이 그다지 알려져 있지 않았을 때였으므로 그런
기회에 한국 학생들은 열심히 준비하여 우리나라 문화를 소개한 것이
다. 나는 학생들의 그와 같은 열정이 기특하기도 하고, 또 고맙기도 하
여 저녁을 사 주면서 격려해 주었다.

그 후 프랑스 근무 말기에 한국전쟁 참전동지회가 마르세유(Mars-
eille)에 지부를 결성한다고 하면서 윤석헌 대사의 참석을 요청했다.
이때도 윤 대사의 사정이 파리를 떠날 수 없는 형편이어서 내가 대신

프랑스는 6 · 25 전쟁 때 UN군으로 1천여 명의 병력을 파견하여 우리나라를 지원하였다.
그중 부산 UN묘지에 44명의 전사자가 묻혀 있고, 269명은 프랑스에 묻혀 있다.

한국전쟁 참전 동지회 Marseille 지부 개소식에 참석하였다.

가게 되었으니 나는 아마도 친한단체인 한국전쟁 참전동지회와는 특별한 인연이 있었던 것 같다.

한국전쟁에 참전했던 노병들의 환영을 받으면서 마르세유 지부 사무실에 들어섰을 때 나는 약간 어리둥절했다. 그 사무실 벽면에 북한인민공화국의 국기가 걸려있는 것이 아닌가? 사연을 물었더니, 노병들은 당시 한국전쟁에 참전하여 전투 중에 노획한 것이라고 자랑스럽게 얘기해 주었다. 자세히 보니, 국기는 너무 오래되어 햇빛에 바래고 낡아 있었다.

나는 이들 노병들에게 한국을 대표하여 한국이 어려웠을 때 목숨을 걸고 우리를 도와준 데 대하여 깊은 감사를 표하였으며, 이들 노병들은 한국이 6 · 25 전쟁의 폐허에서 단시일 내에 회복하여 오늘날 전 세계가 주목하는 경제발전을 이룩한 점을 축하해 주었고, 그때 그들이 흘린 피가 헛되지 않았다는 점에 대하여 말할 수 없는 긍지를 느낀다고 나에게 말해 주었다.

나 역시 한국전쟁에 참전한 같은 전우로서 그 당시 한국전쟁의 실상을 논하면서 그들과 오고 간 이야기는 끝이 없었으며, 마르세유의 텁텁한 전통음식인 부야베스(*bouillabaisse*)를 먹으면서 시간 가는 줄 몰랐다.

Noiville 아주국장

외무성 아주국장은 우리에게는 아주 중요한 인사이다. 주 프랑스 대사는 원칙적으로 외무성 아주국장 이상이 교섭상대(*counterpart*)가 되는데 아주 중요한 사안에 대하여는 외상이나 국장 이상의 인사를 만나야 할 경우가 있으나 대부분의 현안에 대하여는 아주국장을 만나서 협의하는 것이 관례이다.

프랑스처럼 직업외교관 제도가 확립되어 있는 나라에서는 아주지역에 관한 한 아주국장이 정책결정에 있어서 거의 최종적인 영향력을 가지고 있기 때문이다.

그런데 어느 주말에 '오아시스'라는 한국 식당에 가족을 데리고 외식하러 갔더니 Noiville 아주국장이 혼자 와서 한국 음식을 먹고 있는 것이 아닌가. 놀라기도 하고 반갑기도 하여 그 자리에서는 긴 이야기를 못하고 뒤에 만난 기회에 어떻게 혼자서 한국 식당에 왔느냐고 물었더니 그 국장의 말이 자기가 "외무성 아주국을 맡게 되어 아주지역 여러 나라에 대하여 공부하던 중 한국이라는 나라가 그렇게 장구한 역사를 가지고 고유의 문화와 전통을 유지, 발전시켜 온 것을 알고 놀라워서

나의 프랑스 임기 중에 아주국장으로 우리의 counterpart였던 Mr. Noiville.

한국 음식을 직접 먹어 보고 싶어 그 식당에 간 것이다"라고 하였다.

　나는 그 말을 듣고 약간의 충격을 받았다. 우리가 한국 음식을 대접하여야 할 것인데 아직 못한 것에 대한 자책감도 있었다. 그러나 그 국장이 부임한 지 얼마 안 되어 그런 것이니 어쩔 수 없었다. 내가 충격을 받은 것은 아주지역을 맡게 되어 한국을 알기 위하여 직접 한국 식당에 와서 한국 음식을 먹어 보는 Noiville 국장의 외교관으로서의 직업정신이랄까, 사명감이랄까에 대하여 감명을 받은 것이다.

　프랑스 사람들에 대하여 흔히 편하고 약게만 사는 사람들이라고 생각하기 쉬운데 그것이 아니었다. 역시 문화를 중시하고 음식 문화에 관심을 가지는 점도 특이하였다.

프랑스 남서부 Toulouse에 있는 Airbus 본부.

그 이후 윤석헌 대사 내외분은 물론 Noiville 국장 내외를 자주 관저
만찬에 초대하여 한국 음식을 대접하였고 나도 자주 동석하여 Noiville
국장과는 아주 가깝게 지내는 사이가 되었다.

한 · 불 정상 회담

어떻게 하면 한 · 불 양국관계를 한 단계 끌어올릴 수 있을까 하고 항
상 노심초사(勞心焦思) 하던 윤석헌 대사가 어느 날 나를 대사의 방으
로 부르더니 양국관계를 보다 강화하는 방안으로 한 · 불 양국정상이

만나는 회담을 추진하는 것이 어떨지에 대하여 나의 의견을 물었다. 나는 좋은 생각이라고 즉석에서 대답하였다.

그 후 윤 대사는 Noiville 아주국장을 만나서 한·불 정상회담의 필요성과 그 실현을 극비리에 협의하였고, Noiville 국장은 이에 대하여 긍정적으로 반응하였다.

그런 가운데 윤석헌 대사는 프랑스의 임기를 끝내고 주 UN 대사로 전임되어 갔으며 그 후임으로 민병기(閔丙岐) 대사가 부임하였다.

그 무렵 김종필(金鐘泌) 공화당 의장이 유럽 방문의 일환으로 프랑스를 방문할 예정이니 프랑스 대통령과 총리를 면담할 수 있도록 주선하라는 본부의 지시가 내려왔다. 그 지시에 따라 프랑스 외무성과 접촉하였더니 대통령과 총리의 일정이 바빠서 면담이 어렵겠다는 반응이었다. 프랑스 같은 대국으로서는 대내외 관계가 많아 사전에 오랜 시간을 두고 대통령이나 총리의 일정이 잡힌다는 것을 잘 아는지라 예상하였던 반응이었다.

그러나 우리나라의 경우에는 당시 막무가내로 밀어붙이는 그런 스타일이었다. 무조건 실현하도록 하라는 지시가 다시 내려왔다. 신임 민병기 대사가 부임했지만 신임장을 제정하기 전에는 대외적 활동을 할 수 없는 것이 외교관례이므로 이 일은 대리대사인 나의 책임이었다.

나는 고심 끝에 프랑스 하원의원이며 프랑스와 극동지역 간 경제협력위원회의 위원장인 Sidreau 의원의 도움을 받기로 하고 그를 만나서 경제협력의 필요성을 들어 김종필 특사의 대통령 면담을 추진하기로 하였다. Sidreau 의원은 Giscard d'Estaing 대통령과 아주 가까운 사이이며 한국과의 경제협력관계로 한국대사관과의 친분이 있는 인사였다.

나는 Sidreau 의원을 방문하여 한·불 간 경제협력강화의 필요성을 역설하고 이미 우리나라가 프랑스로부터 경비행기 Airbus와 원자력 발전소를 사들인 실적이 있으며 그러한 일들을 성사시킨 주인공이 바로 이번에 프랑스를 방문하는 김종필 공화당 의장이었음을 상기시켰다.

또한 김종필 의장은 우리나라 박정희 대통령의 조카사위로서 혁명을 같이 한 제 2인자임을 말하고 김종필 의장의 프랑스 대통령 방문은 양국의 경제협력관계를 더욱 강화하는 데 도움이 될 것이라고 하였다.

조용히 나의 이야기를 경청하던 Sidreau 의원은 잘 알겠다고 하면서 지금 내가 이야기한 내용을 서면으로 작성하여 자기에게 보내 달라고 하였다. 나는 그 길로 대사관에 달려가서 위와 같은 내용을 서면으로 작성하여 Sidreau 의원 앞으로 보냈다.

얼마 후 김종필 의장의 Giscard d'Estaing 대통령 면담 일시가 대사관에 통보되어 왔다. 1978년의 일이었다.

정해진 면담 일시에 나는 김종필 의장을 모시고 엘리제(Elysée) 궁에 Giscard d'Estaing 대통령을 예방하였다. 의례적인 인사가 끝나고 양국관계의 강화, 발전에 대하여 대화가 오간 다음 Giscard d'Estaing 대통령은 "양국관계의 발전을 위하여 한국의 박정희 대통령의 프랑스 방문을 정식으로 초청한다"고 하였다. 전혀 예상하지 않았던 일이었다. 김 의장의 얼굴에는 희색이 역력하고 귀국하는 대로 박 대통령에게 보고하겠다고 다소 흥분된 목소리로 대답하였다.

Giscard d'Estaing 대통령이 김종필 의장의 방문을 받고 면담한 자리에서 박정희 대통령을 초청한다고 한 것은 겉으로는 놀라운 일이었지만 나로서는 짚이는 데가 있었다. 주 UN 대사로 전임된 윤석헌 대사가 주 프랑스 대사 시절 당시 Noiville 아주국장에게 양국정상 간 회담의 필요성을 역설하고 Noiville 아주국장이 외상과 대통령에게 건의하여

지스카르 박 대통령 방불 초청 기사.
〈동아일보〉1979. 6. 13.

온 것이 김 의장 방문 때 표출된 것임이 틀림없었다.

프랑스 외무성에는 관료주의가 확립되어 있어 외무성 아주국장의 의견이 그대로 아주지역 외교정책에 반영되는 것이 보통이었다.

아무튼 윤석헌 대사의 외교적 노력이 싹을 터서 양국 정상회담의 실현이 기대되었으나 그 후 뜻밖에 박정희 대통령이 시해 당하는 불행한 일이 생겨 한·불 정상회담은 실현되지 못하였다.

그 후에도 프랑스가 Poncet 외상을 한국에 보내서 양국 간의 관계가 다시 개화할 수 있는 기회가 있었으나 곧 이어서 프랑스 대통령 선거에서 Giscard d'Estaing이 사회당의 Mitterrand에게 석패하는 바람에 한·불 관계가 예상대로 격상되지 못하였으니 애석한 일이었다. Poncet 외상의 방한은 내가 구주국장 재임 시에 있었던 일이므로 다시 후술하겠다.

6. 영사교민국장 · 구주국장

장기 해외근무

본부 조약과장을 역임한 다음 1970년에 호주(참사관)로 나갔다가 네덜란드(참사관), 코트디부아르(공사), 프랑스(공사) 등의 네 나라를 거쳐 9년 만인 1979년에 본부 영사교민국장으로 들어왔다. 당시의 외무부 인사 기준으로는 해외 근무기간이 원칙적으로 3년이었으므로 9년이라는 장기 해외근무는 아마도 전무후무하였을 것이다.

이미 앞에서 말한 대로, 호주에 있다가 한·일 대륙붕 경계선 문제 때문에 국제사법재판소가 있는 네덜란드의 헤이그로 갔고, 대(對) 아프리카 UN외교를 강화한다는 명분으로 코트디부아르에 보내졌다가 프랑스로 옮긴 다음에는 험지에서 나오게 된 것만도 고마워 말을 못하고 있었으나 해외근무기간이 길어지면서 마음은 편하지 않았다.

동료들이 하나둘씩 국장으로 승진하는 것을 보면서 나도 하루속히 본부 국장으로 들어가기를 고대하였으나 방도를 못 찾아 초조하기만 하였으며 아이들의 교육문제에 대한 애로와 걱정도 많았다.

주 프랑스 공사로 2년이 지나간 다음 박동진(朴東鎭) 외무장관이 최호중(崔浩中) 차관보(뒤에 외무장관 역임)를 대동하고 유럽 방문길에 파리에 들렀다. 그 기회를 이용하여 나는 박 장관에게 나의 어려운 처지를 이야기하고 본부의 국장으로 기용하여 줄 것을 희망한다고 전하였다. 윤석헌 주 프랑스 대사와 최호중 차관보가 그때 적극적으로 내 입장을 거들어 주었다. 박 장관은 나의 요청에 대하여 긍정적인 답을 남기고 서울로 돌아갔다.

1979년 7월, 나는 4년에 가까운 프랑스 근무를 마치고 10년 만에 본부로 돌아가게 되었다. 송별 리셉션에서 나와 아내, 좌측에는 민병기 주 프랑스 대사 내외.

그리고서 또 한참이 지나갔다. 마침내 본부로부터 내가 구주국장으로 내정되었다는 통보가 왔다. 내정통보를 받고 발령통보를 애타게 기다리고 있던 어느 날 아침 대사관에 출근하였더니 내 사무실 책상 위에 어머니가 별세하셨다는 비보가 와 있었다.

비보를 받고 서울에 가서 들으니 본부에서 내가 내정되었다고 알려 왔던 구주국장 자리에는 이미 다른 사람이 발령 날 예정이라는 것이 아닌가! 이게 웬일인가. 나는 그저 아연실색할 따름이었다.

어머니의 장례식을 마치고 외무부에 들러 딱한 사정을 관계요로에 호소했더니 파리에 돌아와서 얼마 안 있다가 영사교민국장으로 발령이 났다. 영사교민국장으로 본부에 돌아온 나에게 외무부의 동료들은 돌아가신 노모께서 돌아가실 때까지 아들을 보살펴 주신 덕분에 내가 서울에 돌아오게 되었다고 말하여 주었다.

9년이라는 장기간 외국 4개국을 계속 근무하면서 겪은 가장 큰 애로는 자녀들의 교육문제였다. 큰딸 경실이는 초등학교 1학년 때 호주로 가서 이 나라, 저 나라 학교에 다니다가 9년 만에 한국에 와서 여자고등학교 2학년에 전학하였으니 얼마나 적응하고 따라가기가 힘들었겠는가. 그 밑에도 줄줄이 딸들을 중학교와 초등학교에 전학을 시켰는데 어려움이 많았다.

나는 처음에 아이들이 우리말을 구사하는 문제에 대하여는 그런 대로 크게 걱정하지 않아도 될 것이라고 낙관하였다. 왜냐하면 아이들이 해외 근무지국 학교에 가서는 영어나 불어 등 현지어를 사용하지만 집에 오면 항상 부모가 쓰는 우리말을 사용하였으므로 우리말을 구사하고 이해하는 데 큰 어려움이 없을 것이라고 생각하였다.

한글을 익히기 위하여 파리처럼 한국학교가 있는 곳에서는 반드시 한국학교에 보내서 한글을 익히도록 하였고, 일기를 쓰게 하여 하루는 한글로 쓰고 그 다음날은 현지어로 쓰게 하여 한글을 잊지 않도록 하였다. 또한 당시 출판되던 소년소녀용 월간잡지인 〈소년중앙〉을 정기구독 신청하여 매달 외무부 문서 행낭편에 보내오게 하였는데 그 〈소년중앙〉을 집에 가지고 가면 아이들이 "와-!" 하고 함성을 지르면서 서로 먼저 보려고 달려드는 것을 보고서 내심 마음이 놓였던 것이다.

그런데 그게 아니었다. 서울에 와서 아이들과 같이 TV뉴스를 보면서 가만히 보니 아이들이 아나운서가 하는 말을 반도 이해하지 못하는 것이 아닌가. 우리말에는 한문에서 유래된 말이 많은데 가령 '유래하다', '최대한', '홍수', '재앙' 등의 말은 TV뉴스에 흔히 나오는 말인데도 완전히 이해를 못하는 것 같았다. 이미 우리나라 중고등학교에서 그런 말들은 평범한 우리말로 사용되고 있는데 우리 아이들은 이해를 못하는 것이었다.

아무튼 아이들은 이러한 과정을 거쳐서 조금씩 우리말을 익혀 갔고 고생고생 하면서 따라갔는데, 부모로서 안쓰럽기도 하고 또한 그런대로 극복해 나가는 것이 대견하고 고맙기도 하였다.

프랑스 Poncet 외상의 방한

본부에 와서 영사교민국장을 거쳐 구주국장(歐洲局長)으로 옮겼다.

주 프랑스 공사 시절 대리대사의 자격으로 김종필 특사를 모시고 프랑스의 Giscard d'Estaing 대통령을 방문한 자리에서 대통령이 김 특사에게 우리나라 박정희 대통령의 공식 방불을 초청한 바 있는데(1978년) 그 이듬해인 1979년에 박 대통령이 김재규 중앙정보부장에 의하여 시해 당하는 불행한 일이 생겨 한·불 정상회담이 성사되지 못하였음은 이미 말한 바와 같다.

그런데 내가 구주국장으로 있을 때 Giscard d'Estaing 대통령의 측근인 Poncet 프랑스 외상이 한국을 방문하게 되었다. 이것은 Giscard d'Estaing 대통령의 프랑스 정부가 박정희 대통령의 불의의 사망에도 불구하고 우리나라와의 관계는 더욱 발전시켜 보고자 하는 의욕을 가지고 있었기 때문에 측근인 Poncet 외상을 우리나라에 보내서 양국관계 발전방안을 협의하도록 한 것이라고 확신하였다.

우리나라로서도 Poncet 외상의 방한은 프랑스 외상으로서는 처음이고 양국관계 발전에 크게 도움이 될 것이므로 그 준비에 만전을 기하였다. 기대한 바와 같이 Poncet 외상은 노신영 외무장관과 회담하고 공동기자회견에서 대북문제를 포함한 모든 문제에서 우리나라의 입장을 확고하게 지지하여 주었고 앞으로 양국 간의 경제협력을 강화할 것을 강조하였다.

그 무렵 중도 우파인 Giscard d'Estaing 대통령의 첫 임기가 끝나가고 있었는데 그는 1981년 초에 실시 예정인 프랑스 대통령 선거에 재출마하여 사회당의 Mitterrand 후보와 대결하게 되어 있었다.

만약에 이 대통령 선거에서 Giscard d'Estaing 대통령이 재선된다면 한·불 양국관계는 탄탄한 반석 위에 가일층 발전될 것임이 틀림없었다. Giscard d'Estaing 대통령과 맞붙은 사회당의 Mitterrand 후보는 북한을 방문한 바 있으며 만약에 자기가 프랑스 대통령에 당선되면 북한과의 외교관계를 수립할 것이라고 공언한 바 있어 우리로서는 그 대통령 선거에 극도로 예민한 촉각을 곤두세우고 있었다.

드디어 선거 날 밤, 나는 프랑스 대통령 선거결과를 김성식(金聖湜) 주 프랑스 공사로부터 시시각각으로 밤을 새워 가며 전화로 보고받았다. 선거결과는 막상막하의 열전이었다. 날이 희끔히 새기 시작할 무렵 아주 근소한 차이로 Giscard d'Estaing 후보가 Mitterrand 후보에게 졌다는 힘없는 모기 같은 목소리가 국제전화를 통하여 들려왔다.

나는 전신의 힘이 쏙 빠지는 허탈함을 느꼈다. 정신없이 장관공관에 전화를 걸어 가장 마음 내키지 않는 선거결과를 노신영 장관에게 보고하였다. 노신영 장관의 "알았어" 하는 목소리도 힘이 없었다.

3부

/

도약하는 한국의 대사

/

07
주 칠레 대사

1. 스페인어로 시작된 24년 만의 대사부임

나는 주 칠레(Chile) 대사 발령을 받고 부임하던 때를 잊을 수 없다. 1981년 7월에 발령을 받고 동년 9월 5일에 부임하였다. 외무부에 들어온 지 24년 만에 우리나라를 대표하는 특명전권대사가 된 것이다. 내 나이 만 50세가 되던 때였다.

김포공항을 출발하여 미국의 뉴욕까지 대한항공을 타고 갔고 거기서 칠레의 국적 항공사인 Lan Chile로 갈아탔다. 대사가 처음 부임할 때에 부임지국의 국적 항공편이 있을 경우에는 그 항공편을 이용하는 것이 관례이며, 또한 주재국에 대한 예의이기 때문이다.

Lan Chile의 좌석은 다행히 그다지 붐비지 않았다. 큰딸 경실만 서울에 남겨두고 세 딸을 동반하여 다섯 식구의 대가족이었다. 세 딸은 좌석에서 한시도 쉬지 않고 서로 까불고 떠들었다. 칠레라는 미지의 나라에 대한 호기심이 아이들의 마음을 설레게 하였으리라. 그러한 설렘과 호기심은 나도 예외가 아니었다.

칠레는 어떤 나라일까. 처음 대사로 가는 칠레에서 나는 어디에 역점

외무부 입부 24년 만에 대사로 부임하게 되었다.

을 두고 무엇을 하여야 할 것인가 등 아이들을 보면서 나는 깊은 상념에
잠겼다.

서울에서 연세대에 진학하여 외교관 자녀 기숙사에 남겨 두고 온 큰
딸 경실이의 얼굴이 떠올랐다. 부모 형제와 떨어져서 사는 것이 처음인
데 경실이가 잘 견디어 줄까 걱정도 되었다. 9년이나 외국에서 지내다
가 연세대에서 한국 교육에 잘 적응할지도 걱정이었다.

우리 식구를 태운 Lan Chile는 카리브해를 지나 남미대륙에 들어서
도 끝도 없이 남쪽으로 날고 있었다.

부임하기 전 서울에서 Paredes 주한 칠레 대사 내외가 우리 내외를

위하여 베풀어 준 만찬 생각이 났다. 나는 그 만찬 자리에서 Paredes 대사에게 "칠레가 굉장히 긴 나라인데 그 길이가 얼마나 되느냐"고 물어 보았다. Paredes 대사는 "가장 쉽게 이야기해서, 서울에서 싱가포르까지 가는 거리"라고 대답하였다. 나는 그때 속으로 칠레 대사가 좀 과장하는 것으로 생각하였는데 뒤에 알고 보니 그것이 정확한 거리였다.

그날 저녁 만찬에서 Paredes 대사가 나에게 이야기한 불만 섞인 말이 생각났다. 그것은 대한민국이 국력신장에 따라 많은 나라의 국가원수를 방한초청하고 있는데, 왜 칠레의 Pinochet 대통령은 초청하지 않느냐는 것이었다.

1981~1984년(주 칠레 대사).

나는 다시 눈을 감고 내가 칠레에 가면 어떤 점에 역점을 두어야 할까를 생각해 보았다. 서울 떠나기 전에 본부 해당부서에서 설명해 준 바에 의하면 한국과 칠레와의 관계는 정치, 외교적으로 대단히 우호적인 관계였고, 경제 면에서도 양국 간 무역이 건전하게 증대하고 있었다. 다만 양국 간의 거리가 워낙 멀고 역사적으로 접촉이 많지 않아 문화적인 면에서 양국 간의 이해가 부족하지 않을까 생각하였다.

나는 평소에 우리나라의 역사와 문화가 외국에서 제대로 평가받지 못해 안타까웠는데 칠레의 경우는 더더욱 한국에 대한 이해가 부족하지 않을까 생각하였다. 그래서 나는 처음 대사로 부임하는 칠레에서 내가 역점을 두고 할 일은 우리나라의 문화와 역사를 칠레 정부와 국민에게 알리는 일이라고 마음먹었다.

우리 가족은 장거리 비행 끝에 칠레의 Arturo Merino Benítez 국제공항에 도착하였다. 아주 쾌청한 봄 날씨였다. 칠레는 지구의 남반구에 있기 때문에 우리나라의 가을은 그곳의 봄이었다. 공항에는 칠레 외무성의 의전차장이 나와서 나를 영접하였으며 그곳 한국 대사관 직원과 KOTRA, 수출입은행 및 상사주재원과 그 가족들이 나와서 우리의 부임을 따뜻하게 맞아 주었다.

특히 그중에는 한·칠레 문화협회의 Dr. Díaz가 나와서 반갑게 나를 환영하였다. Dr. Díaz는 영어를 한마디도 못하는 의사로서 나를 당황하게 하였다. 발령을 받고 서울을 떠날 때까지 열심히 공부한 스페인어를 가지고 의사소통을 해 보려고 노력하였으나 쉽지 않았다.

공항에서 대사관저까지 오는 길가에는 봄꽃이 아름답게 피어 있었고 따스한 봄의 햇살은 나와 가족의 앞날을 축복하여 주는 것 같았다.

관저에 도착하여 웅장한 철문을 지나 들어가는 입구가 위엄이 있었다. 대문에서 집 현관까지 약 30m 되는 길 양쪽에 키 큰 나무들이 나란히 도열하여 우리를 맞아 주었고, 집 앞 정원에는 풀장이 있어 퍼런 물이 출렁이고 있었다. 풀장 주변의 잔디 정원은 가든파티를 열기에 적합하였고, 아이들은 풀장을 보고 너무나 좋아하였다. 응접실과 식당이 다소 좁아 많은 손님을 초대하기에는 좀 불편할 것 같았으나 모든 것이 마음에 찰 수는 없었고 우리나라 형편으로는 불평할 수 없는 품위를 갖춘 관저였다.

관저의 현지인 고용인들이 차례로 와서 인사했다. 공항에서 타고 온 대사 차의 기사 Guido 외에 취사장의 요리사 Laura, 심부름하는 도우미 Ana, 관저 정원을 돌보는 Julio 등 4명이었다. 이들 모두가 영어를 못하고 스페인어만 하여 하루속히 스페인어를 공부해야겠다고 아내와 서로 다짐하였다.

나는 칠레와 같은 남미권에 발령을 받을 것이라고는 전혀 예상하지 못하였으므로 스페인어는 전혀 모르는 상태였다. 그러나 스페인어도 라틴어를 어원으로 하기 때문에 프랑스어와 닮은 점이 많아 프랑스어를 아는 사람에게는 배우기가 다소 쉽지 않을까 낙관하고 있었다. 외교관이 주재국 언어를 구사하지 못하고서는 그 직무를 효과적으로 수행할 수 없으므로 나는 칠레정부에 나의 신임장, 즉 '아그레망'(*agrément*)이 신청되었을 때부터 스페인어 공부를 시작하였다.

칠레에 부임하자마자 스페인어 개인지도 교사를 구하여 주 3일 오전에 2시간씩 개인지도를 받았다. 아침에 기상하여 욕실에 들어가는 순간부터 대사관으로 출근할 때까지 반드시 라디오를 듣고 다니며 뉴스를 들으면서 매일 듣기(*listening*)를 익혔다. 대사관에 가서는 양대 일간지인 *El Mercurio*와 *La Tercera*를 읽으면서 모르는 단어는 무조건 써

나가는 단어장을 만들었다.

주재국 인사들 중 외무성의 직업외교관들은 영어를 잘 구사하였으나 타 부처 인사들은 거의 영어를 하지 못하였고 외무성에서도 군인 출신 고위인사(차관, 차관보급)들은 영어를 전혀 하지 못하였다. 그럼에도 불구하고 나는 스페인어를 잘하는 서기관이나 통역을 처음부터 대동하지 아니하였다. 스페인어로 부딪혀 보는 것이 스페인어 숙달에 더 빠를 것이라고 믿었기 때문이었다.

처음에는 말하기(speaking)가 쉬운 것 같이 느껴졌다. 서툴게라도 스페인어로 표현은 되었기 때문이리라. 문제는 듣기인데 잘 알아듣지 못할 경우에는 두 번, 세 번 반문을 하였다. 상대방 인사들도 내가 스페인어 숙달에 열성적인 점을 평가해서인지 내가 이해할 때까지 되풀이하여 설명하여 주었다.

이렇게 노력한 지 약 6개월이 지나니 차츰 귀가 트이기 시작하였다. 오히려 정확한 스페인어를 구사하는 말하기가 더 어려워졌다. 단어장의 단어는 점점 많아지고 뒤에 암기한 후에는 지워 버리곤 하였다. 이런 가운데 부임 1년 이내에 의사소통이 가능하게 되었고 간단한 오찬이나 만찬사 등은 미리 준비하여 연습한 뒤 텍스트를 보지 않고 말하게 되었다. 또 그렇게 하는 것이 스페인어 공부에 많은 도움이 되었다.

나는 이와 같은 스페인어 공부를 칠레 근무 3년 내내 계속하였다. 동사의 변환 같은 것은 프랑스어와 유사하여 프랑스어를 하는 것이 많이 도움이 되었는데 발음은 프랑스어보다 스페인어가 오히려 더 쉬운 것 같았다.

칠레에서 3년을 마치고서는 프랑스어보다 스페인어가 더 쉬운 것 같았고 가끔 프랑스 대사를 만났을 때에 불어로 이야기를 시작하다가 뒤에 가서 나도 모르게 스페인어가 되어 버리는 것을 알고 서로 마주보고 씩 웃곤 하였다.

2. Pinochet 대통령

나는 칠레에 부임한 지 얼마 안 되어 다소 긴장된 기분으로 Pinochet 대통령에게 신임장을 제정하였다. 대사로서 신임장을 제정하는 것이 처음이었기 때문이기도 하였지만 Pinochet 대통령은 1970년대 초에 3군 총사령관으로서 당시 선거에 의하여 당선된 좌익인사인 Allende 대통령을 쿠데타로 쓰러뜨리고 대통령이 된 후 약 10년간 철권통치를 하고 있던 독재자로 전 세계에 알려져 있었기 때문이었을 것이다.

그런데 신임장을 제청한 다음 대통령 집무실로 안내받아 간단한 인사말을 교환하고 양국 간 우호관계 증진을 위하여 노력할 것을 다짐하면서 나는 약간 놀랐다. 왜냐하면 우선 독재자로서 악명이 높은 대통령의 집무실 치고는 너무나 검소하고 좁은 방이었으며 나를 대하는 태도와 언행이 너무나 부드럽고 겸손하였기 때문이었다.

나의 칠레 임기 중에 우리나라 고위인사의 칠레방문이 많아 그들을 안내하기 위하여 또는 다른 용무가 있어 단독으로 그 후에도 Pinochet 대통령 사무실을 자주 방문하였는데 대통령의 태도는 시종일관 따뜻하고 우호적이었다.

부임 후에 들은 바에 의하면 Pinochet 대통령은 한국의 고(故) 박정희 대통령과 그 지도력을 존경하여 박정희 대통령 생전에 한국 방문을 열망하였다고 하며 1979년 박 대통령 사망 시에는 모든 관공서에 조기

신년하례식에서 Pinochet 대통령 내외와 함께

를 게양하라고까지 지시하였다고 한다.

　나는 그 말을 듣고 내가 부임 전에 서울에서 Paredes 주한 칠레대사가 관저에서 우리 내외를 만찬에 초대한 자리에서 "왜 한국은 칠레의 Pinochet 대통령을 방한 초청하지 않는가?"라고 불만 섞인 말을 한 까닭을 알 수 있었다.

　나는 Pinochet 대통령에 대하여 개인적으로는 퍽 호감을 가지게 되었지만 그의 방한 초청문제에 대하여는 별로 적극적인 태도를 취하지 아니하였다. 당시 한국과 칠레와의 관계는 퍽 좋았으며 그러한 우호관계는 계속 소중하게 발전시켜야 하겠지마는 그렇다고 전 세계에 독재자로 알려져 어느 나라에서도 초청하지 않고 있는데 유독 우리나라만이 공식적으로 초청할 필요가 있을까 하고 생각하였기 때문이었다.

뒤에 이 문제를 가지고 칠레를 방문한 이원경(李源京) 외무장관과 상의하였더니 구두로 초청하여도 좋지 않겠느냐는 의견을 피력하셨다. 이원경 장관이 Pinochet 대통령을 방문하였을 때에 구두로 한국방문을 초청한 바 있는데 그때 '적절한 시기'에 한국을 방문하겠다는 대답을 구두로 들었을 뿐 그 뒤에 실현되지는 못하였다.

어느 해 칠레 국경일 기념식 행사 때 있었던 Pinochet 대통령의 기자회견이 생각난다. 정부인사, 육·해·공군과 경찰인사 및 각국의 외교사절들이 참석한 가운데 Pinochet 대통령의 경축사를 마지막으로 기념일 행사가 모두 끝났다. Pinochet 대통령이 퇴장하는 복도에 약 50여 명의 내외신 기자들이 대통령을 에워쌌다.

나는 아연 긴장하였다. 기자들은 정부의 하는 일에 대하여 기탄없이 비판하면서 대답하기 어려운 인권문제에 대하여도 가차 없이 대통령에게 질문을 던졌다. 그런데 이게 웬일인가. 나의 예상과는 달리 Pinochet 대통령은 부드러운 미소를 시종 잃지 않고서 그 모든 질문에 여유 있게 답변하는 것이 아닌가.

나는 그때 생각하였다. 당시 우리나라 같았으면 미리 기자들을 몇몇 지정하여 가상 질문내용을 제출케 하고 큰 홀에서 기자들을 내려다보면서 미리 준비된 질의와 답변을 하였을 것인데 Pinochet 대통령의 답변은 그 자리에서 즉문·즉답함이 분명하였다.

나는 비록 칠레가 당시 군사독재라고 전 세계에 알려져 있지만 그날 대통령의 질의·답변을 보고 우리나라보다는 훨씬 의식이 민주화되어 있다고 느꼈다.

Pinochet 대통령은 비록 군사독재체제를 유지하고 있었으나 경제정책에서는 미국 시카고 대학 경제학 박사 출신인 Chicago boys를 경제각료로 기용하여 자유시장 정책을 강력히 밀고 나갔고, 그것이 뒤에 꽃을 피워 칠레가 남미에서 경제적으로 가장 성공한 나라 중의 하나로 발전할 수 있는 기초를 닦은 것으로 평가되고 있는 것이다.

다만 뒤에 들으니 Pinochet 대통령은 그의 집권 17년 동안에 인권침해로 많은 형사고발을 당하였다고 하며, 미국의 차명계좌 금액을 포함해서 상당한 액수의 개인재산을 불렸다는 사실이 밝혀졌다고 하니, 안타까운 일이다.

3. 김상협 국무총리 등 유력인사의 상호방문

내가 주 칠레 대사로 근무하던 3여 년 동안(1981. 9~1984. 12) 우리나라의 많은 고위인사들이 칠레를 공식 방문하였으며 또한 많은 칠레인사들도 한국을 방문하여 양국 간의 우호·협력관계를 강화하였다.

1982년 12월 중순에는 우리나라 국무총리로는 처음으로 김상협(金相浹) 국무총리 일행이 칠레를 방문하였다. 이듬해인 1983년 12월에는 이원경 외무장관이 칠레를 방문하여 한·칠레 문화협정에 서명하고 칠레의 Pinochet 대통령으로부터 훈장을 수여받았다.

1982년 9월에는 칠레의 경찰총장인 César Mendoza Durán 장군 내외가 한국을 방문하여 우리나라 경찰대학에서 베푼 융숭하고 화려한 환영행사를 받았고, 전두환(全斗煥) 대통령을 예방하여 우리나라 훈장을 받았다. 칠레는 Pinochet 대통령이 정권을 잡은 후에 의회가 해산되고 육·해·공군과 경찰의 총장 4명이 군사평의회를 구성하여 의회의 역할을 대행했는데, 그 군사평의회의 일원인 경찰총장은 막강한 실세

중 한 명이었으므로 그의 방한은 중요하고 유익하였다. 한국 정부에서는 현지 대사인 나를 일시 귀국시켜 그의 한국 방문을 돌보게 했다.

그 외에도 1982년 10월에는 칠레의 외무차관이 칠레 대표단을 이끌고 방한하여 한·칠레 합동위원회를 열어 서울에서 한·칠레 경제, 기술협정을 체결하였으며, 1982년 5월에는 김영준 감사원 부원장이 칠레를 방문했다. 1983년 4월에는 Mendoza 경찰총장 방한에 대한 답방으로 우리나라의 안응모(安應模) 치안본부장이 칠레를 방문하여 칠레 경찰이 성의껏 베푸는 화려한 환영행사에 참석하였다.

1984년 5월에는 정호용(鄭鎬溶) 육군참모총장의 칠레방문이 있었고, 동년 12월에는 Jaime del Valle 칠레 외상이 이원경 외무장관의 칠레 방문에 대한 답방형식으로 우리나라를 공식 방문하였다.

Embajador Kwang Je Cho

"Visita de Primer Ministro de Corea fortalecerá amistad con Chile"

EMBAJADOR DE COREA. Kwang Je Cho: A su Gobierno le interesan las relaciones económicas con Chile.

La visita que efectuará a Chile el Primer Ministro de Corea, Sang Hyup Kim, será un elemento más para fortalecer las relaciones amistosas que existen entre los dos países, afirmó el embajador de ese país en Santiago, Kwang Je Cho.

El Primer Ministro permanecerá en la capital entre los días 14 y 16 de diciembre próximo, accediendo a una invitación oficial del Gobierno.

Comentando este acontecimiento, el embajador coreano explicó: "Estoy seguro de que sus contactos con altas autoridades chilenas durante su visita podrán promover el entendimiento entre nuestros dos países y también fortalecer las relaciones de cooperación en todos los campos".

La embajada coreana se encuentra en estos días coordinando el programa que cumplirá el visitante, quien será recibido por el Presidente, Augusto Pinochet, los miembros de la Junta de Gobierno y otras personalidades nacionales.

De acuerdo a la organización gubernamental coreana, el Primer Ministro es la autoridad que está entre el Presidente de la República y el Ministro del Interior. Asiste al Jefe del Estado y controla la administración de los ministerios que conforman el gobierno, según explicó el embajador Kwang Je Cho.

FORTALECER

El objetivo central del viaje que hará el Primer Ministro es fortalecer las relaciones amistosas con Colombia, Perú y Chile, que son las naciones incluidas en esta oportunidad, la primera que se registra en América Latina. En el proceso de acercamiento que Corea viene cultivando con este continente, Chile ocupa un lugar bastante significativo y a ello obedece la firma, hace dos semanas, de un acuerdo de cooperación económica y técnica.

"Este documento fue firmado con el propósito de promover las inversiones entre nuestros dos países, la transferencia de tecnología y el intercambio de información científica, y estoy seguro de que ambas delegaciones sostuvieron discusiones muy fructíferas en Seúl, con el propósito de encontrar una forma de cooperar en el campo económico".

Se refería así el embajador a la reciente reunión de la Comisión Mixta Chileno-Coreana que sesionó en Seúl, donde la parte chilena estuvo encabezada por el Vicecanciller, teniente general Sergio Covarrubias.

RECUPERACION COMERCIAL

Respecto de las relaciones comerciales, el diplomático indicó que ellas podrían recuperarse el próximo año, ya que ambas partes están haciendo grandes esfuerzos para revitalizar sus economías.

"El propósito principal de la reunión de la Co-misión Mixta que se celebró en Seúl la semana pasada fue encontrar una manera de recuperar el volumen de comercio entre nuestros dos países".

La cooperación, en opinión del embajador, puede darse en los planos técnico y económico, particularmente en lo que se refiere a los campos forestal, pesquero y minero.

김상협 국무총리의 칠레방문에 대한 보도(El Mercurio).

1970년대 초부터 약 10년간이나 발파라이소(Valparaíso)에서 한국의 명예영사직을 수행하던 Kovacs 씨가 한국을 한 번도 방문하지 못하였다는 것을 알고 그의 한국방문이 명예영사직 수행에 도움이 될 것이라는 생각으로 본부와 교섭하여 왕복항공료 부담조건으로 초청하여 한국을 방문토록 한 일이 생각난다. Kovacs 씨의 방한 초청에는 그의 부인도 포함되었으나 부인은 항공기 멀미가 심하여 장거리 여행을 사양하므로 본인만 한국에 다녀왔다.

이상과 같이 많은 인사가 칠레를 방문하여 활동하는 과정에서 기억나는 일들이 한두 가지가 아니지만 일일이 다 쓸 수는 없고, 가장 기억에 남는 김상협 국무총리 일행의 칠레방문에 대하여 적어 보자.

당시 칠레에는 1978년부터 이주하기 시작한 한국교민들이 약 1천 명 살고 있었으며, 그들 대부분은 산티아고의 마포초(Mapocho) 시장에서 봉제업에 종사하거나 의류가게를 경영하고 있었다. 한국과 칠레의 계절이 정반대여서 그들은 서울의 동대문 시장에 가서 계절이 지나간 의류를 아주 헐값으로 사 가지고 와서 칠레에서 비싸게 팔아 수익을 올렸고, 또 한편 한국이 칠레와 사증면제 협정이 체결되어 있어 칠레 입국이 비교적 자유로워 우리나라 이민자 수는 급격히 늘어나고 있었다.

그러나 이렇게 들어온 한국인은 거주허가 없이 들어와서 그대로 눌러앉은 불법체류자가 대부분이었다. 이들은 칠레 이민청으로부터 정식 이민허가를 받아야 하는데 이러한 불법 체류자들을 합법화시켜 달라는 것이 교민들의 간절한 요망사항이었다. 대사관에서는 그동안 이민청과 힘겹게 교섭하여 상당수의 불법체류자를 구제하였는데 계속 교민이 흘러 들어와 김상협 총리 일행이 칠레를 방문하였을 때에는 50여 가구 2백여 명의 불법체류자가 남아 있었다.

김 총리 일행이 출발하기 전날은 칠레의 내무장관을 방문하게 되어 있었다. 칠레에는 총리가 없으므로 내각의 수석장관인 내무장관이 김 총리의 카운터파트가 되기 때문이었다.

김상협 총리는 칠레 내무장관 방문을 앞두고 나에게 내무장관에게 무슨 이야기를 하면 좋겠느냐고 물으셨다. 나는 미리 생각해 두었던 대로 말씀드렸다. 이민청은 내무장관 소관이었으므로 이 기회를 그냥 지나칠 수가 없었기 때문이다.

"현재 2백여 명의 교포가 거주허가를 받지 못하고 있는데, 그들에게 거주허가를 주도록 말씀해 주시면 고맙겠습니다."

김 총리께서는 "알겠다"고 하시고 칠레 내무장관을 만난 자리에서 2백여 명의 한국불법체류자들을 합법화시켜 줄 것을 요청하였다. 칠레 내무장관은 "법령을 살펴서 챙겨보겠다"고 하였고, 김상협 총리가 떠나신 후 얼마 안 있어 2백여 명의 불법 체류자들이 합법화되었다.

모든 공식 일정을 마치고 마지막 떠나시던 날 오전에는 칠레 포도주 생산현장을 방문하시고 그곳에서 생산되는 가장 양질의 백포도주 몇 상자를 선물로 받으셨다. 그날은 대사관저에서 점심을 준비하였으므로 관저에 돌아왔더니 칠레에 나와 있는 우리나라 원양어업회사인 대림수산(박상규 지사장)의 어선이 직접 잡은 은대구 몇 상자를 보내와서 김 총리 일행을 대접하라고 하였다.

나는 김상협 총리 내외분에게 선물받은 포도주를 외교 행랑편에 보내 드리겠다고 하였더니 "무엇하러 보내! 오늘 낮에 은대구를 안주 삼아 우리 모두 여기서 마시지 뭐!"라고 하시는 것이 아닌가.

그날 대사관저에서는 김상협 총리 내외분 일행 8명과 대사관 직원, 상사지사장, 교민대표 등 약 40명이 점심을 먹었는데 김 총리께서 은대

김상협 국무총리(오른쪽에서 세 번째)의 칠레 내무성 장관 방문. 김 총리의 방문으로 약 2백여 명의 불법체류자 교포들이 합법적인 거주허가를 받게 되었다.

칠레 민속춤인 Cueca.

구 회를 안주 삼아 선물받은 칠레의 백포도주를 꽤 많이 드셨다. 워낙 술을 좋아하시는 것 같았고 공식행사를 성공리에 마치시고 홀가분한 마음으로 아주 기분이 좋으신 것 같았다. 나중에는 사모님께서 걱정이 되시는지 자꾸 못 마시게 하셨는데 아무튼 큰 탈 없이 김상협 총리 일행의 칠레방문이 성공리에 끝나 마음이 가벼웠다.

김상협 총리의 칠레 방문 중에는 최근에 한국을 방문하고 돌아온 Mendoza 경찰총장이 김 총리 일행을 위하여 예정에 없던 오찬을 마련하였는데 이 오찬이 끝난 뒤에는 칠레의 민속무용을 보여 주어 일행을 즐겁게 해 주었다. 민속무용 중에는 특히 쿠에카(Cueca)라는 춤이 있는데 젊은 남녀가 칠레의 민속의상을 입고 손을 맞잡고 돌아가는 춤으로서 퍽 인상적인 춤이었다. Cueca란 암탉이란 뜻인데 발정기의 암탉이 수탉을 찾아 뱅뱅 도는 모양을 연출하는 그런 춤이었다.

4. 남극조약 가입

남극(南極)의 존재는 알고 있었으나 내가 칠레에 부임하였을 때에는 남극의 중요성에 대하여 별로 아는 것이 없었다. 그런데 칠레에 가서 가만히 보니 남극의 크기가 호주의 1.5배나 되고 주변 대륙붕에는 석유 등 각종 지하자원이 묻혀 있을 것으로 추정되며, 크릴새우 등 식량자원도 풍부하다는 것을 알았다.

나는 조약과장 시절 한·일 간 대륙붕 경계선 문제로 씨름하던 경험이 있어 이 문제가 자원이 부족한 우리나라에게 중요하다고 보고 더 깊이 파고들기 시작하였다.

비록 그 영유권은 인정되지 않고 있지만 여러 나라가 남극조약에 가입하여 탐사 연구활동에 참여하고 있었다. 그중에는 지리적으로 지구의 정반대쪽인 북반구에 있는 소련, 폴란드 등까지 남극조약에 가입하고 있는 것을 알고 우리나라도 하루속히 가입하여 탐사, 연구활동에 참가함으로써 앞으로의 권리를 확보할 필요가 있을 것이라고 판단하였다. 아직까지 남극은 자원개발이 유보된 상태이지만 앞으로 50년 1백 년이 지난 뒤에도 남극이 처녀지로 남아 있을 것인지는 아무도 모르는 것이 아닌가.

남극기지의 활동은 칠레가 가장 활발하고 주동적이었다. 나는 산티아고에 있는 칠레의 관계기관을 뻔질나게 방문하여 남극조약에 관한 자료를 얻어 본부에 송부하면서 우리나라도 남극 조약에 하루속히 가입할 것을 강력히 건의하였다.

이러한 건의가 받아들여져서 우리나라는 소정의 절차를 거쳐 남극조약에 가입하였다. 지난 1988년에는 남극의 King George섬에 '세종과학기지'를 세워 남극에 진출한 27개국과 함께, 27개국 81개 기지와 어깨를 나란히 하여 경쟁하고 있다. 우리나라 자원확보와 활동무대 확장이라는 관점에서 하나의 쾌거라고 하지 않을 수 없다.

1989년 10월에는 남극에서 배타적 의사 결정권을 갖는 남극조약 협의 당사국(ATCP)의 지위를 획득함으로써 우리나라도 남극에 관한 국제적 논의가 있을 때 발언권을 행사할 수 있게 되었다.

최근의 신문보도에 의하면 우리나라는 1988년 남극에 세종과학기지를 세운 지 24년 만인 2012년 초에 제 2남극기지인 '장보고 기지' 건설 사업에 본격적으로 착수하여 2014년 2월에 완공되었다. 장보고 기지가 건설됨에 따라 우리나라는 미국·영국·중국 등에 이어 세계 10번째로 남극에 2개 이상의 상주기지를 가진 나라가 되었다.

장보고 기지에서는 그동안 세종기지에서는 하기 어려웠던 고층대기 빙하연구 같은 순수과학 활동을 비롯해 남극의 미생물 천연물질을 기반으로 한 의약품 연구 등이 이루어지고 있다.

5. 문화교류

국립무용단의 공연

내가 주 칠레 대사로 부임하였을 때는 우리나라 서울이 1988년 올림픽 개최지로 막 결정되었을 그 무렵이었다. 따라서 그때 현지 대사로서의 임무 중에는 서울올림픽에 되도록 많은 주재국 관광객이 오도록 한국을 홍보하는 일이 당연히 포함되어 있었다.

그 무렵, 본부에서는 한국의 올림픽 개최를 홍보하기 위하여 국립무용단을 남미지역에 파견하여 순회공연을 할 계획이라는 소문이 들려왔다. 그런데 남미 순회공연 계획에는 아르헨티나, 브라질은 포함되어 있는데 칠레는 빠져 있다는 것이 아닌가.

평소 문화외교의 중요성에 대하여 관심을 가지고 있고 더욱이 칠레에 와서 문화외교에 역점을 두기로 한 나로서는 국립무용단이 공연하는 이 기회를 절대로 놓쳐서는 안 되겠다고 마음먹었다. 나는 국립무용단의 남미 공연계획에 칠레를 포함시켜 줄 것을 본부에 강력히 건의하는 동시에 사신(私信)을 외무부 요로에 보내서 그 실현을 추진하였다. 이러한 건의가 받아들여져서 칠레도 순회공연 계획에 추가로 포함되어 산티아고에서 1회 공연을 갖기로 결정되었다.

마침내 1982년 8월 말경 우리나라 국립무용단 일행이 산티아고에 도착하였다. 국립무용단 일행의 산티아고 공연 동안 호텔숙박 등의 모든 행정적인 지원에 대하여는 칠레 측과 교섭한 결과 칠레 공군에서 책임지기로 하였다.

공연단이 도착한 날 대사관저에서 환영파티를 개최하여 불고기, 김치 등 한국 음식을 가지고 단원들의 사기를 북돋아 주었다. 약 40명의 단원과 칠레 공군의 Matthei 사령관을 비롯한 공군의 고위간부들, 대사관 직원과 현지 상사, 교민 대표들이 관저 풀장을 둘러싼 잔디 정원에서 즐겁게 어울려서 환담하였다.

아내와 대사관 직원 부인들이 약 80명의 손님을 위한 한국 음식을 준비하고 그들을 접대하느라고 진땀을 뺐다. 워낙 우리나라의 민속무용을 좋아하고 자랑스럽게 생각하고 있었기에 우리는 힘든지도 모르고 가슴을 설레며 공연을 기다렸다.

1982년 8월 27일 저녁 드디어 산티아고에 있는 칠레 국립극장에서 칠레 역사상 처음으로 한국 국립무용단의 공연이 막을 올렸다. 외무성, 육·해·공군과 경찰요로 등 칠레의 각계인사 및 외교단이 입추의 여지없이 좌석을 꽉 메운 극장에서 '화관무'(花冠舞)와 같은 정적이고 우아한 궁중무용과, '농악'(農樂)과 같이 동적이고 다이내믹한 서민무용이 조화를 이루면서 화려하게 펼쳐졌다.

모든 공연이 끝나자 극장 안은 흥분의 도가니였으며 관객 전원이 기립하여 박수를 치면서 객석을 떠나려고 하지 아니하였다. 나는 그 가운데 서서 나도 모르게 눈물이 핑 돌고 벅찬 감격을 억누를 길이 없었다. 다른 나라 공연 일정이 계속 예정되어 있어서 부득이 칠레 공연은 한 번

만 하게 된 것이 몹시 아쉬웠으나 그래도 본부에 건의하여 한 번만이라도 공연을 성사시킨 것이 매우 뿌듯했다.

Matthei 공군사령관은 공연이 끝난 후 다음날 우리 국립무용단 일행을 자신의 관저 오찬에 초대하여 따뜻하게 대접하였다. 대부분 여성 무용수로 구성되어 있는 우리 단원들이 아름다운 한복차림으로 참석하여 Matthei 사령관 관저의 넓은 정원이 아름다운 꽃밭으로 변했다. Matthei 사령관 부인도 한복을 입고 나타나 우리를 놀라게 했다. Matthei 사령관 부인은 몇 년 전에 한국무용가 강선영 씨가 이 한복을 선물하고 갔노라고 전해 주었다.

칠레는 육·해·공군의 사령관과 경찰총장의 4명이 군사평의회를

1982년 8월에 우리 국립무용단이 산티아고의 국립극장에서 공연을 하게 되어 칠레 공군사령관인 Matthei 사령관(오른쪽 끝)은 본인의 관저에서 무용단을 위해 오찬을 베풀었다. Matthei 사령관의 부인(왼쪽에서 두 번째)도 그날 한복을 입고 나와서 본인의 한국에 대한 애정을 표시하였다.

국립무용단 공연 기념 오찬에서.

구성하여 Pinochet 대통령을 떠받치고 있으므로 한국을 방문하여 이미
가까워진 Mendoza 경찰총장 외에 Matthei 공군사령관과도 우리 국립
무용단의 칠레 공연을 계기로 가까운 친분을 쌓게 되었다.

　남미의 여러 나라 중 칠레는 스페인 이외에 독일, 영국인, 스위스 출
신 사람들이 많이 이주해 와서 백인계가 95% 이상인 나라이다. 그 문
화수준은 유럽과 거의 같은 정도이므로 한국의 오래된 문화를 이해시
키는 것이 대단히 중요했다. 이번 국립무용단의 공연은 경제뿐 아니라
우리나라의 문화적 수준을 칠레 사람들에게 알리는 데 크게 공헌한 쾌
거였다고 나는 확신하였다.

〈Sábado Gigante〉

 당시 칠레에서는 토요일마다 한 시간씩 방영되는 TV 오락프로그램인 〈Sábado Gigante〉(아주 즐거운 토요일)가 폭발적인 인기를 끌고 있었다. 이 프로그램은 향후 미국의 멕시코 케이블방송 Univision을 통해 방영되어, 칠레 외 라틴아메리카 전체를 대상으로 하는 프로그램이 되었다. 또한 53년간 방영한 프로그램으로, 세계에서 가장 오랫동안 방영한 프로그램이라는 기록을 가지고 있다. 이 프로그램은 2015년 4월에 종영되었다.
 이 프로그램은 가끔 외국의 풍물이나 기행도 소개하고 있었으므로 나는 이 프로그램을 통하여 한국을 소개할 수 있는 방안을 구상하였다.
 나는 〈Sábado Gigante〉의 기획, 제작, 연출 전반을 책임지고 있는 Don Francisco(본명 Mario Kreutzberger)와 접촉하여 이 문제를 협의

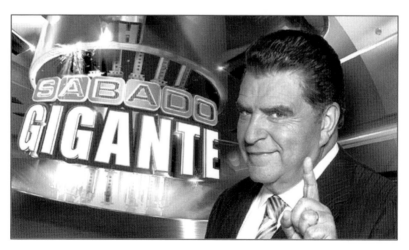

53년간 방영한 장수프로그램인 〈Sábado Gigante〉을 진행했던 Don Francisco.
출처: 칠레 T13 방송국 자료화면.

하였다. 그는 나의 제안에 관심을 보이면서 자기가 직접 2~3명의 촬영
기사를 데리고 한국에 가서 약 1주일간 체재하면서 영상을 찍어 올 수
있을 것이라고 하였다.

문제는 그들의 왕복 항공여비와 한국체재비의 부담이었다. 외무부
본부로서도 미리 책정되지 않은 사업에 대한 재정지원은 어려운 형편
이었다. 나는 본부에 필요한 예산의 지원을 강력하게 건의하는 동시에
본부의 실무 간부들에게 서신을 보내는 등 끈질긴 교섭 끝에 결국 본부
의 승인을 받아냈다.

Don Francisco는 촬영기사들을 데리고 한국에 가서 영상을 찍어 왔
다. 그는 날을 잡아 대사관저에 와서 한국을 소개하는 나의 기자회견을
찍었고 그 영상과 한국에서 찍어 온 영상을 편집하여 칠레 TV ⟨Sábado
Gigante⟩ 프로그램에서 5회에 걸쳐 방영하였다.

현지 초등학교와의 자매결연

산티아고 시의 초등학교들 중에는 칠레와 우호관계에 있는 국가의
대사관과 자매결연을 해 우정을 다지고 이해를 넓히는 경우가 더러 있
었다. 나의 칠레 근무 후반기에 Quinta Normal 구 E·311 초등학교에
서 한국대사관과 자매결연을 하고자 한다는 희망을 전해 왔다. 이에 대
하여 나는 물론 마다할 이유가 없었다.

그 후 얼마 안 있어 그 초등학교에서 '한국의 날'이라고 날을 정하여
나와 대사관 직원일동을 초청하였다. 나는 그 초등학교에 가 보고 깜짝
놀랐다. 전교생이 집합한 가운데 한국의 태극기를 게양하고 우리나라
⟨애국가⟩를 연주하면서 우리 일행을 환영하는 것이 아닌가.

한국 대사관과 자매결연을 한 Quinta Normal 구 E · 311 초등학교.

아이들은 한복을 직접 지어 입었다고 하는데, 공연을 준비하는 등 우리를 크게 감동시켜 주었다.

그뿐이 아니었다. 공식행사와 자매결연 조인식이 끝나고 간단한 연예 프로그램으로 노래와 춤을 보였는데 초등학교 아이들이 다소 어색한 재봉이었지만 여자 한복을 만들어 입고 나와서 한국의 노래와 춤을 추는 것이 아닌가. 언제 그렇게 준비하고 연습했는지 그들의 성의에 감복할 수밖에 없었다.

앞으로 한국에 연락하여 한국의 초등학교를 하나 지정하여 아이들의 그림, 편지 등을 서로 교환하기로 하고, 1년에 한 번씩 '한국의 날'을 갖기로 하였다. 내가 칠레에 근무하는 동안은 그러한 자매결연에 따라 계속 시행하였으며 한국의 초등학교로부터 운동복 등을 보내온 기억이 난다.

미술 전시회

1981년 11월에는 서울대학교 미술 대학생의 동양화 작품전이 국립 칠레대학교 현대미술관에서 개최되었다. 한 미국 관광객이 지나가다가 그 전시회를 둘러보고 나에게 오더니 "지구 끝에서 끝인 먼 거리에 있는 Korea가 그림 전시회를 하는 것을 보고 크게 놀라 둘러보았다"고 한 말이 기억에 남는다. 그 외에 1984년 3월에는 백금남(白金南) 화백의 그림 전시회가 칠레은행 문화관에서 개최되어 호평을 받았다.

기자 회견

스페인어로 대화할 수 있게 되면서 나는 칠레 언론과의 유대(紐帶)를 강화하는 데 힘을 기울였다. 칠레에는 5~6종의 일간지가 있는데 그중 *El Mercurio*와 *La Tercera*가 가장 많은 독자를 가지고 있었으므로 나는 특히 이 양대 일간지와 가까이 지냈다. 이들 신문사의 사장들을 방문하기도 하고, 직접 기사를 쓰는 기자들을 평소에 시간이 나는 대로 관저나 칠레 식당에 불러 오찬을 같이하였다. 이들과의 접촉을 통하여 우리나라 전반에 대한 홍보효과를 극대화할 수 있었으며 한편으로는 주재국 칠레에 대한 이모저모를 들을 수 있었다.

매년 대사관저에서는 10월 3일에 국경일 리셉션을 개최하는데 이들 양대 신문들은 그때마다 나의 기자회견 내용과 국경일 리셉션에 참석한 하객들의 사진들을 게재하여 크게 보도하여 주었다.

김상협 국무총리와 이원경 외무장관이 칠레를 방문하였을 때에는 사전에 그 방문의 목적이나 의의(意義)에 대하여 설명하는 나의 기자회견 내용을 좋게 보도해 주었고, 총리와 장관 방문 시의 동정을 크게 기사화하여 주었다. 국립극장에서 공연한 우리나라 국립무용단의 공연에 대하여 극찬하는 평가를 실어 주었으며 그 이외에도 우리나라의 문화행사에 대해서는 호의적으로 보도하여 주었다.

그 당시에는 UN을 비롯한 국제기구 등에서 사사건건 북한과 대치하고 있었으므로 기자회견에서는 우리 입장을 설명하고 주재국의 지지를 구하는 데 주력하였는데 칠레와의 관계가 너무 좋아 그러한 정치적 문제에 대하여서는 아무런 문제가 없었다.

나와 기자회견을 하게 되면 칠레 기자들이 반드시 질문하는 것이 한 가지 있었다.

"한국이 단시일 내에 성공적인 경제발전을 이룩할 수 있었던 비결이 무엇이냐?"

나는 이에 대하여 대체로 다음과 같이 대답하여 주었다.

"국민의 역량을 결집시킨 지도자의 역할이 중요하고, 거기에 따라간 국민들의 부지런함도 있으나, 결국 경제발전의 원동력은 교육의 힘이라고 생각한다. 우리나라의 문맹률은 5%도 안 되고 또 기술교육에 역점을 두었다."

개발시대의 경제발전은 교육이 그 바탕이 되었는데 지금의 교육은 어떠한가. 걱정이 앞선다.

당시 칠레 기자들로부터 들은 재미있는 이야기 한 가지가 있다.

한 기자는 Pinochet 대통령이 쿠데타로 Allende 좌파 정권을 쓰러뜨리기 직전의 칠레 상황을 이야기하면서 기업은 국유화되고 식량은 배급제인데, 집집마다 식량이 떨어져 해가 질 무렵 밥때가 되면 한 집에서 빈 냄비를 들고 나와 식량을 달라고 두드리기 시작하면 그것이 이웃에 전파되어 집집마다 냄비 두드리는 소리로 온 천지를 진동시켰다고 하였다.

남미의 원주민

1982년에 있었던 일로 기억한다. 나는 저녁에 관저에서 TV를 보고 있다가 깜짝 놀랐다. 무슨 쇼 같은 무대에서 우리나라 색동저고리를 입은 여인들이 춤을 추고 있는 것이었다.

자세히 보니 당시 페루(Peru)의 수도 리마(Lima)에서 미스월드 선발대회를 개최했는데 그 개막식 공연에서 페루의 민속무용수들이 춤을 추고 있었던 것이다. 물론 우리나라 한복과는 달랐지만 옷의 색상이 언뜻 보아서 우리나라 색동저고리의 무지개 모양과 비슷했다.

나는 칠레에 부임하여 스페인 사람들이 남미에 와서 남미 원주민과

싸워 많은 원주민들을 죽이고 광활한 남미 영토를 차지한 경위를 알게 되었다. 그런데 그 원주민 중에 남아 있던 씨족 중 페루, 볼리비아 일대에 있던 잉카족이 고도의 문화를 가지고 안데스산 고지에서 집단적인 씨족사회를 형성하고 있었다는 것을 알았다.

그중 하나가 페루의 쿠스코(Cuzco)에 있는 마추픽추(Machu Picchu) 라는 유적에서 볼 수 있듯이 고도의 배수시설을 가지고 높은 산에 성벽을 둘러쌓고 집단생활을 한 흔적이 불과 몇십 년 전에 발견되었다는 것이다. 그런데 이들 원주민들은 어디에서 온 것일까.

칠레 외상인 Jaime del Valle 장관이 나에게 Bernardo O'Higgins 훈장을 달아 주었다.

인류학자와 역사학자들에 의하면 이들은 원래 아시아의 북방지역인 우랄 알타이 지방에서 베링해협을 거쳐 북미지역에 왔으며(그들이 오늘날의 아메리칸인디언이 되었음), 그중 일부는 그대로 남하하여 남미지역으로 내려와서 정착한 것이라고 추정하였다. 그래서 내가 TV에서 본 페루 민속무용수들의 색동저고리 색깔이 우랄 알타이 족인 한국의 색동저고리와 무관하지 않지 않을까 생각해 보았다.

남미에서 원주민이 가장 적게 사는 나라 중 하나가 칠레인데, 칠레에도 원주민촌이 있다. 산티아고의 남쪽 몇 백km 거리에 있는 테무코(Temuco)라는 도시 근처에는 마푸체(Mapuche) 족이라는 원주민의 집성촌이 있다. 그곳에서 갓 출생한 아이들의 궁둥이에는 시퍼런 몽골반점이 있고 그곳 원주민들의 얼굴도 한국 사람과 비슷하다고 한다. 한국 사람들이 찾아가면 자기들과 같은 씨족이 왔다고 반가워한다는 말을 칠레 주재 상사 사람들로부터 들은 일이 있다.

나는 칠레의 북단에 있는 사막도시 아리카(Arica)를 방문한 적이 있다. 아리카는 원래 페루의 영토였으나 칠레와의 전쟁에서 칠레가 승전하여 칠레의 영토가 된 도시이다. 아리카에는 개인 박물관이 있었는데 나는 그 박물관을 방문하고 또 한 번 놀랐다. 사막지대여서 그런지 미라가 잘 보존되어 있었고, 잉카족이 쓰던 농기구가 전시되어 있었는데 지게, 절구 등 그 모든 것이 우리나라 농가에서 쓰는 농기구와 꼭 같은 것이 아닌가.

나는 주 베네수엘라 대사 시절 브라질의 아마존 오지에 가까운 베네수엘라 남부 숲 지대에 있는 원주민 동네에 가서 그곳 원주민들의 춤을 구경한 일이 있다. 그 동네 한가운데에 있는 공지에서 국부만 가린 원주민들이 한 줄로 서서 앞으로 천천히 갔다가 뒷걸음질하고 또 앞으로 천천히 갔다가 뒷걸음질하는 것을 되풀이하는 것을 보았다. 안내인에게 무슨 동작을 하는 것이냐고 물었더니 자기 씨족이 죽어서 묻으러 가는 장례 행사를 재현하고 있는 것이라고 하였다.

나는 모친상을 당하였을 때 고향에서 모친의 상여를 멘 상여꾼들이 장지(葬地)를 향하여 가면서 구슬픈 노래 가락에 맞추어 앞으로 갔다가 뒷걸음질하고 또 앞으로 갔다가 뒷걸음질하는 것을 본 기억을 떠올렸다. 상여는 망인이 살던 동네를 마지막으로 한 바퀴 돌고서 장지로 가는데 동네를 돌 때에 차마 발걸음이 떨어지지 않아서 그렇게 뒷걸음질 친다는 말을 들었다. 나는 베네수엘라 원주민의 장례행렬이 어떻게 우리나라의 그것과 그렇게 흡사한지 의아스러웠다.

페루 무용단의 색동옷, 아리카 박물관에서 본 지게, 절구 등의 농기구, 테무코 근처의 원주민 신생아의 몽골반점, 그리고 베네수엘라 오지 원주민의 장례행렬 등 이런 모든 것이 이곳 원주민이 한참 옛날로 올라가면 우리와 뿌리를 같이하고 있는 것이 아닌가 하고 묘한 상상에 사로잡힌다.

그래서 그런지 나는 안데스 산맥 근처의 인디오들이 즐겨 부르는 퉁소곡 〈El Condor Pasa〉를 좋아하며 그 노래를 CD로 들으면서 콘도르(매의 일종)가 안데스 산맥을 천천히 왔다갔다 나는 모습을 머리에 그려본다.

6. 아이들의 교육

침묵 (沈黙)

가족과 떨어져서 혼자 서울에서 연세대에 다니는 장녀 경실이가 방학을 이용하여 산티아고에 왔다. 그동안 서울에 있는 외교관 자녀 기숙사에서 지내다가 가족과 합류한 것이다. 네 자매가 반갑게 만나 관저 정원에 있는 수영장에서 수영도 즐기고 또 여름휴가를 얻어 칠레 남쪽 오소르노(Osorno) 지방에 있는 호수가의 오두막집을 빌려 가족 모두가 즐겁게 보냈다.

칠레 사람들은 호수가 많고 경치가 수려한 지방을 남미의 스위스라고 자랑하고 있었으며 그 지방의 호텔 경영인들 중에는 실제로 스위스에서 이주해 온 사람들이 많았다.

방학이 끝나고 경실이 떠나야 할 날이 왔다. 그날은 일요일이었으므로 공관장차 기사를 쉬게 하고 내가 전 가족을 차에 태워 직접 운전하고 공항으로 향하였다. 관저에서 공항까지 가는 약 40분 동안 차 속의 전 가족이 아무도 입을 떼지 아니하였다. 무거운 침묵이었다.

가족 간에 헤어지는 아픔이 모두의 말문을 막아 버린 것이며 떠나는 자나 보내는 자나 말을 하지 않아도 서로가 무슨 생각을 하고 있는지 너무나 잘 알고 있었던 것이다.

Nido de Aguilas

산티아고에 데리고 온 딸들은 당시 미국계 국제학교인 Nido de

Aguilas(독수리의 둥지)에 다녔다. 내가 부임하던 1981년에 둘째인 경원이가 고등학교 1학년에, 셋째인 경진이가 중학교 1학년에 각각 전입하였고, 막내인 남주는 처음에 초등 5학년에 다니다가 뒤에 Nido de Aguilas 중등부에 합류하였다.

학교의 수준이 높은 편이라 그런지 수업료가 다소 비싼 편이었으나 외교관 자녀에 대한 교육비 지원이 개선되어 정부에서 반액을 부담해주어서 많은 도움이 되었다.

학교가 산티아고 교외에 있어 아이들은 학교 버스를 이용하여 등하교하기도 하고, 또 엄마가 자동차를 직접 운전하여 아이들을 태우고 다녔다. 자매가 셋이서 같은 학교에 다녀서 서로 외롭지 않고 동양인이라는 이질감 같은 것은 거의 느끼지 않는 것 같았다.

Nido de Aguilas에서는 1년에 한 번씩 학부형들을 학교에 오게 하여 아이들 교실에서 아이들 책상과 공책을 보고 담임교사와 대화하는 기회를 가지고 있었다. 그런 날에는 학생들은 학교에 오지 않고 모든 학부모들이 시간을 정하여 학교에 와서 문제점이 있으면 교사들과 상의하는 그런 시간을 가졌다.

경원이의 선생님과 만나게 된 날 경원이 교실에 가서 경원이가 공부하는 책과 공책을 보았는데 경원이가 '사형제도'에 대하여 쓴 것을 보고 깜짝 놀랐다. 당시 경원이는 고2에 다니고 있었는데 주어진 제목이 만만치 않음에도 불구하고 그 내용이 퍽 잘되었다고 생각하였기 때문이었다. 선생에게 물었더니 선생은 제목만 주고 학생들은 도서관에 가서 이 책 저 책 참고서적을 뒤적여 보고 자기 혼자서 쓴다는 것이었다. 우리나라의 교육방법과 너무나 다른 스스로 연구하는 방법을 가르치는 그런 교육에 감탄하였다.

또 다른 교실에 가서는 "혹시 경원이가 기가 죽거나 하지 않느냐?"고 선생에게 조심스럽게 물어보았더니 그 선생은 환하게 웃으면서 교실 수업이 시작될 때 조용히 하지 못하고 제일 늦게까지 친구들과 떠들고 까부는 학생이 항상 경원이라고 하면서 기가 죽거나 하는 일은 전혀 없다고 하였다.

경원이가 대학에 진학할 단계가 되었을 무렵 경원이는 미국의 보스턴(Boston) 대학에서 장학금이 나왔다고 하면서 어떻게 할까 물어 왔다. 미국 보스턴 대학에서는 전 세계에 나가 있는 미국계 고등학교를 졸업하는 외국인(미국 이외 국인) 학생 중에서 우수한 학생 한 명을 선발하여 장학금을 주는데 이번에 경원이가 선발되었던 것이다.

그런데 그때 이미 경원이는 미국에 있는 여러 명문대학에 입학원서를 제출하여 모든 대학으로부터 입학허가가 나와 있는 상태였다. 경원이가 전자공학을 전공하고자 했기에 전자공학과가 우수한 하버드와 스탠퍼드(Stanford), MIT에서도 입학허가를 받아놓은 상태였다.

나는 우선 Nido de Aguilas의 교장과 교무국장을 관저 만찬에 초대하고 경원이에게 장학금을 주기로 한 것을 고맙게 생각한다고 하였다. 그랬더니 그 교장은 정색을 하면서 "보스턴 대학의 그 장학금은 우리 학교에 매년 주는 것이 아니고 꽤 오래간만에 우리가 받는 것인데 오히려 우리 학교의 자랑이 되게 한 경원이에게 우리가 고마워하여야 한다"고 말하는 것이 아닌가.

그때까지만 하여도 나의 경제력으로는 미국의 명문대학 학비를 감당할 자신이 서지 않아 경원이를 미국대학에 보내느냐 한국대학에 보내느냐 결심을 못하고 있던 참이었는데 미국의 보스턴 대학에서 장학금이 나온 것이 계기가 되어 본인에게 물어보니 보스턴으로 가겠다고 하여 보스턴 대학으로 보내기로 하였다.

경원이와 경진이는 각 학급에서 성적이 우수한 학생에게 미국 연방정부가 주는 National Honor Society의 회원 자격증을 수여받았으며 경원이는 졸업식에서 학사모에 노란색 술을 달고 N. H. S. 회원임을 과시하였다.

곧 이어 나는 칠레근무를 마치고 본부 외교안보연구원 교수부장으로 전임되었다.

7. 외교안보 연구원 교수부장

외무부에서는 외무고시에 합격한 젊은 외교관들을 일정기간 동안 외교안보연구원에서 교육시킨 다음 외교관으로서 필요한 어학을 익히기 위하여 미국·영국·프랑스 등 여러 나라 대학에 보내서 2년간 수학케 한 다음 외교관 근무를 시작하도록 하는 제도를 시행하고 있었다.

그런데 당시 외국대학에 보내는 나라가 너무 미국에 편중되어 있어 영어의 습득을 주목적으로 한다면 영국의 대학에 좀더 많이 보내야 하지 않겠느냐 하는 의견이 있었다. 주한 영국 대사관으로부터도 그러한 요청이 있어서 영국 외무성으로부터 나에게 직접 영국을 방문하여 영국대학의 수준을 살펴보고 오지 않겠느냐고 하면서 나의 영국 방문을 정식 초청하여 왔다.

나는 영국 측에서 작성한 일정에다가 나의 희망사항을 가미하여 옥스퍼드(Oxford) 대학을 위시한 영국의 명문대학을 돌아보고 특히 아랍어를 효율적으로 가르친다는 영국 군사학교를 방문하고 돌아와서 초임 외교관의 해외연수 파견학교를 조정하였다.

영국에서 돌아오는 귀로에는 포르투갈 연수에 참고하기 위하여 포르투갈의 리스본을 방문하여 그곳 대학사정을 알아보았다.

08
주 베네수엘라 대사

1. 교포문제

나는 1986년 4월경에 베네수엘라의 수도 카라카스에 부임하였다. 골프장 바로 옆에 있는 대사관저는 칠레에 있는 대사관저만큼 웅장한 맛은 없었으나 새 집이었으며 활용도가 높은 구조를 갖추고 있었다. 중학교 선배인 전임 임명진(林明鎭) 대사가 정부예산으로 매입하여 가구도 잘 갖추어 놓고 있었다.

부임한 지 며칠 지나서 최근에 선출되었다는 한인회장이 회장단을 데리고 대사관에 인사하러 왔다. 교포는 약 5백 명밖에 안 되고 이민의 역사도 짧아 크게 돈을 벌거나 자리를 잡은 교포는 없는 듯하였다.

그러던 중 또 며칠이 지나서 교포 몇 명이 신임대사를 만나겠다고 대사관에 찾아왔다. 와서 하는 말이 며칠 전에 대사관에 와서 한인회장이라고 자칭한 사람을 회장으로 인정할 수 없으며 한인회장을 새로 선출하여야 할 것이라고 하였다. 최근에 있었던 한인회장 선거는 무효라는 것이었다.

5백여 명밖에 안 되는 한인사회가 단합하지 못하고 두 쪽으로 갈라져

서로 반목, 대립하고 있었다. 현지 교포사회를 보호, 지도하여야 할 책무도 지고 있는 대사로서 부임 초부터 어려움을 겪겠구나 싶어 머리가 무거워졌다.

해외교포들 간의 이와 같은 불화는 내가 공관장이 되기 전에도 가끔 목격했는데 이럴 경우에 현지 공관장으로서 대체로 두 가지 방식으로

1986~1989년(주 베네수엘라 대사).

Jaime Lusinchi 대통령에게 신임장을 제정한 후의 면담 자리에서.

대처하는 것을 보아 왔다. 그중 하나는 서로 반목되는 교포세력 간의
분란에 개입하지 않고 관망하면서 시간을 보내다가 다행히 교포들 스
스로가 해결하기를 기다리는 것이요, 다른 하나는 공관장이 직접 개입
하여 양쪽을 달래서 화해하도록 유도하는 것이었다.

　나는 일단 적극적인 후자의 방법으로 교포들 간의 불화를 해소해 보
기로 마음먹었다. 마침 주재국 대통령에게 신임장을 제정하기 전에는
대외적 활동을 할 수 없으므로 그 기간을 이용하여 교포들 중 지도적 위
치인 인사 10명가량을 뽑아 내가 직접 만나 보기로 하였다.

　영사를 대동하고 내가 직접 이들을 방문하여 어떻게 지내는지, 애로
사항이 무엇인지 등을 알아보고 특히 상대방과 반목하는 이유가 무엇
인지를 물어보았다. 구두나 가방 등을 가내수공업 규모로 만드는 교포
들과는 직접 공장으로 찾아가서 대화하였다. 10명가량의 대표적인 교

포를 만나보고 난 결론은 아주 간단한 것이었다.

최근에 선거에서 당선된 한인회장이 속한 교포들은 비교적 나중에 베네수엘라에 온 사람들로서 KOTRA나 상사 직원으로 파견되어 왔다가 그대로 눌러앉은 사람들이 주류를 이루고 있고 교육수준도 대체로 대학 졸업자였다. 반면 그 반대편에 서서 현 한인회를 인정할 수 없다고 주장하는 교포들은 더 오래전에 파라과이(Paraguay)나 콜롬비아(Colombia) 등지로부터 들어와서 빈손으로 소규모 제조업을 하거나 식당업을 하는 사람들로서 거의 대학 학력이 없는 사람들이 많았다.

그들에게 현 한인회장단을 인정할 수 없다는 이유를 물었다.

"선거운동 과정에서 표를 얻으려면 '자기들에게 와서 잘 부탁한다', '협조해 달라'라고 머리를 숙여서 부탁을 해야 할 판인데 전혀 그런 것이 없고 서로 마주치고 지나갈 때에도 인사도 변변히 안 한다."

결국 구체적인 사연 없이 "건방지게 목에 힘주고 다닌다", "기분 나쁘다"는 것이 그 이유였다. 그동안 뚜렷한 이유 없이 감정의 골이 파였다는 것을 느낄 수 있었다. 나는 교포 10여 명을 다 만난 다음 그들이 반목하는 이유가 오랫동안 가슴에 맺힌 무슨 구체적인 원한 같은 것이 아니라 단순히 서로 "기분 나쁘다"는 정도라면 화해의 가능성이 있다고 확신하였다.

나는 현 한인회를 불신하는 쪽 인사 중 제일 이해심이 있고 온건해 보이는 ㄱ씨를 대사관에 불러 ㄱ씨의 인품에 믿음이 간다고 전제하고 그쪽 사람들로 하여금 한인회를 인정하도록 좀 설득해 달라고 부탁하였다. 그 후 며칠이 지나 양쪽에서 가장 존경을 받을 만하고 원로격인 인사 각 두 명씩(현 회장단은 제외)을 선정하여 대사관이 입회하는 오찬자리를 마련하였다. 대사관에서는 내가 차석인 이병해(李秉海) 공사를 데리고 참석하였다. 한인회를 반대하는 쪽에는 먼저 따로 대사관에 부른 ㄱ씨를 포함시켰음은 물론이다.

6명의 오찬 모임은 처음에는 다소 어색하였으나 내가 화합을 강조하고 ㄱ씨가 적극적으로 거들어 결국 화해가 성립되었고, 그 자리에서 그날의 화해에 대하여 대사관이 영원한 증인이 될 것이라고 언명하였다.

서로 반목하고 불편하게 지내던 교포사회는 그 이후 적어도 나의 임기 3년 동안 아무 문제없이 단합된 모습을 보였으며, 연말 크리스마스 때는 매년 교포들을 관저 만찬에 초청하여 관저 정원에서 파티를 열어 따뜻하고 즐거운 시간을 보냈다.

2. 88서울올림픽 홍보

베네수엘라 정부는 88서울올림픽대회 개최를 앞두고 대회 개최를 기념하는 우표를 발행해 주었다. 나는 1988년 8월 2일 기념우표의 발행을 공표하는 행사를 대사관저에서 거행하고 이어서 연회를 베풀었다.

이 행사에는 기념우표를 발행한 베네수엘라 우정청의 Rodríguez Chirinos 청장과 베네수엘라 올림픽위원회의 Fernando Romero 위원장, Flor Isava IOC위원이 참석하였으며, 그리스 대사를 비롯한 외교단의 주요 대사들도 자리를 같이 하였다. Rodríguez 청장은 그 자리에서 전 세계 국가들 간의 우정과 단결을 촉진하는 서울올림픽대회의 성공을 기원하기 위하여 기념우표를 발행하였다고 말했다. 곧이어 나는 베네수엘라 우정청이 기념우표를 발행해 준 데 대하여 감사의 표시를 했다.

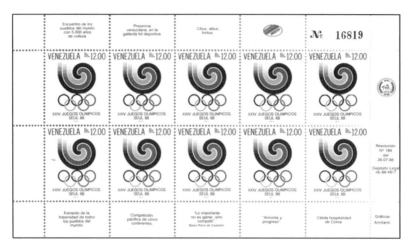

서울 88올림픽을 앞두고 베네수엘라 우정청에서는 88서울올림픽 기념우표를 발행해 주었
는데, 이것은 흔치 않은 일로 양국의 돈독한 관계를 반영하는 것이어서 나는 큰 보람을 느
꼈다.

88서울올림픽 기념우표 리셉션.

이어 서울올림픽대회는 이미 모든 준비가 완료되어 세계 모든 나라
의 참가를 기다리고 있으며, 역사에 유례없이 많은 나라가 참가하는 훌
륭한 대회가 되어 동서 간의 평화와 조화를 실현하는 데 공헌할 것이라
고 장담했다. 끝으로 기념우표의 발행은 한국과 베네수엘라 간의 우호
관계를 더욱 강화하는 계기가 될 것이라고 언명하였다.

Sello olímpico en Ipostel

El Universal. 3 de agosto de 1988

VENEZUELA Bs. 12.00
XXIV JUEGOS OLIMPICOS
SEUL 88

*V*ENEZUELA, en conmemoración
de los Juegos Olímpicos que se inician el 17 de
septiembre en Seúl, Corea del Sur, emitió a
través de Ipostel medio millón de estampillas
alusivas al magno evento deportivo. Las
mismas fueron oficialmente puestas en
circulación ayer, en acto llevado a cabo en la
embajada de ese país en Caracas. El titular de
la representación diplomática, Kwang Je Cho,
fue captado en la escena cuando recibía del
presidente de Ipostel, Fernando Rodríguez
Chirinos, una muestra de la edición filatélica.
Presencia Fernando Romero, presidente del
Comité Olímpico Venezolano y Flor Isava,
miembro del COI. Se aprecia también un
facsímil de la estampilla. (Pág. 3-7)

88서울올림픽 기념우표 발행식 기사(*El Universal*, 1988. 8. 3).

서울아시안게임이 성공적으로 끝난 다음 외무부 본부에서는 아시안
게임의 내용을 영상으로 만들어 보내오면서 88서울올림픽대회에 많은
관광객이 한국을 방문하도록 이 영상을 활용하여 88서울올림픽을 홍보
하라는 지시를 보내왔다.

나는 칠레에서의 경험(〈Sábado Gigante〉 프로그램)을 살려 우선
TV를 통한 기자회견을 계획하고 적당한 방송국과 프로그램을 조사한
바, 마침 〈Vuelta al Mundo〉(세계일주)라는 프로그램을 찾아냈다.
이 프로그램을 주재하는 PD와 접촉하여 교섭이 잘 되어 본부에서 보
내온 '아시안게임' 제목의 영상을 활용하여 내가 약 1시간의 기자회견
을 하였다. 기자회견에서는 88서울올림픽의 준비상황을 주로 하되
UN에서의 우리나라 입장과 한·베네수엘라 관계에 대하여도 상세히
언급하였다.

베네수엘라에는 한·베네수엘라 친선협회라는 민간 친한단체가 있
었으나 내가 부임하였을 때에는 특별한 활동을 하지 않고 있었다. 나는
88서울올림픽을 홍보하기 위하여 이 협회를 활성화하기로 마음먹고 회
원들을 관저 만찬에 초대하여 서울아시안게임의 영상을 틀어 주고 88
올림픽의 준비상황을 홍보하였다.

아시안게임의 영상을 본 친선협회 회원 중의 한 사람이 로터리클럽
(Rotary Club)의 차카오(Chacao) 지부장을 맡고 있다고 하면서 차카오
지부의 로터리클럽 회원들을 위하여 동영상을 틀어 줄 수 있겠느냐고
하므로 쾌히 승낙하였다. 88년 2월에 내가 직접 대사관 직원을 데리고
가서 그 영화를 틀어 주었다. 이것이 계기가 되어 그때부터 '아시안게
임' 영상을 활용하여 로터리클럽의 여러 지부에서 88서울올림픽을 홍
보하였다.

Un rincón de Corea en Caracas

En la Embajada de Corea del Sur en
nuestro país, nos recibió gentilmente
la señora Il Soon Suh de Cho, esposa
del Embajador, en un ambiente que
nos envolvió con su magia,
transmitiéndonos esa sensación de
paz espiritual que nos hizo olvidar que
estábamos en una bulliciosa ciudad.

Ivonne Capriles H. -el siglo- Caracas. Fotos: "Chile" Gallardo.

Con la belleza oriental que caracteriza a las mujeres del Este Asiático, con un rostro de porcelana, con un vestido de exquisito gusto, al estilo coreano, en color melocotón, cuyo nombre es Hanbok, compuesto por una cota llamada Chogori y una falda denominada Chima, haciendo un contraste perfecto con la decoración de la casa de la Embajada, un estilo muy particular Coreano, nos recibe gentilmente la esposa del Embajador de la República de Corea del Sur, la señora Il Soon Suh de Cho, quien nos invita a pasar al salón principal de la Embajada, decorado en beige y negro e inmediatamente nos ofrece un delicioso té de Ginseg y unos exquisitos canapés de arroz, soya y aceite de sésamo, llamado Hangua.

De ahí, que la magia de este ambiente nos envolviera por un momento, transmitiéndonos esa sensación de paz espiritual que nos hace olvidar que nos encontramos en esta bulliciosa ciudad donde el tráfico es cada día más insoportable, y por lo tanto le damos rienda suelta a la imaginación para soñar despiertos, con los encantos de ese exótico país que es la República de Corea del Sur.

La señora Il Soon Suh de Cho, es licenciada en Educación, graduada en la primera universidad para mujeres en la República de Corea del Sur, que cuenta hoy en día con quince mil estudiantes solamente en la facultad de Educación, ésta es la Universidad de Ewha Womans University.

-Señora Cho, ¿qué actividades realiza usted en el país como esposa del Embajador de Corea del Sur?

-A veces realizo almuerzos y cenas aquí, en mi casa e invito a políticos como senadores y diputados, miembros del Ministerio de Relaciones Exteriores, otros, venezolanos y por supuesto los amigos de la casa. Por otra parte pertenezco a la Asociación de Damas Diplomáticas y nos reunimos una vez al mes para cordializar con las otras esposas de Embajadores acreditados aquí en Venezuela y tiene por finalidad no sólo el aspecto social, sino también una participación activa en todas las obras e instituciones benéficas que existen en el país. Y por último, todos los miércoles nos reunimos un grupo de señoras para hacer flores y artesanías manualidades que después son vendidas para recolectar fondos para obras sociales.

La señora de Cho nos cuenta que tiene dos años viviendo en Venezuela y que aprendió español en Chile, en el año de 1981.

-Señora de Cho ¿qué actividades realiza usted para dar a conocer la cultura de su país y especialmente en lo que se refiere a la mujer?

-Presentamos videos sobre todo lo relacionado con nuestra cultura y especialmente ahora todo lo relacionado con las Olimpíadas.

¿Qué papel juega la mujer en las Olimpíadas de Seúl, a realizarse el próximo mes de septiembre?

-La mujer está totalmente incorporada a las venideras Olimpíadas en todos los campos y muchas se presentan como voluntarias, por lo que reciben una preparación especial a fin de que puedan servir como intérpretes en las diferentes idiomas y de esta manera recibir a todas las personas que nos visiten con motivo de este gran evento, y hacerlos sentir como en su propio país. Igualmente forman parte de esa gran maquinaria de organización de los Juegos Olímpicos, así como también en el campo deportivo.

-¿Poseen ustedes aquí en nuestro país, alguna asociación que agrupe a la colonia Koreana residente en nuestro país?

-No, no tenemos ninguna asociación específica en Venezuela.

La señora de Cho, nos cuenta que este año cumple sus Bodas de Plata, es decir cumple 25 años de casada y tiene cuatro hijas: Kyung Ju Cho, de 24 años; Kyung Won Cho de 21 y Kyung Jin Cho de 19, las cuales nacieron en Seúl, la capital de la República de Korea del Sur, y la última hija de 17 años nació en Australia.

-Señora Cho, aparte de cumplir con las diferentes actividades que le impone ser la esposa del Embajador, ¿qué otras desempeña en la intimidad del hogar?

-Cada vez que puedo, me gusta cocinar y mi especialidad es el Bulgogui, es decir una carne de ternito sazonada con diferentes salsas de Soya. También me encanta tocar el piano y la guitarra y muy especialmente la música clásica occidental. Luego nos cuenta que es muy amante de las novelas Koreanas.

-¿Qué otras regiones del país conoce?

-He tenido la oportunidad de conocer Margarita, Puerto La Cruz, Mérida, Maracaibo y Coro.

La señora Il Soon Suh de Cho, esposa del Embajador de la República de Corea del Sur en nuestro país (el siglo).

-¿Le ha sido fácil adaptarse a nuestro país?

-En un principio el clima un poco difícil, pero ya me he acostumbrado.

-¿Con qué obsequia a sus invitados cuando los invita a almorzar o cenar?

-Fundamentalmente con platos con sopas, carnes y pescados.

-¿Toda su familia vive en Caracas?

-Lamentablemente no. La mayor estudia en París; la segunda en Boston, la tercera se encuentra en Korea y únicamente la menor es la que habita aquí en Caracas con nosotros.

-¿Hay alguna casada?

-No, todas son solteras y universitarias.

-¿En qué otros países ha vivido?

-Antes de casarme viví en Japón y luego en Ginebra, Australia, Holanda, Costa de Marfil y Chile.

-¿Cuántos idiomas habla?

-Inglés, francés y un poquito de español y por supuesto el hagul (se pronuncia jágul), que está compuesto por 10 vocales y 14 consonantes.

-¿Tiene afición por algún deporte?

-Sí, me gusta mucho el golf, aunque no soy una experta jugadora.

La señora de Cho, es la esposa del Embajador de la República de Corea del Sur, Kwang Jo Cho.

아내의 한국 홍보 인터뷰(*El Siglo*, 1988. 2. 29).

이윽고 본부에서는 서울아시안게임 영상과 같은 내용의 가정용 비디오테이프를 만들어 보내왔으므로 관저에서 오찬이나 만찬을 베풀 때마다 초대된 손님이 식사를 마치면 관저의 대형 TV를 이용하여 그들에게 그 비디오를 보여 주고 88서울올림픽을 홍보하였다.

또한 지방 출장을 가는 기회에는 그 로터리클럽 지사 등을 방문한 다음에 가능하면 그 지방 신문사를 방문하여 88서울올림픽의 준비상황을 설명하여 지방신문에 나도록 하였다.

88서울올림픽에 대하여 설명하고 비디오상영이 끝나고 질문이 없느냐고 물으면 어디에서나 예외 없이 물어보는 질문이 한 가지 있었다.

"한국은 남·북이 대치하고 있는 분단국가로서 안보문제가 걱정되는데, 정말 안전하게 올림픽을 치를 수 있겠느냐?"

나는 그때마다 자신 있게 말하여 주었다.

"이미 비디오에서 본 바와 같이 아시안게임을 아무 문제없이 개최하였으므로 올림픽도 아시안게임처럼 완벽하게 치러낼 것이다."

드디어 88서울올림픽 개최 날짜가 가까워왔다. 나는 묻는 사람마다 "서울올림픽은 서울아시안게임처럼 완벽하게 치러질 것"이라고 장담하였으나 내심으로는 걱정도 되었다.

버마의 아웅산 사태에서 보았듯이, 북측은 서슴지 않고 테러를 감행하는 집단인데 무슨 일이 일어나면 어쩌나, 그처럼 장담을 하였는데 일국의 대사가 거짓말을 한 것이 되면 어떻게 할 것인가. … 우리나라를 위하여 정말 성공적으로 치러지기를 두 손 모아 빌 뿐이었다.

Otto Reich 주 베네수엘라 미국 대사는 키가 자그마한 학자출신 외교관으로서, 그간 그와 나눈 대화로 봐서는 한국에 안 가 본 것은 물론 한국에 대해서 너무나 아는 것이 없는 인물이었다. 나는 88서울올림픽

Otto Reich 주 베네수엘라 미국 대사와 함께.

이 개막되기 직전 어느 나라 연회(리셉션)에서 Reich 대사를 만나 88서울올림픽의 개막행사가 몇 날 몇 시에 베네수엘라 TV의 어느 채널에서 방영될 터이니 그것을 꼭 보라고 귀띔하여 주었다.

올림픽 개막식이 끝난 후 다른 연회에서 Otto Reich 대사가 반색을 하고서 나에게 다가오더니 "88서울올림픽의 개막식을 TV로 보았는데 너무 너무 훌륭하였다"를 연발하고 한국의 전통문화 수준을 알게 되었다고 하면서 흥분을 가누지 못하였다.

내가 보아도 서울올림픽의 개막식은 잘 기획되고 세련된 압권(壓卷)이었다. 넓은 운동장이라는 무대를 이용하여 주어진 시간에 우리나라의 고유의 문화와 힘을 이렇게 훌륭하게 음악, 무용, 조명 등으로 표현할 수 있는 데 대하여 자부심을 느끼고 눈물이 핑 돌 지경이었다.

서울올림픽이 끝나는 마지막 날, 대사관의 전 직원과 직원부인들은 대사관저에 모여 서울올림픽의 마지막 마무리를 TV를 통하여 지켜보았다. 폐막식의 행사는 개막식에 못지않게 훌륭한 것이었다.

옛날 우리나라 아낙네들이 두드리는 다듬이 소리가 들리고 불이 꺼진 후 약 5분 동안에 서울의 S자 가교(假橋)가 만들어지더니 그 위를 지나가는 '떠나가는 배'의 가락과 연출은 떠나보내는 아쉬움을 너무나 잘 표현하였으며, 계속되는 운동장의 무대는 전 세계의 시청자를 압도하고 흥분시키기에 충분하였다.

모든 행사가 끝나는 순간 대사관의 전 직원과 가족은 서로 얼싸안고 눈물을 흘렸다. "우리나라가 기어코 해냈구나" 하는 안도감과 자부심의 눈물이리라. 그동안 서울올림픽을 홍보하느라고 고생했던 보람을 느꼈고, 홍보할 때마다 안전하게 치러질 것이라고 장담하였던 대사의 말이 거짓이 아니었음을 입증한 것이다.

베네수엘라 TV는 모든 행사를 보도한 다음 아나운서를 가운데 두고 그 양쪽에 스포츠 기자가 앉아 이번 올림픽에 대한 총체적인 평가와 감상을 이야기하고 있었다. 그중 오른쪽에 앉은 기자는 이번 올림픽 홍보 관계로 나도 여러 번 만나 식사도 같이 한 일이 있는 기자인데 쿠바에서 망명하여 베네수엘라 국적을 취득한 사람이었다. 그런데 그 기자의 눈에 눈물이 글썽이고 있었다. 가운데 있는 아나운서가 그 기자에게 감상을 묻자 그 기자는 베네수엘라의 젊은이들이 이번 올림픽을 보고 많이 배웠으면 좋겠다고 조용히 말하였다.

88서울올림픽이 끝난 다음 10월 3일 대사관저에서 국경일 리셉션이 개최되었다. 나의 베네수엘라 3년 임기 중 마지막 국경일 리셉션이었다. 매년 개최하는 국경일 리셉션이지만 이번 리셉션에는 예년보다 훨씬 많은 인사가 참석하여 대성황을 이루었다. 베네수엘라의 각계각층 인사들과 외교단의 인사들이 하나같이 서울올림픽의 성공적인 개최를 축하하여 주었다. 이번 리셉션에는 특히 한·베네수엘라 친선협회회원과 로터리 클럽 회원들이 많이 참석하였다.

리셉션에 참석한 손님들이 거의 돌아간 늦은 시간에 올림픽 폐회식 때 TV에 나왔던 쿠바계 스포츠 기자가 나타났다. 나는 그때 이런 일 저런 일 이야기하다가 그 기자에게 당돌한 질문을 했다.

"그날 TV를 보니 눈물을 글썽이는 것 같던데 왜 그랬느냐?"

그는 한참 생각을 하다가 말했다.

"거대한 나라 중국과 경제대국인 일본 사이에 끼어 있는 아주 조그마한 나라 한국이 어떻게 올림픽이라는 큰 행사를 이렇게 완벽하게 치를 수 있었나 싶어 너무 감격해서 그랬다."

아마도 그의 조국 쿠바를 생각하고 눈물을 글썽인 게 아닌가 추측하였다.

3. Carabobo 대학

카라카스 서쪽으로 자동차로 약 2시간 가면 발렌시아(Valencia) 라는 공업도시가 있고, 거기에 카라보보(Carabobo) 대학이 있었다. 발렌시아는 카라보보 주청 소재지였다.

내가 베네수엘라에 부임한 얼마 후에 카라보보 대학의 Hidalgo 총장이 평양을 방문하고 왔다는 소식을 대사관의 정보담당 직원이 보고했다. 좀더 자세히 알아보았더니 그 총장이 김일성 대학의 초청으로 김일성 대학의 동의학부(한의학을 북한에서는 '동의학'이라고 함)를 방문하여 카라보보 대학과 김일성 대학 간의 학술교류를 협의했고 머지않아 김일성 대학 동의학 교수 4~5명이 교환교수 자격으로 베네수엘라에 와서 1년간 체류하게 되어 있다는 것이었다. Hidalgo 총장이 평양을 방문하였을 때에 같이 동행한 카라보보 대학의 사무국장은 친북, 좌파의 인물로서 그자가 주동이 되어 이 일에 앞장서고 있다는 것이었다.

그 당시 세계 여러 곳에서 남·북한이 대치하여 외교적 우위를 다투고 있던 시절 남미대륙에서 보면 북한 대사관이 설치되어 있던 나라는 베네수엘라 동쪽의 소국인 가이아나 하나뿐이었으며 북한과 외교관계를 가지고 있던 나라로서는 가이아나를 제외하면 유일하게 베네수엘라뿐이었으므로 북한은 베네수엘라에 공관을 설치하여 남미대륙 진출의 교두보를 구축하려고 시도하고 있음이 분명하였다.

만약에 김일성 대학 동의학부의 교수 4~5명이 학술교류를 빙자하여 베네수엘라에 와서 장기 체류하게 되면 그들의 침술 수준은 상당할 것으로 예상되므로 베네수엘라의 고위층 인사들에게 침술을 베풀어 그들의 공관 설치를 끈질기게 추진할 것이 예견되었다. 나는 우선 김일성 대학의 동의학 교수가 오는 것은 어떻게 해서라도 막아야 하겠다고 마음먹었다.

나는 부임 후 맨 먼저 지방정부 방문의 형식으로 카라보보 주의 발렌시아를 방문하여 그곳에 거주하는 한국교민 6가구를 저녁에 초대하여 그곳 사정을 들어보았다. 1986년 9월 중순이었다.

그 이튿날에는 그곳 주지사와 상공회의소를 방문한 다음 카라보보 대학의 Hidalgo 총장을 방문하여 한국 대학과의 자매결연을 통하여 양국 간의 학술교류를 활성화하는 것이 어떻겠느냐고 떠보았다.

그 대학에 가 보니 지방의 가난한 대학이라는 인상이 강했고 총장은 대학의 시설 면에서 경제적 원조를 얻었으면 하는 눈치가 보였다. 나는 우선 자매결연을 할 한국 측 대학을 물색해 보겠다고 약속하였다.

그로부터 약 한 달 반이 지난 후인 11월 4일에 발렌시아의 International Hotel에서 '한국의 밤'을 개최하여 발렌시아의 주정부, 상공회의소, 언론사의 주요 인사들을 초대했다.

대사관 직원 전원과 그곳 교민 6가구가 참석하여 부인들은 한복을 입게 하고, 88올림픽 홍보영상을 상영하여 열렬한 호응을 받았다. 그 자리에 카라보보 대학의 Hidalgo 총장이 참석하였음은 물론이다. 그 대학의 사무총장은 참석하지 않았고 Hidalgo 총장은 우리와의 학술교류에 상당히 마음이 움직이고 있는 것처럼 보였다.

문제는 카라보보 대학과 자매결연을 할 만한 우리나라 대학이 있느냐는 것이었다. 서면보고를 통하여 본부에 몇몇 대학을 추천하여 줄 것을 요청하였으나 이미 남미의 다른 대학과 결연이 되어 있거나 관심이 없다는 반응이었다. 몸이 달아왔다.

나는 1년에 한 번씩 서울에서 개최되는 재외공관장 회의에 참석할 때 꼭 대학 하나를 찾아내야 되겠다고 마음먹었다. 다음 공관장 회의에 가서 회의가 끝난 다음 내가 알 만한 대학을 찾아 나섰다. ㄱ대학의 총장은 옛날 재외공관에서 나의 직속 재외공관장이었는데 대학의 사정상 어렵다는 것이었다. 다른 대학도 마찬가지였다. 암담하였다.

그러던 중 마침 경희대에서 관심이 있다는 소식을 들었다. 세계 여러 나라의 대학들과 활발하게 국제교류사업을 하고 있는데 남미와는 학술교류가 없어 자매결연을 할 대학을 찾고 있었다는 것이었다. 나는 쾌재를 불렀다. 경희대의 조영식(趙永植) 총장을 만나 상세한 이야기 끝에 앞으로의 추진방안에 대하여 협의하고 귀임하였다.

그 후 Hidalgo 총장은 경희대의 초청으로 경희대를 방문하여 카라보보 대학과 자매결연을 했으며 경희대에서 명예박사 학위를 받고 돌아왔다. 이윽고 경희대 조영식 총장이 카라보보 대학을 방문하였고 양 대학 간의 교류가 실현되었다.

김일성 대학 동의학과 교수들의 베네수엘라 장기체류가 실현되지 못하였음은 물론이다.

4. Cumana 명예영사 임명

베네수엘라의 동북부 수크레(Sucre) 주의 주청 소재지인 쿠마나(Cumana)는 카리브 해에 면한 조용한 항구 도시로서 그곳에는 오리엔테(Oriente) 대학이 있다.

나는 1986년 10월 23일 쿠마나를 방문하여 오리엔테 대학의 Pastrana 총장을 만나 동대학과 한국의 대학 간의 학술교류문제를 협의하였다. 오리엔테 대학에는 한국계 베네수엘라인인 정경석 박사가 해양연구소장으로 있는데 정경석 박사와 사전에 논의가 되어 같이 총장을 만나서 학술교류의 가능성을 타진해 본 것이다.

그 이유는 카리브 해에는 우리나라 원양어업이 많이 진출하고 있어 수산업 관계 학술교류는 우리에게도 유익할 것이라고 판단하였기 때문이었다. 정경석 박사에 의하면 그 주변 원양어업에 종사하는 한국 어선들이 어업이나 선박수리 등에 어려움을 겪었을 때 자기가 많은 도움을 준 일이 있다고 하였다.

나는 학술교류에 대하여는 앞으로 서로 자료를 교환하면서 연구하기로 하되 차라리 정경석 박사를 한국의 명예영사로 임명하면 카리브해 주변에서 조업하는 한국의 원양어업에 많은 도움을 줄 수 있을 것이라고 판단하고 본인의 승낙을 얻어 그 일을 추진하기로 마음먹고 카라카스에 귀임하였다.

이 문제를 주관하는 곳은 베네수엘라 외무성의 Willis 영사 담당 차관보였다. 베네수엘라에 진출한 한국 상사주재원과 그 가족들의 입국과 체류 문제도 Willis 차관보의 소관이었으므로 그는 우리에게 중요한 인사였다.

나는 그를 관저 만찬에 초대하여 88서울올림픽 준비상황에 대한 비디오도 보여 주고 또 자주 방문하여 친교를 두텁게 하면서 그의 한국방문을 권유하였다.

베네수엘라 동북부 Sucre의 주청 소재지인 Cumana의 Oriente 대학의 해양연구소장으로 있는 한국계 베네수엘라인인 정경석 박사를 Cumana 명예영사로 임명했다.

베네수엘라 북동쪽은 카리브해와 대서양을 바라보고 있어 한국의 원양어선단이 활발하게 드나드는 곳이었다. 사진은 원양어선단에게 대통령 추석하사품을 전달하는 모습이다.

그러던 중 그가 대만으로부터도 방문초청을 받고 있음을 알고 대만 방문길에 한국도 방문하여 줄 것을 요청했더니 쾌히 승낙하였다. 즉시 본부에 연락하여 그들 부부의 '대만-서울 간 왕복 항공료 부담' 방한 초청을 건의했더니 그렇게 하라는 승인이 왔다.

이렇게 하여 Willis 영사 차관보의 방한이 실현되었고, 차관보는 우리 외무부 차관을 예방하여 양국 간의 우의를 다졌다. 카라카스에 돌아온 그를 만나 보니 만족스러운 표정이 역력하였다.

그 후 정경석 박사의 쿠마나 명예영사 임명은 일사천리로 진척되어 1987년 7월 14일 두 번째로 쿠마나를 방문하여 그곳 주지사를 비롯한 정부인사와 Oriente 대학 총장 등을 방문하고 그들과 그곳 영사단의 영사들을 초청하여 Camanagoto 호텔에서 정경석 박사의 한국 명예영사

임명축하 리셉션을 성대하게 개최하였다.

5. Guyana와의 수교

베네수엘라는 카리브해 연한 동쪽으로 가이아나라는 소국과 접경하고 있었다. 이 나라는 제 2차 세계대전 이후 영국으로부터 독립하고 사회주의를 지향하여 세계에서 가장 가난한 나라 중 하나로서 남미대륙에서는 당시 북한이 대사관을 설치하고 있는 유일한 나라였다.

우리나라와도 외교관계는 수립되었으나 북한 측의 방해공작으로 신임장 제정을 못하여 실질적으로는 수교가 없는 것과 같은 상태였다. 그러다가 가이아나도 우리나라가 경제발전을 하자 실리에 눈이 떴는지 우리나라 대사의 신임장을 접수하겠다고 태도를 바꾸어 내가 본부지시에 따라 날짜를 정하여 겸임대사로서 신임장을 제정하게 되었다. 당시 주 베네수엘라 대사는 아이티(Haiti)와 가이아나 두 나라를 겸임하게 되어 있었다.

1989년 3월경 나는 대사관의 두정수 3등서기관을 대동하고 가이아나의 수도 조지타운(Georgetown)에 갔다. 초라한 공항에서 조지타운으로 가는 도중 나는 코를 찌르는 악취에 아찔한 현기증을 느꼈다. 하수도 시설이 잘 되지 않아서 썩는 냄새가 그 나라 전체를 뒤덮고 있었다. 도로 주변의 풍경이 극도로 피폐하여 가난한 형상이 너무나 역력하였다.

나는 지구상에 이렇게 가난한 나라도 있나 싶어 깊은 충격을 받았다. 조지타운에 도착하여 그 도시에 하나밖에 없는 원형 호텔에 들어가서

방을 잡았다. 두 서기관은 내 옆방에 들어갔다.

제일 먼저 외상을 방문하여 신임장의 사본을 제출하게 되어 있으므로 사본과 선물을 준비하여 내 방으로 오라고 두 서기관을 불렀더니, 두 서기관은 얼굴이 하얗게 질려 헐레벌떡 내 방으로 왔다. 그가 하는 말이 북한 사람들이 우리를 감시하고 있는 것 같다는 것이었다. 아래층 로비에서 전화가 왔는데 Mr. Lee를 찾으면서 "지금 아무개가 올라갔다"고 영어로 말하는데 아마도 자기 옆방에 있는 북한 대사관 Mr. Lee 에게 알려 주려고 방을 잘못 알고 두 서기관 방에 전화를 건 것 같다는 것이었다.

나는 두 서기관에게 아마도 그들은 우리 조지타운 체재 중 계속 미행할 것이라고 말하고 침착하게 행동하고 매사에 조심하라고 일렀는데 아주 기분이 언짢았다.

절차에 따라 외상을 방문하여 신임장의 사본을 제출하고 그 다음날 Doi 대통령에게 신임장을 제정하였다. 가난한 가운데에서도 격식을 차리느라고 대통령실 앞길 양쪽에 경호대가 도열해 있는 것이 좀 우스꽝스럽기도 하였다. 의전장은 나에게 Doi 대통령을 두 번이나 만나게 되어 있다고 말로 생색을 내고 있었는데, 처음에 신임장을 제정한 다음 약 5분간 Doi 대통령을 만나고 그 다음날 다시 한 번 대통령을 만나게 되어 있다는 것이었다.

두 번째 방문한 자리에서 Doi 대통령은 자국의 경제전반에 대하여 설명하고 우리나라와의 경제협력을 간곡히 희망하였다. 특히 자국의 자연자원 등에 대하여 마치 실무자가 하는 것처럼 자세한 수치를 들어 가면서 세세하게 설명하고 그 개발을 위하여 우리나라가 투자해 줄 것을 요망하였다.

그동안 우리 대사의 신임장을 접수하지 않고 있다가 갑자기 받기로 한 이유, 대통령이 두 번이나 나를 만나게 한 이유 등을 알 수 있었으며 그 나라가 얼마나 경제를 살리려고 발버둥 치는가를 감지할 수 있었다.

나는 Doi 대통령의 자세한 설명에 감사한 다음 그러한 내용을 한국 정부에 전달할 것을 약속하였다. 나는 Doi 대통령의 방을 떠나기 전에 이 말을 할까 말까 망설이다가 이렇게 말하였다.

"대통령 각하. 퍽 난처한 일을 당하였습니다. 신임장 제정차 조지타운에 왔는데 호텔에서 우리 일행을 미행하는 자가 있었습니다. 만약 앞으로 양국 간의 경제협력 사업을 추진하려면 우리나라 민간 경제인의

가이아나의 Doi 대통령과 함께.

왕래도 있어야 할 것인데 그들의 신변안전이 보장되지 않는다면 이 나라에 오기를 주저할 것인즉 대통령 각하께서 이런 점을 유의해 주셨으면 합니다."

이 말을 듣더니 순간 Doi 대통령의 얼굴이 벌겋게 상기되었고 잠시 긴장감이 감돌았다. 잠시 후 무슨 말인지 알아차린 듯 대통령은 "잘 알겠다"고 하면서 그 점은 염려하지 않도록 조치하겠노라고 하였다.

신임장 제정을 무사히 마치고 카라카스에 귀임하여 주 베네수엘라 가이아나 대사와 그 대사관 직원 전원을 관저 만찬에 초대하는 초청장을 보냈다.

그 며칠 후 뜻밖에 본부로부터 내가 본부발령(외교안보연구원 연구위원)으로 내정되었다는 전보가 왔다. 나는 대사관 직원들에게 가이아나 대사관저 만찬 때까지는 나의 본부발령 내정 사실을 가이아나 대사와 동대사관 직원들에게 말하지 말 것을 당부했다. 만찬에서 그들과 양국 간의 관계 개선을 축하하고 양국관계 발전에 노력할 것을 다짐하면서 샴페인 잔을 높이 들었다. 나는 당시 베네수엘라에 더 오래 있고 싶은 생각은 전혀 없었지만 가이아나에 신임장을 막 제정하고 온 대사를 바로 본부로 발령 내는 본부 인사를 좀처럼 이해할 수가 없었다.

6. 카리브해의 휴가

내가 베네수엘라에 부임하였을 때에는 막내딸인 남주만 데리고 갔다. 장녀 경실이는 서울에서 연세대 불문과를 졸업하고 파리 동시통역 대학원 과정을 이수 중이었고, 둘째인 경원이는 미국 보스턴 대학 전자공학과를 졸업하고 스탠퍼드 대학에서 석사학위 과정을 하고 있었고, 셋째인 경진이는 그동안 서울에서 서초고등학교를 거쳐 연세대 사회학과에 입학하였다.

대체로 방학 때가 되면 카라카스에 모여 같이 지내게 되는데 각자의 형편에 따라 동시에 다 모이지 못하는 경우도 있었다.

카라카스에 모이게 되면 미리 휴가계획을 짜서 베네수엘라의 이곳저곳을 여행하였는데 생각보다 경치 좋고 가 볼 만한 곳이 많았다.

카리브해 쪽의 Isla de Margarita, Angel 폭포 등이 있는 카나이마(Canaima), 안틸레스의 아루바(Aruba) 섬 등이 좋았고, 제일 잊혀지지 않는 곳은 발음하기 어려워서 더욱 더 기억에 남는 베네수엘라의 외딴 해변인 치치리비체(Chichiriviche)였다. 물이 워낙 깨끗하여 바다속이 훤히 들여다보이는데 작은 물고기 떼가 사람이 있어도 피하지 않고 달려들어 당황하였다.

우리 아이들이 워낙이 바다를 좋아해서 휴가 때에는 주로 카리브해변에서 보냈다.

7. 외교안보연구원 연구위원

내가 조약과장 시절인 1970년에 가나의 수도 아크라에서 개최된 제11차 AALCC 회의에 참석하여 우리나라가 준회원국으로 가입하였음은 이미 앞에서 말했다. 그로부터 20년 후인 1990년에 AALCC 회의가 중국의 북경에서 개최되었는데 외교안보연구원 연구위원으로 재직하던 나는 수석대표로 참석하게 되었다.

북한이 비동맹 회의의 일원으로서 아시아 · 아프리카의 비동맹 국가들과 가까운 유대관계를 가지고 있던 당시에 국제법에 관한 아시아 · 아프리카 국가들의 모임인 AALCC에 북한보다 한발 앞서 가입하는 데 성공한 후 20년 만에 수석대표로 참석하게 되어 감개가 무량하였다.

1990년 당시에는 우리나라가 중국과 외교관계를 수립하기 직전이었는데 AALCC에는 북한도 가입했다. 주중 북한 대사관 요원이 수석대표인 나를 집요하게 따라다니면서 귀찮게 감시하고 말을 걸어왔다. 화장실에 갔다가 와도 나에게 어디에 갔다 왔느냐고 무례하게 질문하였다. 당시 한 · 중 간에는 국교수립을 위한 물밑 접촉이 있었는데 아마도 내가 중국 요로와 비공식 접촉을 꾀하고 있지 않은가 우려한 듯하였다. 물론 나는 그때 한 · 중 수교문제에 대하여는 전혀 관여한 바 없다.

당시 북경 AALCC 회의에는 많은 동구권(東歐圈) 국가의 외교관들이 옵서버로 참석하였는데 이들이 나에게 보여 준 우호적인 태도에 나는 적지 않게 놀랐다. AALCC 회의기간 동안에는 각 회원국이 주최하는 리셉션이 거의 매일 개최되었는데 이 리셉션에 참석한 동구권 대표들이 유난히 내 주변에 모여들어 서울에서 개최되었던 88올림픽대회를 높이 평가하면서 한국에 대하여 호의적인 관심을 표시하였다.

나는 이것을 보고 서울에서 개최된 88올림픽은 한국을 전 세계에 알린 쾌거(快擧)일뿐더러 소련의 사회주의가 무너지고 동구권에 민주화 바람을 일으키는 데에도 결정적인 영향을 끼치지 않았나 생각하였다.

09
주 포르투갈 대사

1. 세계청소년축구 남·북한 단일팀

나는 1991년 2월 주 포르투갈 대사로 발령을 받았다. 내가 부임하게 될 포르투갈에서는 1991년 6월에 세계청소년축구대회가 개최될 예정이었고, 그 대회에는 우리나라도 남·북한이 단일팀을 구성하여 참가하게 되어 있었다.

남·북한이 단일팀으로 국제경기에 참가한 예는 그 전해(1990년)에 일본 치바(千葉)에서 개최된 국제탁구선수권 대회에 남·북한이 탁구 단일팀을 보내서 좋은 성적을 올린 것이 처음이었고, 이번 청소년 축구 단일팀이 두 번째가 되는 것이었다. 국내외적으로 주목의 대상이 될뿐더러 우리나라의 통일에도 도움이 될 것이라는 민족적 염원과 인식이 있었으므로 이 대회 개최지 대사로 발령이 난 나로서는 퍽 긴장되기도 하고 또 책임을 느끼지 않을 수 없었다.

무엇보다도 중요한 점은 선수단에 대한 뒷바라지 등 대사관으로서 차질 없는 지원을 다하여 이번 국제대회에서 단일팀이 열심히 뛰어 좋은 성적을 올리는 것이었다. 그러기 위해서는 그러한 지원을 하는 데

포르투갈에 부임하여 리스본 공항에 도착했을 때.

리스본

1991~1994년(주 포르투갈 대사).

소요되는 경비의 확보가 중요하였다. 비록 축구대회는 6월 중순에 시작되지만 우리 단일팀은 그 이전인 5월 중순경에 도착하여 현지 적응과 연습경기를 하게 되어 있었다. 장기간 동안 그 많은 선수와 임원에 대한 숙식과 보살핌이 필요하였다.

나는 부임하기 전에 정부 각 요로를 방문하여 소요경비에 대한 지원을 요청하였는데 당시 최호중 통일부총리, 유종하 외무차관이 적극적인 지원을 약속하여 주었으며, 박철언(朴哲彦) 체육부 장관도 걱정하지 말라고 격려하여 주었다.

나는 1991년 3월 28일 포르투갈의 수도 리스본(Lisbon)에 부임하였다. 단일팀 도착 한 달 반 전이었다. 포르투갈에는 북한 대사관이 있었으므로 선수단이 도착하기 전에 북한 대사와도 만나서 제반 협조사항을 협의하는 것이 좋을 것으로 생각하였다.

원래 대사가 주재국에 신임장을 제정하기 전에는 대외적 활동을 못하게 되어 있으나 사정이 급하다 보니 외교단장을 방문하여 협의하기로 하였다.

4월 17일 외교단장인 교황청 대사를 예방하였더니 그 교황청 대사는 마침 내가 본부 구주국장 재직시절 주한 교황청 대사를 지냈던 Luciano Angeloni 씨가 아닌가. 너무나 반가웠다. 내가 북한 대사와의 만남을 걱정하였더니 그는 마침 로마 교황인 요한 바오로 2세가 곧 리스본을 방문하게 되어 있고 5월 10일에는 외교단의 교황 알현(謁見)을 위한 리셉션이 예정되어 있으므로 초청장을 보낼 터이니 그때 참석하여 자연스럽게 북한 대사를 만나면 되지 않겠느냐고 하였다.

엄격히 따지면 주재국 원수에게 신임장을 제정하지 않은 대사를 공식행사인 리셉션에 초대할 수 없는 것이지마는 이런 경우에는 할 수 없

포르투갈의 신임장 제정식

주 포르투갈 Luciano Angeloni 교황청 대사.

지 않느냐고 하므로 나는 그 호의에 감사하고 초청해 주면 기꺼이 참석
하겠노라고 하였다.

5월 10일 Angeloni 교황청 대사가 외교단이 요한 바오로 2세를 알현
하기 위하여 마련한 리셉션에 참석하였다. 아시아 지역 대사가 많지 않
으므로 멀리서 다른 외교관과 이야기하는 동양인이 북한 대사임을 직
감하였다. 이 사람 저 사람과 이야기하면서 그에게 접근하여 우리말로
말을 걸었다.

"나 서울에서 온 대사요."

그는 처음에는 주춤하였으나 자기소개를 했다.

"아 그래요. 반갑습니다. 나는 평양에서 온 김○○이요."

"남·북한 청소년 축구 단일팀이 곧 올 터인데 우리 잘 협력하여 좋은
성과를 내도록 노력합시다."

교황청 대사의 배려로 교황알현 리셉션에 초청을 받아 북한 대사를 만나 교섭을 시작할 수 있었다. 이 사진을 보면 교황을 만났다는 기쁨보다는 Angeloni 대사의 깊은 배려에 대한 감사함이 앞선다.

1991년 6월, 세계청소년축구대회에 참가하기 위해 리스본 공항에 도착한 남북한 단일팀. 단일팀 단장은 전 단국대 총장을 역임한 장충식 씨(중간)였다.

5월 22일 세계청소년축구대회 남·북한 단일팀이 리스본 공항에 도착했다. 장충식 씨(단국대학교 총장)를 단장으로 하고 리명성 씨(1966년에 북한이 런던 월드컵 대회에서 8강 선풍을 일으켰던 북한팀 선수단의 일원)를 부단장으로 하는 젊은 선수단 일행을, 나는 북한의 김 대사와 나란히 서서 일일이 악수하며 마중하였다.

　누가 남한 선수인지, 누가 북한 선수인지 전혀 분간할 수 없었다. 통일된 복장을 한 선수들은 모두 같은 핏줄이었으므로 외모는 다르지 않았다.

　우리나라 선수들에게는 외지에서 시합할 경우 김치와 불고기 등 한국 음식을 먹이는 것이 제일 중요하므로 나는 이들 선수단이 도착하기 전에 북한 대사관 측과 협의하는 과정에서 선수들이 도착하면 우리 대사관저와 북한 대사관저에서 번갈아 가며 한국 음식을 대접하는 것이 어떻겠느냐고 북한 측에 제의했다. 그랬더니 북한 대사관측은 우리 측 제의를 거부하면서 자기네 관저에서 식사를 준비하지 않을 터이니 우리 관저에서도 절대로 해서는 안 된다고 잘라 말하는 것이었다.

　선수들을 잘 먹여야 시합에서 좋은 성과를 기대할 수 있는데 우선 식사문제부터 난관에 봉착하였다. 북한 측 기분이 상하지 않게 이 문제를 해결해야만 했다.

　우선 도착한 날은 리스본에 있는 중국식당 전체를 통째로 예약하여 선수단 환영회를 가졌다. 남·북한 선수들은 모두 섞여서 여러 테이블에 나누어 앉게 했다. 헤드 테이블에는 선수단 단장과 부단장, 나와 북한 대사, 그리고 두세 명의 임원들이 앉았다. 그 두세 명의 임원 중에는 북한의 사로청(사회주의 로동청년동맹) 소속인 실세가 포함되어 있다는 말을 뒤에 들었다.

좌측부터 북한대사, 장충식 남북단일팀 단장, 북한의 대표인 이 부단장, 그리고 저자.

　그 연회의 경비는 전액 우리 측이 부담하는 것이지만 대외적으로는 남·북이 반반씩 부담하는 것으로 하자고 하였다. 그 연회 석상에서 남·북한 대사 중 누구도 환영사나 무슨 연설 같은 것은 하지 않기로 미리 양해하였다.

　중국요리가 돌고 분위기가 무르익어가자 선수들 테이블에서는 활기가 돌았다. 우리 선수들의 선창으로 잔을 부딪치며 "위하여!"라는 소리가 이곳저곳에서 들렸다.

　무사히 식사를 마치고 선수단 일행을 호텔로 보낸 다음 마지막까지 남은 북한 대사를 보고 환영연이 잘되었다고 하면서 악수를 청하였더니 북한 대사는 시무룩한 표정으로 시큰둥하였다.

　"무어가 잘되었시오!"

　"무엇이 잘못되었나요?"

　"왜 메뉴를 시킬 때 우리와 상의를 하지 않았시오?"

김 대사는 한참 머뭇거리다가 그 자리에서 서너 발자국 떨어져서 서 있는 북한 대사관의 3등서기관을 힐끗 쳐다보는 것이었다.

나는 순간적으로 어리둥절하였으나 그런 것을 가지고 시비하는 것도 우스워서 김 대사의 어깨를 가볍게 치면서 "그래, 미안하게 되었습니다" 하고 말했다.

뒤에 알게 된 일인데 헤드 테이블에 앉은 북한측 실세(사로청)는 부단장은 말할 것도 없고 김 대사보다도 끗발이 센 듯 "왜 남조선 대사관 하자는 대로 끌려만 가는가" 하고 닦달하면서 연일 북한 대사에게 기합을 주었다고 한다. 북한 대사관의 그 서기관은 항상 김 대사를 옆에서 감시하는 역할을 하면서 사로청 실세에게 보고한다고 하였다.

관저에서 식사를 제공할 수 없게 되자 우리는 선수단이 묵는 호텔과 교섭하여 한국 요리사를 서울에서 데리고 와서 호텔식당에서 격일로 한국 음식을 만들어 선수들에게 제공할 수 있도록 하여 식사문제를 해결하였다.

김치와 된장, 고추장 등 한국 음식을 서울에서 충분히 보내왔고 현지에서 불고기도 자주 만들어 선수들의 스태미나를 북돋아 주었다. 자연히 경비가 많이 들었으나 본부에서 약속한 대로 지원을 잘해 주어서 식사문제는 해결이 되었다.

남·북한 선수들은 연습경기 중 같은 호텔에 묵으면서 식사도 같이 하였는데 잠자는 방의 층은 다르게 남측 선수들은 2층에, 북측 선수들은 3층에 있었다. 북측 선수들이 머무는 층의 복도에는 항상 북측 임원이 의자를 갖다놓고 앉아 있었다.

우리 요원들이 지나가면서 "왜 나와 있느냐?"고 물으면 더워서 바람을 쐬고 있다고 하면서 부채질을 하였다고 한다. 아마도 선수들을 감시하고 있는 것 같다고 하였다.

이럭저럭 연습기간이 끝나고 6월 14일 포르투(Porto)에서 개막식과 개막전이 열렸다. 나는 포르투갈 대통령에게 신임장을 제정한 지 얼마 되지 않았으므로 포르투 주재 우리 명예영사인 S'apreira 씨에게 가능하면 대통령과 수상 근처 자리를 잡아 달라고 부탁하여 두었다. 대통령이나 수상과 이야기할 기회를 가질 수 있기 위해서였다.

개막식 자리에 가 보고 나는 좀 놀랐다. VIP석이라 하여도 일반석과 별로 다른 점이 없이 옆에 다닥다닥 붙어 있는데 그 맨 앞줄에 Soares 대통령과 Cavaco Silva 수상이 포르투갈 축구협회장 등과 나란히 앉아 일반 구경꾼들처럼 담소하고 있었다.

우리나라 같으면 대통령이나 총리가 있는 자리가 별도로 특별히 마련되고 그 주변은 비워 두는 것이 보통 아닌가. 나는 그것을 보고 역시

포르투갈의 Mario Soares 대통령에게 신임장을 제정했다.

이 나라는 민주주의라는 면에서 우리나라보다 한 걸음 앞선 나라라는 인상을 받았다.

나는 대통령과 수상이 앉은 맨 앞줄 바로 뒷줄 좌석에 자리를 잡고 그들과 간단한 인사를 나눈 다음 포르투갈과 이집트의 개막전을 관람하였다. Soares 대통령은 나에게 포르투갈 선수 중 10번 선수를 주목하여 보라고 일러 주었는데 그 언동이 퍽 서민적이었다. 그 10번 선수는 João Pinto라는 선수인데 뒤에 국가대표선수가 되어 2002년 한·일 월드컵 대회에서 한국 팀과 대전할 때 레드카드를 받고 퇴장 당한 바로 그 선수이다.

그 이튿날인 6월 15일 우리 단일팀은 포르투 경기장에서 강팀인 아르헨티나와 첫 시합을 가졌는데 예상을 깨고 경기종료 직전 북측 공격수 조인철 선수가 통쾌한 중거리 슛으로 한 골을 넣어 아르헨티나를 1 : 0으로 눌렀다.

나는 근처에서 관람하던 북한의 김 대사에게 달려가서 우리 단일팀 선수들에게 가 보자고 그의 손을 잡아끌었다. 선수들이 있는 락커룸에 가 보니 땀에 흠뻑 젖은 선수들이 옷을 갈아입고 있었다. 남·북한 선수를 가릴 것 없이 하나하나 붙잡고 악수를 하며 "참 잘했다!", "수고했다!"를 연발하였다. 북한의 김 대사도 뒤따라 악수했다.

선수들을 격려하고 돌아오는 길에 북한 방송국 기자라고 자칭하는 자가 마이크를 나에게 내밀면서 물었다.

"기분이 어떻습니까?"

"기분이 좋습니다."

"이렇게 단일팀을 구성하여 세계무대에서 자주 경기를 해야 한다고 생각하십니까?"

"물론이죠."

첫 출발은 좋았으나 나머지 8강전에서 강호 브라질 팀에 패하여 애석하게도 4강 진출에 실패하였다. 그래도 8강까지 진출한 것은 놀라운 성과였다.

결국 주최국인 포르투갈이 우승하였는데 그 당시 포르투갈의 청소년 팀에는 Soares 대통령이 언급한 Jõao Pinto외에 Figo나 Nuno Gomes 등 후일 포르투갈 국가대표로 성장하여 유럽을 석권한 쟁쟁한 선수들이 뛰고 있었으며 그 팀이 후일 2002년 한·일 월드컵대회에 와서 우리 대표팀에게 일격을 당한 것이다.

모든 공식시합이 끝나고 단일팀 선수단을 전송하기 위하여 공항에 갔다. 공항 한쪽 구석에서 북측 임원들 서너 명이 쪼그리고 앉아 있는 것이 보였다. 무엇을 하는가 자세히 보았더니 무슨 배지를 가슴팍에 서로 달아 주고 있었다.

2. 아내의 부상과 기적

내가 주 포르투갈 대사로 발령을 받았을 때 큰딸 경실이는 미국 스탠퍼드 대학에서 전자공학과 박사과정을 이수 중인 박홍수 군과 결혼하여 박 군과 같이 미국에서 살고 있었고, 둘째 딸 경원이는 보스턴 대학을 마치고 스탠퍼드 대학에서 전자공학과 석사과정을 이수하고 있었다. 그 밑의 셋째 딸 경진이와 막내딸 남주는 서울 연세대에 다니고 있었는데 기숙사에 있기가 불편하여 따로 작은 아파트를 얻어 자취하기를 희망하였다. 그래서 아내는 나와 같이 부임하지 못하고 아이들의 아파트를 구해 주고 미국에 가서 스탠퍼드 대학에 다니는 아이들 사는 것을 챙겨 준 다음 4월 22일에야 리스본에 도착하였다.

아내는 도착하자마자 관저의 집기(什器) 등을 챙겼다. 대사 부인으로서 해야 할 일의 주요 부분은 주재국의 각계 인사들을 관저에 초청하여 오찬이나 만찬을 준비하는 것이므로 집기나 가구 등을 면밀하게 챙겨야 했다. 더구나 그때는 청소년 축구 남·북한 단일팀이 한 달 후 포르투갈에 와서 장기 체류하면서 국제경기에 참가하게 되어 있었으므로 그 단일팀의 선수들을 잘 먹여야 하는 일이 기다리고 있었다.

이미 앞에서 말한 바와 같이 단일팀 선수단이 도착한 다음 우리가 남·북한 대사관저에서 번갈아 가며 선수들에게 한국 음식을 먹이자고 제안하였으나 북한 측이 반대하여 할 수 없이 호텔과 교섭하여 호텔에서 한국 음식을 격일제로 제공하기로 협의가 되어 이 문제가 해결되었지만, 아내가 도착한 그 무렵에는 당연히 우리 관저에서 해야 할 것으로 생각하고 있었던 것이다.

그런데 여기서 그만 불행한 일이 터졌다. 부엌 높은 찬장 안에 있는 집기들을 점검하기 위하여 철제 접는 의자를 놓고 그 위에 올라서서 높은 곳의 집기를 손으로 더듬던 아내가 의자가 접히는 바람에 딱딱한 부엌 밑바닥에 옆으로 떨어져 버린 것이다. 허리 밑의 대퇴부를 강하게 들이받아 그 통증을 보아 뼈나 신경이 상했을 것으로 짐작되었다.

리스본에서 비교적 수준급이라는 British Hospital에 가서 X-ray를 찍었는데 의사의 말이 뼈에 금이 약간 갔으므로 수술을 하는 것이 좋을 것이라고 하였다. 물론 수술하지 않고도 치유가 되지만 나이가 들어서 시일이 오래 걸릴 것이라고 하였다.

그때부터 아내는 휠체어를 타고 이곳저곳 의사를 찾아다니면서 물어

보고 집에서는 꼼짝도 하지 못하고 누워서 뜨거운 타월로 통증 나는 곳을 찜질하였다. 그때는 도우미도 도착하기 전이었으므로 대사관 직원 부인들이 교대로 와서 식사를 돌봐 주고 밤에는 내가 직접 뜨거운 찜질을 해 주었다. 남·북한 청소년 단일팀의 도착을 앞두고 눈앞이 캄캄하였다.

British Hospital에서는 수술을 권하지만 이미 나이가 있기 때문에 되도록이면 수술을 하지 않고 고치는 방법을 찾고 싶었으므로 여러 의사에게 가서 의논하였다.

아내가 그렇게 드러누워 일어나지 못하니 나 자신도 기운이 다 빠지고 맥이 풀렸다. 밖에서 다른 여인들이 활발하게 걸어 다니는 것을 멍하게 바라보면서 저 여인의 남편들은 얼마나 행복할까 하는 상념에 사로잡히기도 하였다. 일생 중 처음 겪어 보는 불행이요, 시련이었다.

수술을 해야 하느냐 마느냐 고민하면서 통원 치료를 계속하던 중 아내가 다친 지 3주일이 지났을 무렵, 정확히는 5월 15일 그날은 두 의사와의 예약이 잡혀 있었다. 오후 1시에는 포르투갈의 여류 화가가 소개한 의사와 예약이 되어 있었고, 오후 2시 30분에는 포르투갈 보건부 차관이 소개한 의사와 예약이 되어 있었다. 오후 2시 30분에 예약이 된 의사는 보건부 차관이 소개하였으므로 그 의사에게 많은 기대를 하고 있었고 오후 1시에 예약된 의사에게는 그다지 기대를 하지 않았지만 기왕에 예약이 되었으니 가 보기나 하자고 먼저 가 보았다.

그 의사 방에 들어서니 40대의 의사가 우리를 맞이하였다. 검소하게 꾸며진 방 한구석에는 별로 크지 않은 전신골격 인체표본이 서 있었고 환자용 침대가 덩그러니 놓여 있었다. 우리 이야기를 다 듣고 난 그 의사는 아내를 침대 위에 뉘어 놓고 다친 부위와 주변을 손으로 지압하듯

눌렀다 놓았다를 약 15분간 하더니 아내에게 일어나서 혼자 걸어 보라고 하였다. 그런데 이게 웬일인가.

그동안 누워서 꼼짝도 못하던 사람이 똑바로 서서 뚜벅뚜벅 내 앞으로 걸어오는 것이 아닌가. 나는 내 눈을 의심하였다. 기적 같은 일이었다. 의사는 "돌아가면서 휠체어는 돌려주라"고 하였다(휠체어를 타고 진찰실에 들어갔던 아내가 직접 걸어 나오는 것을 본 우리 기사는 눈이 휘둥그레지고 입을 벌린 채 놀라서 아무 말도 못하고 서 있었다). 돌아오는 길에 휠체어를 반납하고, 오후 2시 30분 예약 의사에게는 물론 가지 않아도 되었다.

어떻게 이런 기적이 일어났는가. 아내는 교회에 다니고 있었으므로 옆구리를 다친 뒤 하느님께 열심히 기도하였을 것이며 나는 나대로 아내의 쾌유를 어머니, 아버님께 간곡히 빌었었다. 아내는 하느님께서 이런 기적을 이루어 주셨다고 믿고 있으며, 나는 돌아가신 아버지, 어머니께서 도와주신 것으로 믿고 있다.

3. 해군 순양함대의 리스본 기항

해군사관 생도들을 태운 순양함 2척이 1991년 11월 16일 포르투갈의 리스본 항에 기항하였다.

함대를 이끌고 온 장정길(張正吉) 제독은 마침 내가 주 베네수엘라 대사 때(1986~1989) 베네수엘라 주재 무관(武官)으로 같이 근무한 인연이 있어 반갑게 재회의 기쁨을 나누었다. 도착 이튿날 저녁에는 장 제독과 그 참모들을 관저 만찬에 초대하여 회포를 풀었다.

1991년 11월 16일 우리 해군의 순양함대가 리스본에 기항했다. 함대를 이끌고 온 장정길 해군 제독은 내가 베네수엘라 대사 때 무관으로 있었다.

그 다음날인 11월 18일에는 순양함상에서 리셉션이 개최되었다. 이 리셉션에는 포르투갈에 있는 한국의 교포, 상사직원 가족 및 학생들 전원이 초대되었고, 우리나라의 힘만으로 제조된 순양함을 과시하기 위하여 많은 포르투갈 인사들도 초대되었다.

군악대가 연주하는 음악에 따라 함상 분위기는 점점 무르익어 갔다. 머나먼 바다를 항해하면서 고국과 육지가 그리웠던 해군사관 생도들과 이역만리에서 자랑스러운 순양함과 믿음직스러운 우리 해군사관 생도들을 만나 보는 한국교포, 상사직원, 가족 및 학생들의 반가움이 하나로 어울려 군악대가 연주하는 음악에 맞추어 손에 손을 잡고 강강수월래 등을 추면서 밤이 깊어 가는 줄을 몰랐다.

순양함에 초대된 포르투갈인들은 이런 광경을 부러운 듯이 바라보면서 자기들도 덩달아 손뼉을 치고 장단을 맞추어 한국의 밤을 축하하여 주었다.

4. 국회의원단의 방문

내가 포르투갈에 부임한 첫 해인 1991년에는 유난히 많은 국회의원단이 포르투갈을 방문하였다. 여·야 국회의원 4명과 한두 명의 국회직원으로 구성된 각 분과위원회가 처음에는 5개 팀이 온다고 하더니 뒤에 한 팀은 취소되고 4개 팀이 방문하였다.

이 4개 팀이 7월 하순에서 8월까지의 여름휴가 기간에 한꺼번에 들이닥친 것이다. 의원외교를 위하여 방문하는 것이므로 카운터파트인 이곳 포르투갈 국회의원들과의 면담을 주선하여야 할 것이지마는 여름휴가 기간이라 그것이 불가능하였다. 부득이 각 분과위원회가 관할하는 분야를 담당하는 정부기관이나 사법기관 방문 등을 어렵게, 어렵게 마련하였다.

7월 하순, 상공위원회 의원단이 맨 먼저 도착하였다. 상공의원단은 포르투갈의 상역·관광장관(이하 상역장관)을 방문하도록 준비가 되어 있었는데 나는 이 기회에 우리나라가 1993년에 대전에서 개최예정인 특별 엑스포(Expo)에 포르투갈이 꼭 참가하도록 상역장관에게 요청하도록 우리 의원단에게 부탁하여 두었다.

당시 본부에서는 어렵게 유치한 대전 특별 엑스포에 되도록 많은 나라가 참가하도록 교섭하라는 지시를 전 재외공관에 하달하고 있었다.

우리 의원단은 상역장관을 방문한 자리에서 그렇게 요청하였고 그 자리에서 상역장관은 "포르투갈이 대전 특별 엑스포에 꼭 참가하겠다"고 시원스럽게 대답하였다.

여러 분과위원회 의원단이 지나가고 마지막으로 8월 하순에 법제사법위원회 의원단이 도착하였다. 법사위 의원단은 카운터파트가 마땅치 않아 포르투갈 대법원장을 방문하도록 되어 있었다. 법사위 의원들 중에는 법조계 출신이 많고 나도 사법과 출신이므로 포르투갈 대법원장을 만나면 무슨 대화가 오갈까 기대하면서 대법원장실에 들어갔다. 양국의 사법제도나 헌법재판제도 또는 형사정책 문제 등에 관한 의견교환 등을 예상하였다.

우리 의원단의 단장은 처음 인사말을 한 다음 포르투갈이 UN을 비롯한 여러 국제무대에서 한국의 입장을 지지해 준 데 대하여 감사한다는 요지의 말을 하였다. 이윽고 단장은 우리 의원단을 돌아보며 무슨 다른 질문을 할 것이 없느냐고 물었다. 그때 한 의원이 불쑥 나섰다.

"내가 한 가지 물어보겠다. 대법원장 사무실이 왜 이렇게 협소한가?"

나는 그 순간 얼굴이 화끈 달아오르는 것을 느꼈으며 대법원장과는 인사를 하는 둥 마는 둥 한 채 정신없이 그 방을 나왔다.

5. 대전 엑스포와 Mario Soares 대통령의 방한

우리나라는 1993년 10월에 대전에서 특별 엑스포를 개최하도록 세계박람회기구에 신청하여 승인을 얻어 놓고 있었는데 그 엑스포에 되도록 많은 국가의 참가를 유치하기 위하여 외교적인 노력을 경주하고

있었다. 그래서 포르투갈의 경우에도 우리 국회 상공위원회 의원단이 포르투갈 상역장관을 방문한 기회에 내가 우리 국회 의원단에게 부탁하여 포르투갈 상역장관에게 포르투갈의 대전 엑스포 참가를 요청하여 장관으로부터 "포르투갈도 참가하겠다"는 대답을 받아낸 바 있음은 앞에서 말한 바와 같다.

나는 그 후에도 상역장관뿐만 아니라 포르투갈 외무성의 경제총국장이나 상역성의 통상진흥총국장을 만날 때마다 이 문제를 거론하여 포르투갈의 참가에 대하여 계속 다짐을 받고 있었다.

그러던 중 1992년 하순경 나는 상역성의 통상진흥 총국장을 오찬에 초대한 자리에서 그로부터 뜻밖의 이야기를 들었다. 그는 포르투갈이 대전 엑스포에 참가하는 방향으로 그동안 검토했는데 최근 정부의 재정형편이 어려워져 대전 엑스포 참가가 어렵게 되었다는 것이었다.

나에게는 청천벽력이었다. 통상진흥총국장은 국제 엑스포 참가문제를 담당하는 최고실무책임자로서 그 사람이 참가가 어렵다면 불가한 것이었다. 그러나 그 사람은 상역장관 밑에 있는 자인데 어떻게 상역장관이 "참가하겠다"고 우리에게 약속해 놓고 이제 와서 예산부족으로 참가할 수 없게 되었다고 할 수 있는가.

나는 한참 생각한 끝에 통상진흥총국장에게 다음과 같이 조용히 말하였다.

"이 문제는 작년에 우리 국회의원단이 상역장관을 방문하였을 때에 상역장관으로부터 '꼭 참가하겠다'는 약속을 직접 들은 사안이고, 따라서 우리 정부로서는 포르투갈은 당연히 참가하는 것으로 알고 있다. 지금 와서 포르투갈이 참가할 수 없다고 한다고 현지 대사가 어떻게 보고할 수 있겠는가. 나는 오늘 이야기는 듣지 않은 것으로 하겠으니 계속 참가하는 방향으로 검토해 달라."

이렇게 강경한 입장을 표시한 다음 외무성 경제총국 쪽으로 강한 불만과 함께 통상성의 방침을 바꾸도록 외무성 쪽에서 힘써 줄 것을 강력히 요청하였다.

한편 나는 포르투갈에 부임하였을 때부터 한·포 양국 간 정상회담이 실현되면 양국관계의 한 단계 높은 발전을 위하여 도움이 될 것이라고 생각하고 있었다.

포르투갈의 당시 국가 원수는 Mario Soares 대통령이었고, 수상은 Cavaco Silva 씨였다. 대통령은 사회당의 원로로서 국제사회주의 연맹 (Socialist International)에서 영도적인 역할을 해 온 비중 있는 인사이며, 수상은 민주사회당의 당수로서 양인은 포르투갈에서 미묘하게 대립하는 라이벌 관계에 있었다.

그러면 이 두 사람 중에 누구를 방한 초청할 것인가? 격이나 비중으로 보아서는 국가 원수인 대통령을 초청하여야 할 것이지만 대통령은 이미 수상시절에 한국을 공식 방문한 일이 있고, 많은 실질적인 권한은 정부수반인 수상이 가지고 있었으므로 이번에는 수상을 초청하는 것이 순서일 것이었다.

이 문제로 고민하던 중 대통령의 비서실장이 주 이탈리아 대사로 발령을 받아 부임하면서 나에게 귀띔하여 주는 것이 아닌가.

"대통령께서 수상 시절인 1984년 한국을 방문한 바 있는데 한국을 너무 좋아한다고 하면서 대통령 자격으로 꼭 한 번 더 가고 싶어 한다."

이러한 상황에서 나는 어느 쪽의 방한을 강하게 추진할 수도 없어 대통령과 수상 양쪽의 비서실과는 수시로 접촉을 유지하면서 사태의 추이를 관망하고 있었다.

나는 포르투갈 재임 중 사회당 인사로서 Mario Soares 대통령과 절친한 사이인 Raposo 호민관(우리나라의 고충처리위원장 격)과 가깝게 지냈다. 나의 임기 내 수시로 관저나 식당에서 식사하면서 이야기를 나누었는데 호민관은 대통령과 격의 없이 만나서 이야기한 정치적 문제 등을 나에게 알려 주곤 하였다.

나는 Raposo 호민관을 유력인사 초청 케이스로 방한 초청할 것을 본부에 건의했다. 그래서 그는 왕복항공료와 체재비를 우리 정부가 부담하는 조건으로 한국을 방문하였다.

나는 호민관에게 포르투갈이 대전 엑스포에 참가하기로 했다가 지금와서 예산사정으로 참가하기가 어렵게 되었다고 들었다면서, 포르투갈이 참가하지 않는다는 것은 말이 안 된다고 지적하였음은 물론이다.

이야기는 되돌아가서 내가 외무성을 통하여 포르투갈의 대전 엑스포 참가를 촉구하고 있던 중, 외무성으로부터 반가운 소식을 듣게 되었다. 포르투갈이 대전 엑스포에 참가하기로 하고 마카오에 있는 포르투갈의 관광예술단을 대전 엑스포에 보내서 '포르투갈의 날' 행사를 거행하며 대통령이 그날에 맞추어서 한국을 방문하여 그 행사를 주재한다는 소식이었다.

Mario Soares 대통령은 일본 황태자로부터 답방(答訪) 초청을 받았는데 (1991년에 일본 황태자가 포르투갈을 공식 방문함) 그 답방으로 일본을 방문하고 이어서 한국을 방문하여 대전 엑스포의 포르투갈 전시장에서 개최되는 '포르투갈의 날' 행사를 주관한다는 것이었다.

나는 쾌재(快哉)를 불렀다. 포르투갈의 대전 엑스포 참가와 Mario Soares 대통령의 한국 방문이 한꺼번에 이루어지게 된 것이다. 그때가 1993년 5월경이었다.

Soares 대통령 방한에 앞서 대사관저로 대통령 내외를 초청하여 만찬을 열었다. 국가원수를 관저에 초청해 본 것은 처음이었다. Soares 대통령은 좌측에서 두 번째, 아내 옆에 앉아 있는 인물이다.

나는 즉시 일본 대사와 접촉하여 Mario Soares 대통령의 방일 일정을 문의하였고 외무성의 Santiago 의전장을 방문하여 그런 사실을 확인하였다. 포르투갈 외무성의 의전장은 외무성 소속이었으나 우리나라와 달리 외무성뿐 아니라 대통령의 의전장도 겸하고 있어 대통령의 해외 각국 방문에 반드시 수행하고 관계 의전업무도 담당하고 있었다. 나는 그 의전장과도 평소에 가깝게 지내는 사이였다.

　Mario Soares 대통령의 방한 일자가 1993년 10월 14일부터 10월 18일로 확정되었다. 나는 의전장에게 대통령 일행이 출발하기 전에 일행을 한국대사관저에 초대하여 만찬을 베풀고 싶다는 희망을 표시하고 포르투갈 대통령 Soares 15일 방한 기사 (〈매일경제〉 1993. 10. 8).

의전장의 협조를 요청하였다.

의전장은 자기가 대통령에게 나의 뜻을 전하고 참석하도록 권해 보겠다고 하였으나 나는 유럽지역의 국가원수로서 주재대사가 관저에 초대하는 만찬에 참석하는 예가 거의 없다는 것을 잘 알고 있었으므로 대통령의 참석은 사실상 기대하지 않고 있었다. 그런데 대통령은 나의 만찬초대에 쾌히 응해, 1993년 10월 4일 저녁 대통령 일행 14명은 우리 관저만찬에 참석하여 보글보글 끓는 신선로를 비롯한 한국의 전통음식을 즐기면서 밤 1시가 지나서까지 자리를 뜰 줄 몰랐다.

대통령은 그날 저녁 나에게 포르투갈에 나와 있는 북한 대사로부터 끈질기게 북한을 방문해 달라는 요청을 받았으나 자기는 북한을 방문할 뜻이 전혀 없다는 점을 분명히 하면서 북한 대사관이 리스본에 있지만 나가라고 할 수 없어서 어쩔 수 없이 있는 것이지 포르투갈로서는 전혀 관심을 두지 않고 있다고 말하였다.

관저 만찬 후 나는 만찬에서 오고 간 대화내용 등을 본부에 보고하면서 대통령이 비록 엑스포 참석을 목적으로 가지만 대통령의 방한 중 김영삼(金泳三) 대통령과의 면담 등 공식방문에 준하는 예우를 베풀어 줄 것을 건의하였다.

한편 나의 전임 주 포르투갈 대사였던 유혁인(柳赫仁) 국제교류재단 이사장에게 연락하여 포르투갈 대통령의 방한 중 〈동아일보〉 등에서 기자회견을 할 수 있도록 주선하여 줄 것을 부탁하였다.

Mario Soares 대통령은 1993년 10월 14일 한국을 방문하여 김영삼 대통령을 방문, 면담하고 판문점 시찰 등 양측이 협의한 바에 따라 공식행사에 준하는 일정을 마치고 〈동아일보〉와 단독 기자회견을 하였으며, 10월 18일에는 포르투갈의 마카오 예술단의 공연을 포함한 대전 엑스포 '포르투갈의 날' 행사를 주관하였다.

6. 문화사절단의 공연

1992년 6월 18일 낮 리스본의 Restelo가(街) 15번지에 있는 대한민국 대사관저에서는 한국 문화사절단을 위한 가든파티가 열리고 있었다. 이 문화사절단은 스페인의 세비야(Sevilla) 박람회 '한국의 날' 기념 공연을 마치고 귀로에 포르투갈의 리스본에 들러 그 전날인 17일에 리스본의 로시우 광장 끝에 있는 국립극장에서 공연을 하였는데 그 성공적인 공연을 축하하고 또한 노고를 치하하기 위하여 마련한 연회였다.

아내와 대사관 직원 부인들이 준비한 불고기, 김치 등 한국 음식을 먹으면서 분위기가 무르익어 가던 중 국립무용단의 여자 무용수 한 명이 나에게 다가와서 인사를 하며 반가워하였다.

"10년 전에 칠레의 산티아고 공연 때 그곳 관저에서 뵙고, 또 여기서 뵙게 됩니다."

나는 10년 전에 88올림픽을 홍보하기 위하여 본부에서 남미지역에 국립무용단을 파견하면서 칠레를 빼 놓았던 것을 내가 본부에 강력히 건의하여 칠레공연을 성사시켰던 일을 회상하였다.

나는 국립무용단의 공연과는 인연이 많은 것 같다. 내가 1960년대 주 제네바 대표부 2등 서기관 시절에 국립무용단이 제네바에서 공연한 일이 있었는데 당시 공관장이 교체되는 시기여서 차석인 나의 집에서 그 많은 단원들에게 한식을 대접하느라고 땀을 뺀 일이 있었다. 그 다음 10년 전에 88올림픽을 홍보하기 위한 칠레공연을 성사시켰고, 이번이 세 번째가 되는 것이다.

나는 한국 전통무용을 볼 때마다 다른 아시아 국가들의 전통무용과 비교해서 우리의 전통무용만큼 우아하고 세련된 춤은 없다고 단언한다. 일본의 춤은 직선적이고 단절되는 데가 많고 중국의 그것은 acrobatic한 편이지만 우리나라의 춤은 곡선적이고 연속적이며 훨씬 부드럽고 자연적이었다.

내가 이와 같이 평하면 아내는 우리나라의 춤이라고 우호적인 편견을 가지고 보는 게 아니냐고 웃으면서 말하지만 나는 그때마다 "객관적 평가"라고 단호히 말하곤 했다.

관저 가든파티 전날인 6월 17일 저녁에 포르투갈 국립극장에서 약 2시간 동안 진행된 우리 문화사절단의 민속무용 공연도 리스본 사람들의 절찬을 받았다. 특히 김덕수 사물놀이패의 '사물놀이'가 끝난 뒤에는 온 장내가 광란의 도가니였으며 공연이 끝난 후에도 관중들이 떠날 줄을 몰랐다.

국립극장 옆에 있는 식당에서는 너무 흥분하여 공연이 끝난 후 귀가하는 한국인 관객들 전원에게 무료로 음식을 제공하였다.

7. Fado

주 베네수엘라 대사 시절까지만 해도 막내인 남주 하나만은 우리가 데리고 있었으나 남주마저 연세대에 진학한 뒤인 포르투갈 시절부터는 완전히 우리 내외만 대사관저를 지키는 쓸쓸한 신세가 되었다. 그래서 이산가족이 상봉하기 위하여 공관장 회의 때에 우리가 서울에 가서 아이들을 만나거나, 아이들이 방학을 이용하여 우리가 있는 리스본에 와서 휴가를 같이 지내곤 하였다.

1992년 말에도 크리스마스 휴가를 이용하여 아이들이 왔다. 포르투갈에서는 Lisbon-Estorial-Cascais-Cabo da Roca로 이어지는 대서양 해변가 드라이브를 즐겼으며, 저녁에 파두(Fado)를 부르는 집에 간 일이 특히 잊혀지지 않는다.

그날이 마침 포르투갈의 대표적인 파두 가수인 Amalia Rodrigues의 81세 생일이어서 마침 이 국민가수를 초대하여 축하 연주회를 하는 날이었다. 우리가 그 집에 간 것은 실로 우연의 일치였다. 밤 10시가 지나면서 검은 의상에 몸을 감싼 여자 가수들이 파두를 부르기 시작하였다. 슬픈 감정을 가슴속 밑바닥으로부터 끌어올려 노래하는 것을 듣고 있으면 그 힘에 압도되어 자기도 모르게 포르투갈의 정서에 빨려 들어갔다.

파두는 애조(哀調)를 띤 포르투갈의 민요로서 '비련', '이별', '고독', '죽음' 같은 슬픈 감정을 표현했다. 이것은 'Saudade'라고 하는 포르투갈의 국민성과도 관계가 있다고 한다. Saudade라는 말은 '향수 같은 것', '반가움', '즐거움', '슬픔' 등이 섞인 감정으로서 정확하게 다른 나라 말로는 번역이 안 되는 독특한 포르투갈 정서라고 한다.

포르투갈이 15~16세기의 대항해 시대에 남편을 외지에 장기간 보내고 집에 남은 아낙네들이 외로움을 달래기 위하여 이렇게 구슬픈 곡조로 불렀던 것일까.

　Rodrigues 여사는 그때(81세 생일날)로부터 몇 년 전에 한국에도 와서 파두를 불렀다고 하는데, 우리 아이들이 여사에게 가서 인사도 하고 한국 이야기도 하였다. 파두 노래가 무르익어 가자 여러 사람이 일어나서 춤을 추었는데 우리들도 권유에 따라 그 춤 대열에 합류하여 Rodrigues 여사의 생일을 축하하여 주었다.

10
주 스페인 대사

1. 신임장 제정

나의 동료대사들 중에는 일본이나 영국 같은 왕국에 근무한 사람들이 있었는데 그런 대사들은 신임장을 제정하러 갈 때 마차를 타고 갔노라고 은근히 자랑하는 것을 들은 일이 있었다. 그런데 나도 네 번째 대사직에 스페인 왕국으로 발령을 받아 마차를 타고 가서 Juan Carlos 왕에게 신임장을 제정하게 되었다.

1994년 3월 16일, 그날은 화창한 봄 날씨였다. 아침, 정해진 시간에 스페인 외무성의 의전차장이 관저로 나를 마중하러 나왔다.

모닝코트로 예복정장을 입은 나는 역시 정장을 한 수행원, 우리 대사관의 무관과 공사를 대동하고 의전차장의 안내로 일단 외무성에 도착하였다. 시간에 맞추어 외무성 정문에 내려와 보니 영화에서나 보던 16~17세기 왕정시대의 화려한 마차 두 대가 대기하고 있었다.

각 마차에는 좌우로 두 명씩 왕정시대의 복장을 한 호위병이 끝에 실타래 장식이 달린 기다란 봉을 들고 서 있었다. 의전장의 안내에 따라 한 마차에는 나와 의전장이 타고, 다른 마차에는 수행원 2명이 탔다.

마드리드 ★
마요르카

1994~1996년 (주 스페인 대사).

시간이 되자 여섯 마리의 말이 이끄는 내가 탄 마차가 천천히 출발하였
다. 마차 뒤에는 24명의 백마기병대가 뒤따랐다.

외무성은 마드리드의 중심인 Puerta del Sol 바로 건너편에 있는데
거기서 왕궁까지는 마차로 약 15분 거리였다. 외무성에서 왕궁으로 가
려면 Mayor 광장을 대각선으로 질러가야 하는데 이 광장의 한가운데
에는 Felipe 3세의 기마상이 우뚝 서 있었다.

마차가 천천히 지나가면 차륜과 밑바닥의 마찰소리가 요란하였다.
마차가 지나가며 내는 소리는 꼭 왕정시대를 배경으로 한 영화에서 듣
던 그 소리였다.

Mayor 광장에 나가 보니 신임대사가 신임장을 제정하러 가는 광경

을 구경하러 나온 관광객들로 꽉 차 있었으며 더러는 손을 흔들기도 하고 소리도 지르고 하는 것이었다. 옆에 앉은 의전장에게 물었더니 의례히 그렇게 관광객들이 나와서 구경하게 되어 있다고 하였다. 실제 행사를 관광객 유치에 활용하는 것을 보니 역시 관광대국이 다르구나 하고 감탄하였다.

드디어 왕궁에 도착하였다. 왕궁 정문 앞에도 관광객들이 운집하고 있었다. 왕궁 게양대에는 태극기가 펄럭이고 있었고, 우리들의 마차가 왕궁 정문에 들어서자 우리나라 〈애국가〉가 장엄하게 울려 퍼지기 시작하였다. 나는 나도 모르게 가슴이 찡하는 것을 느꼈다.

스페인 국왕에게 신임장을 제정하러 가는 모습.

나와 의전장이 타고 있는 마차와 기마대가 왕궁에 들어서자 악단은 우리나라 〈애국가〉를
연주해 주었다.

　붉은 카펫이 깔린 넓은 계단을 올라갈 때에는 왕정시대 복장으로 무
장한 경호원이 군데군데에 도열하고 있었다. 식장에 도착하여 잠깐 기
다렸다가 의전장의 안내에 따라 스페인 국왕인 Juan Carlos Ⅱ세에게
신임장을 제정하였다.

　훤칠한 키의 Juan Carlos 왕은 부드럽게 대해 주었으며, 신임장 제
정이 끝난 후 나와 스페인 외무차관만을 별실에 안내하여 약 10분 동안
이야기하였다. 당시 외상이 출장 중이어서 외무차관이 외상대리로 배
석하였다.

스페인 국왕 Juan Carlos 2세와 한국방문 가능성을 논의하였다.

나는 먼저 김영삼 대통령의 안부를 전한 다음, 미리 준비한 대로 Juan Carlos 왕이 한국을 방문해 주시기를 우리 대통령과 국민이 바라고 있다고 스페인어로 말하였다. 그리고 Juan Carlos 왕의 한국 방문은 한국에 대한 이해를 넓히며, 결과적으로 양국 간 우호관계 증진에 크게 기여할 것이라고 하였다.

내 말이 끝나자 Juan Carlos 왕은 자기 가족들(왕비와 왕세자 및 공주)은 88년 서울올림픽 때에 모두 한국에 가 보았는데 자기 혼자만 못 갔다고 하면서, 가족이 모여서 한국이야기가 나오면 자기 혼자만 화제에 끼지 못한다고 웃으면서 털어놓았다.

"나는 한국에 가고 싶은데, 외무성에서 보내 주어야 가지."

국왕은 옆에 있는 외무차관을 보고 농담반 진담반으로 말하는 것이었다. 나는 그 방을 나오면서 Juan Carlos 왕이 퍽 서민적이라는 인상을 받았으며 한국 방문을 바라고 있다는 느낌을 받았다.

나는 신임장 제정 시에 Juan Carlos 왕과 대화한 내용을 본부에 보고하였으며 내 임기 중에 Juan Carlos 왕의 한국 방문을 반드시 실현시켜야 되겠다고 다짐하였다.

2. 안익태 선생 미망인, 로리타 안 여사

우리나라 〈애국가〉를 작곡하신 안익태(安益泰, 1906~1965) 선생의 미망인인 로리타 안 여사(본명은 Maria Dolores Talavera이나 애칭인 '로리타 안 여사'라고 부르기로 함)가 내가 부임할 당시에 안익태 선생이 사시던 스페인령 마요르카(Mallorca) 섬에 살고 있다는 것은 알고 있었다. 그런데 부임 후 대사관 직원들에게 물어보니 최근에는 대사관과 로리타 안 여사 사이의 관계가 소원해져서 서로 연락이 없다는 것이었다.

들리는 말에 의하면 로리타 안 여사가 살던 집이 팔릴 지경이 되어 현지에서 원양어업과 호텔업을 하는 교포사업가 권영호 씨가 그 집을 사서 한국 정부에 기증하여 로리타 안 여사로 하여금 계속 살게 하였는데, 그것과 관련하여 무엇인가 오해가 생겨 그렇게 되었다는 것이었다.

나는 이유가 어떻게 되었든지 안익태 선생의 미망인을 그렇게 대접할 수는 없다고 생각하였다. 안익태 선생이 어떤 분인가. 나라를 잃고 외국으로 망명하여 나라 잃은 우리 민족의 서러움을 달래 줄 〈애국가〉를 작곡하신 음악가가 아닌가.

안익태 선생은 74개 나라의 국가(國歌)를 연구하여 오선지 앞에 앉아 수도 없이 악보 고쳐 쓰기를 6여 년…. 마침내 새로운 〈애국가〉를 작곡하고 〈코리아 환타지〉라는 제목의 교향곡으로 1938년에 첫 연주하는 감격을 가지셨던 것이다.

안익태 선생은 그 후 유럽을 무대로 음악활동을 하다가 지중해 마요르카 섬에 정착하여 마요르카 교향악단의 초대악장을 역임하였다.

나는 부임하던 해인 1994년 6월 하순에 아내와 같이 로리타 안 여사가 살고 있는 마요르카 섬을 방문하였다. 나는 로리타 안 여사의 집을 방문하고 깜짝 놀랐다. 교포 실업인 권 씨가 사서 한국 정부에 기증하고, 로리타 여사가 살고 있는 그 집이 너무 오래되어 많은 수리를 요할 정도로 헐고 낡았기 때문이었다. 로리타 안 여사는 나를 보더니 하염없는 눈물을 흘렸다.

나는 그동안 대사관에서 소원하게 대한 것에 대하여 깊이 사과하고 따뜻한 위로의 말을 전하였다. 헐고 낡았기는 하지만 바다를 면한 아담한 집이었고, 그 집에서 나오는 길의 이름은 '안익태 거리'라고 돌표식이 되어 있었다.

그날 저녁 로리타 안 여사는 퍽 흥분되어 있었고, 안익태 선생 생전의 활동을 보여 주는 사진첩을 뒤적이면서 시간 가는 줄 모르고 나에게 설명을 해 주는 것이었다.

나는 빠른 시일에 로리타 안 여사를 방문하기 참 잘했다고 생각하면서 몇 가지 복안을 머리에 그렸다.

가장 시급한 것은 낡은 집을 수리해 주는 것이고 가능하면 TV 같은 전자제품과 가구들도 갖추어 주어야겠다고 작심하였다. 다음은 매년

〈애국가〉를 작곡한 안익태 선생의 미망인 로리타 안 여사(오른쪽에서 두 번째, 손녀를 안고 있는 모습).

Mallorca섬에는 '안익태 선생의 거리'가 있다. 왼쪽 끝은 안익태 선생의 딸.

마드리드 대사관저에서 개최하는 우리나라 국경일 리셉션에 여사를 초청하되 왕복여비와 마드리드 체재비를 대사관 예산에서 부담하는 것이었다.

마지막으로 안익태 선생이 창설하고 초대악장이 되었던 마요르카 교향악단이 아직도 마요르카에서 활동하고 있으므로 이 교향악단을 한국에 초청하여 '안익태 선생 기념연주회'의 개최를 추진하여야 되겠다고 마음먹었다.

나는 로리타 안 여사에게 집수리에 소요되는 경비에 대한 견적서를 보내 줄 것을 부탁하고, 나의 임기 중에 다시 방문할 것을 기약하면서 마드리드에 귀임하였다.

집수리 건은 로리타 안 여사로부터 견적서를 받아 필요한 경비를 본부에 요청하였다. 몇 달에 걸친 전화와 편지 및 공문의 왕래 끝에 본부로부터 5천 달러를 지원받아 여사에 보내서 그 집을 수리하였다. 마침 그해 5월에 제1차 한·스페인 문화 공동위원회의 우리 측 대표로 본부에서 이원영(李元永) 문화국장이 마드리드를 방문, 위원회를 마치고 간 일이 있어 이 국장에게 연락하였더니 애를 써서 도와주었다.

당시 바르셀로나에는 삼성전자의 현지법인이 나와 있어 VCR만 연간 65만 대를 생산하고 있었다. 삼성전자의 이현봉 사장에게 로리타 안 여사의 사정을 이야기하였더니 TV 한 대를 흔쾌히 기증하여 여사를 기쁘게 해 주었다.

대사관에서는 매년 마드리드 대사관저에서 개최되는 우리나라 국경일 리셉션 참가여비, 체재비를 대사관이 부담하여 로리타 여사를 초청하였는데 여사는 고령이면서도 매년 참석해 주었다.

마지막으로 마요르카 교향악단을 한국에 초청하여 '안익태 선생 기념연주회'를 개최하고자 서울에 있는 '안익태 기념사업회'와 연락하여 추진하여 보았으나 무슨 이유로 사업회의 태도가 소극적이어서 결국 성사되지 못하였다.

나는 집수리가 끝난 다음에 마요르카 섬을 재차 방문하여 로리타 안 여사와 그 가족(딸과 외손자들)과 친교를 유지하였다. 당시 초등학생이던 외손자가 외할아버지인 안익태 선생과 한국에 대하여 자랑스럽게 이야기하는 것을 보고 흐뭇하게 생각하였다.

3. 문화외교

나는 외교관 생활을 통하여 늘 문화외교의 중요성을 인식하고 또 강조하였다. 우리나라의 경우 조선시대에는 은둔 왕국이었고 일제강점기에는 일본이 대외적으로 한국을 무시하거나 왜곡하였다. 제 2차 세계대전 후에는 분단국가로서 6·25의 전란을 겪고 비참하게 파괴된 모습으로만 세계에 알려져서 우리나라의 역사와 문화 등에 대하여 제대로 소개가 되어 있지 않았다.

특히 유럽 국가들과의 관계에서는 우리가 그들에 대하여 알고 있는 만큼 유럽 국가들은 우리를 잘 알지 못하는 것이 사실이었다. 나는 그래서 스페인에 부임하면서 문화외교에 역점을 두기로 마음을 먹었다.

마침 내가 주 스페인 대사로 부임하기 직전인 1994년 1월에는 한·스페인 외교사상 처음으로 스페인의 Solana 외상이 한국을 방문하여 한·스페인 문화협력 협정을 비롯한 5개 협정(경제협력, 투자보장, 이중과세 방지 및 범죄인 인도)을 체결하였다. 한·스페인 문화협력 협정

한 · 스페인 2중과세방지 협정식 참석을 위해 스페인 외무성으로 올라가는 계단에서.
나의 우측에는 권태면 참사관이 동행하고 있다.

에 따라 1994년 5월에는 이원영 외무부 문화국장이 스페인을 방문하여
제 1회 한 · 스페인 문화공동위원회를 개최하였다.

위원회에서는 한국학 진흥, 양국 간 정부 장학생 교류확대, 문화예
술교류, 언론매체교육 등의 사업을 실시하기로 합의했다. 그 첫 번째
사업의 일환으로 우리 고등학교 스페인어 교사를 위한 하계 연수 실시,
김복희 무용단의 스페인 방문 공연이 실현되었다.

나는 무엇보다도 한국학의 진흥에 힘을 기울여 한국의 정치, 경제,
역사, 교육, 예술 등에 대하여 전문적인 연구를 한 인사들로 하여금 논
문을 작성, 제출토록 하여 그것들을 취합한 소책자를 〈Ensayos y

한 · 스페인 2중과세방지 협정에 서명하고 있는 저자와 스페인의 Solana 외상.

1995년, 한 · 스페인 문화협정의 일환으로 Catalunya 대학에서 한국학 세미나를 개최하였다.

Estudios sobre Corea〉라는 제목으로 발간하여 그 책자를 가지고 마드리드에서 제 1차 한국학 학술 세미나를 개최하였다.

　마드리드에 이어 1995년에는 바르셀로나에서도 한국학 세미나가 개최되었고, 1995년 10월에는 Catalunya주 자치정부 국립언어학교에 한국어 과정이 2년간 시험적으로 개설되었다. 이는 주교육위원회와 자치정부가 있는 바르셀로나에 소재한 삼성전자의 공동 재정후원으로 실현된 것이다.

한국 대사관에서 발간한 한국학 논문집.

4. 동계 유니버시아드대회

1995년 2월 하순에 스페인 북부 피레네 산맥에 있는 소도시 하카 (Jaca)에서 동계 유니버시아드 대회가 개최되었다. 우리나라도 쇼트트랙이 강세인 선수단이 참가하였다.

스페인의 하카는 산골의 아주 작은 도시로서 우리 선수들이 처음부터 그곳에 가서 경기에 참가하였으므로 우리가 관저나 한국 식당에서 한국 음식을 먹여 줄 수가 없었으나 중요한 경기가 있는 날을 택하여 스페인에 거주하는 교포들과 같이 하카까지 가서 응원했다.

우리 교포들은 꽹과리, 징 등을 가지고 가서 열심히 응원하였는데 어린 우리 선수들은 쇼트트랙 부문에서 많은 메달을 따서 교포들을 즐겁게 해 주었다. 특히 중국과 맞붙은 여자 3천 m 계주의 결승전은 쇼트트랙의 하이라이트였는데 마지막 순간에 극적으로 중국에 역전승하여 온 장내가 환호의 도가니가 된 기억이 생생하다.

노란색 헬멧을 쓰고 노란색과 청색 유니폼을 입은 자그마한 우리 젊은 선수들이 세계무대에 나가서 당당히 메달을 따는 장면이 너무나 귀엽고 사랑스러웠다. 그때 금메달을 땄던 선수 중 한 명이 IOC 선수위원을 역임한 전이경 씨이다.

나는 그때 이후 쇼트트랙에 대하여 특별한 관심과 애정이 생겨 우리나라가 출전하는 쇼트트랙 경기가 TV에 방영될 때마다 빼놓지 않고 본다. 쇼트트랙 부문은 우리나라가 여전히 강세이며 최근에는 스피드 스케이팅 종목에서도 좋은 성적을 내고 있어 앞길이 밝다.

5. 투우 (鬪牛)

스페인의 명물은 역시 투우다. 간혹 스페인 사람들 중에서도 사람이 소를 죽이는 장면이 비인간적이라든가 사람이 소의 기운을 다 빼놓고서 소를 죽이는 것은 공정한 시합이 아니라는 등의 이유를 들어 투우를 좋아하지 않는다고 하는 자도 있지만 대부분의 스페인 사람들은 투우를 좋아하는 것 같다.

포르투갈에도 투우가 있는데 스페인의 투우와 다른 점은 스페인의 투우는 마지막 단계에서 투우사와 소의 맞대결 끝에 소를 죽이게 되지만, 포르투갈의 투우는 현장에서 죽이지 않는다는 것이다. 또 포르투갈의 투우는 투우사가 말에 탄 채로 달리면서 소를 유인하여 단창으로 찌르지만 스페인의 투우는 투우사가 마지막에 땅에서 붉은 천(Mureta)을 가지고 소와 진검승부를 하는 것이 다르다. 스페인의 투우가 훨씬 더 스릴이 있다.

각설하고… 나는 마드리드 시가 주 스페인 외교단을 투우장에 초청한 기회에 직접 투우장에 가서 투우를 보았는데 TV로 보는 것보다 훨씬 실감이 나고 재미있었다.

해가 서쪽으로 기울어 투우장의 반이 그늘질 무렵, 사나운 소와 투우사가 햇빛과 그늘을 오가며 생명을 걸고 싸우는 모습은 아주 장관이었다. 관중석을 둘러보니 남녀노소 할 것 없이 부모가 자녀들을 데리고 온 가족이 투우를 구경하면서 같이 소리를 지르며 흥분하고 있었다. 투우사의 용감성을 자녀들에게 구경시킴으로써 용감한 자녀로 키우고자 하는 것일까.

투우의 마지막 단계인 파세(Pase)에서 투우사가 붉은 천을 가지고 소를 농락할 때마다 "올레!", "올레!" 하고 소리 지르는 관중들의 함성이 투우장을 진동시킬 때에는 그야말로 흥분의 도가니였다.

마지막에 투우사가 소의 급소를 찔러 소가 쓰러졌을 때 모든 관중이 환성을 지르면서 넓은 흰 손수건을 양손으로 들고 아래위로 흔들었다. 나는 처음에 그 뜻을 몰랐는데 그것은 관중들이 주재자에게 보내는 신호라는 것이며, 주재자는 그 흔드는 손수건의 수에 따라서 투우사의 성적을 매기게 되어 있다는 것이다.

즉, 투우사가 멋있게 단번에 소의 급소를 찔러 소가 쓰러지면 그 화려한 기술과 용감성에 대하여 투우사에게 죽은 소의 한쪽 귀를 잘라 주라고 요구하는 신호로서 손수건을 흔든다는 것이다. 그러면 주재자의 지시로 쓰러진 소의 한쪽 귀를 잘라 투우사에게 주어진다. 관중들이 그것에 만족하지 않고 계속 손수건을 흔들면 소의 다른 쪽 귀도 잘라서 주고 아주 용감하고 완벽하게 소를 찔렀을 경우에는 아주 드물게 소의 꼬리를 잘라서 주는 경우도 있다고 한다.

아무튼 투우사의 서열(성적)은 연간 소의 귀를 몇 개 받았는가, 소의 꼬리를 몇 개 받았는가에 따라 정하여 진다고 하니 결국 관중들이 투우사의 기량을 평가하게 되는 것이다.

6. Juan Carlos 스페인 국왕의 방한

내가 스페인에 부임하여 Juan Carlos 왕에게 신임장을 제정하였을 때에 왕이 한국방문을 희망하였음은 이미 말한 바 있다. 그때 Juan Carlos 왕은 동석한 스페인 외무차관을 쳐다보면서 "나는 한국에 가 보고 싶지만 외무성에서 보내 주어야 가지"라고 말하였는데, 나는 그 말의 의미를 생각해 보았다. 그 말은 자기로서는 한국방문 의사가 있으니 외무성과 잘 협의해서 추진해 보라는 뜻으로 이해하였다.

그 후 나는 외무성 및 왕실 사무국과의 접촉을 통하여 Juan Carlos 왕의 한국방문 의사를 확인하였다. 신임장 제정 시에 왕이 말한 바와 같이 88서울올림픽 때에 Sofia 왕비가 왕자와 공주를 데리고 서울에 갔는데, 왕자는 조정 선수로, 공주는 승마 선수로 스페인 선수단에 참가하였고, 올림픽 입장식 때에는 왕자가 기수로서 스페인 선수단 맨 앞에서 행진하였다는 것이다.

그때 한국을 방문한 인상이 좋아서 전 가족이 모인 자리에서 한국 이야기가 나오면 Juan Carlos 왕만 대화에 끼지 못하여 한국을 방문하고 싶어 한다는 것이었다.

1995년의 재외공관장 회의가 그해 2월에 서울에서 개최되었다. 나는 그 기회에 우리 정부가 Juan Carlos 스페인 국왕이 한국을 공식 방문하도록 정식 초청할 것을 건의하여 정부는 그렇게 하기로 방침을 정하였다.

여기서 잠깐 Juan Carlos 스페인 국왕의 위상에 대하여 언급하고자한다.

36년 동안 스페인을 철권 통치하던 Franco 총통이 1975년 11월 20일에 사망하자 이틀 후에 Juan Carlos 왕이 즉위하여 스페인에 다시 왕정이 시작되었다. 처음에는 그의 통치가 오래갈 것 같지 않았다. 좌파진영은 '단명왕 Juan'이라고 비아냥거렸다. 그도 그럴 것이 Juan Carlos 왕은 일찍이 Franco의 후계자로 지명되어 있었기 때문에 Franco 노선을 충실히 따를 독재성향의 인물일 것으로 예상되었다.

그러나 예상은 빗나갔다. Juan Carlos 왕은 민주국가 스페인의 입헌

군주로서의 길을 택하였다.

　그 후 1981년 2월 Franco를 추종하는 일부 군인들이 쿠데타를 일으켜 총칼로 의회를 점거한 위기를 맞았다. 그때 Juan Carlos 왕은 군인들에게 자신은 쿠데타를 지지하지 않으며 국외로 나갈 의사가 없음을 분명히 하면서 쿠데타를 일으킨 군인들에게 "나의 시체를 밟고 가려면 가라"고 단호하게 쿠데타에 반대하였다. 이로써 Juan Carlos 국왕은 군 최고사령관이자 민주주의의 수호자로서 권위를 확고히 하였다.

　최근 실시한 여론조사에 따르면 스페인 국민의 75%가 군주제를 지

스페인의 Juan Carlos 국왕에 대한 신년하례식 때.

지하며, 88%가 지난 30년간 Juan Carlos 왕이 이룩한 성과를 인정하고 있다.

외국인 기자들이 성공비결을 묻자 Juan Carlos 왕은 이렇게 대답하였다고 한다.

"왕이 되기 전이나 지금이나 남의 말을 경청하는 것이 가장 필요하다고 생각한다."

스페인 민주화의 성공비결은 바로 국민의 소리를 들을 줄 아는 지도자의 열린 귀에 있다는 것이다.

나는 스페인 재임 중에 Juan Carlos 왕에 대한 재미있는 일화를 들은 일이 있다. 왕은 얼굴을 가리는 보호 면을 쓰고 오토바이를 타고 다니기를 좋아했다. 하루는 한 시민이 발동이 꺼진 자동차를 쩔쩔 매면서 뒤에서 밀고 가는 광경을 보고 오토바이를 세워 놓고 보호 면을 벗은 뒤 고장차를 밀고 가는 그 시민을 도와 같이 밀어 주었다는 것이다. 도움을 받은 그 시민이 Juan Carlos 왕의 얼굴을 알아보고 깜짝 놀라기도 하고 감격하기도 해서 이 이야기가 널리 퍼지게 되어 왕의 인기가 더욱 올라갔다는 것이다.

본론으로 돌아와서 Juan Carlos 왕의 방한 초청장이 정식으로 전달되었고, 스페인 측과의 협의가 순조롭게 진행되어 1996년 1월 어느 날 왕실 사무총장과의 오찬 석상에서 스페인 국왕 내외가 1996년 10월 20일부터 10월 24일까지 4박 5일간 한국을 공식방문하기로 최종 합의되었다.

이 무렵 나는 본부로부터 뜻밖의 통보를 받고 깜짝 놀랐다. 나의 스페인 근무가 2년밖에 안 되고 정년퇴직 임기가 반년이나 남아 있는 상태에서 본부 발령으로 내정되었다는 통보를 받은 것이다. 알아보니 무슨 잘못이 있었던 것도 아니었다. Juan Carlos 왕의 방한이라는 중요한 일을 앞두고 있는 시점에서 더더욱 본부로 불러들일 이유가 없는 것이었다. "퇴임 전의 준비를 위하여" 운운하며 구차한 이유를 들었는데 퇴임 전에 무슨 준비가 필요하단 말인가.

다른 사람을 내보내기 위하여 애매한 사람을 임기 전에 불러들이는 이러한 나쁜 관행은 반드시 고쳐져야 할 것이다.

1996년 3월 26일 나는 아내를 동반하고 Juan Carlos 왕 부처에 대한 이임 인사차, 국왕부처가 살고 있는 왕가를 방문하였다. 왕가는 외부문(外部門)을 지나서 사슴 같은 동물들이 야생으로 걸어 다니는 낮은 산기슭을 자동차로 한참 달린 끝에 있었다.

Juan Carlos 왕 부처는 우리 내외를 따뜻하게 맞아 주었으며 한국 이야기에 꽤 긴 시간을 보냈다. 나는 국왕부처에게 한국 방문은 한국과 스페인 양국관계를 한층 더 격상시키는 계기가 될 것이라고 말하고 즐겁고 편안한 방문이 되기를 기원하였다.

나는 서울에 귀임하여 외교안보연구원에서 몇 달을 보내다가 1996년 6월에 정년퇴임하였다.

Juan Carlos 왕 부처는 예정대로 1996년 10월 20일부터 10월 24일까지 4박 5일간 한국을 방문하였으며 나와 아내는 김영삼 대통령 내외가 Juan Carlos 왕 부처를 위하여 청와대에서 베푼 만찬에 초대된 자리에서 그들을 반갑게 재회하였다.

만찬 행사에 참석하고 집에 돌아오는 자동차 안에서 나는 30여 년간 나를 도와 꺼칠꺼칠해진 아내의 손을 꼭 잡고 낮은 목소리로 말하였다. "이제야 우리 할 일이 다 끝났어."

4부

/

나라를 생각하고
나를 돌아보다

/

11
다시 만난 대한민국

1. 정년퇴임

1996년 7월 3일 오전 10시 세종로에 있는 외무부 청사 810호실에서 나를 포함한 7~8명의 외무공무원의 정년퇴임식과 훈장 수여식이 거행되었다. 1957년에 외무부에 들어와서 약 40년간 외무 공무원으로 근무하고 만 65세가 되어 주 스페인 대사직을 마지막으로 외무부를 떠나게 된 것이다.

나와 함께 퇴임하는 외무공무원이 7~8명이었으나 아마도 내가 그중 직급이 가장 높아서 그런지 나에게 전 직원들 앞에서 퇴임 소감을 말하라고 하였다. 나는 미리 예상하지 못한 터라 준비할 여유도 없이 즉석에서 약 40년간 외교관 생활을 마치고 떠나는 심경을 '해방감'과 '아쉬움'이 뒤섞인 기분이라고 표현하였다.

외교관이란 외국과의 관계에서 우리나라의 국익증진을 위하여 일하는 직업이므로 지난 40년간 이러한 생각이 한시도 내 머리를 떠나지 않았으며, 이제야 외교관 생활을 대과 없이 마감할 수 있게 되었구나 하고 안도하면서 그동안의 책임감에서 벗어나는 해방감을 느꼈다.

외무부 입부 전반기에는 어려운 여건 속에서도 사명감으로 똘똘 뭉쳐 열심히 일하는 외무부 분위기에 매료되어 나 자신도 젊은 열정을 바쳐 함께 뛰었다. 후반기에 나라를 대표하는 대사직을 수행하는 과정에서는 본국의 지시에 따라 임무수행에 만전을 기함은 물론 본국의 구체적인 지시가 없는 경우에도 나의 판단에 따라 그것이 우리나라 국익에 도움이 된다고 생각되면 본국 정부에 건의하여 승인을 얻어 추진하곤 하였다.

이제 외무부를 떠나는 마당에 나로서는 최선을 다하고 떠나노라 하는 홀가분한 기분이 들었던 것이다.

지금 주마등처럼 지나간 외무부 40년을 회상할 때 어려움을 당하여 고생한 일도 많았다. 그러나 나라를 대표하고 나라를 위하여 헌신하는 외교관 생활에 대하여 나는 항상 긍지와 보람을 느껴 왔기 때문에 그러한 외교관 생활을 마감하는 데 대하여 아쉬운 마음도 들었던 것이다.

퇴임식에서 나는 대한민국 정부가 수여하는 황조(黃條) 근정훈장을 받았다.

2. 선진국이 되는 길

내가 대사 시절에 기자회견을 하게 되면 주재국 기자들이 예외 없이 던지는 질문이 "한국이 그렇게 단시일 내에 경제발전을 이룩할 수 있었던 비결이 무엇이냐?"였음은 이미 말한 바와 같다. 나는 그런 질문을 받을 때마다 기분이 좋았으며 내가 한국 대사임을 자랑스럽게 생각하였다.

주 스페인 대사직을 마지막으로 한국에 돌아와 보니, 과연 우리나라는 내가 외교관 생활을 시작할 때에 비하여 눈에 보이게 잘사는 나라가 되어 있었으며, 말끝마다 세계 제 10위 경제대국이며, 경제선진국의 모임인 OECD의 회원국이라고 하였다.

그런데 내가 외교관 생활을 마치고 변호사 사무실에 나가게 되어 〈법률신문〉에 나오는 범죄통계를 보고서 우리나라의 범죄 건수가 최근 급격하게 증가하고 있으며, 특히 청소년 범죄의 경우 이웃나라 일본에 비하여 인구당 건수가 훨씬 많은 것을 보고 충격을 받았다.

실제로 사는 것을 보면 우리나라 사람들이 경제력이 향상된 만큼 행복지수가 늘지 않고 있었으며, 오히려 새로운 갈등에 시달리고 있는 것처럼 보였다.

왜 이런 현상이 일어나고 있는가? 너무나 빠른 속도로 경제가 발달하여 정신적·문화적 수준이 이에 따라 가지 못하고 있는 것인가? 경제발전을 강조하다 보니 물질만능주의에 홀려 도덕심이 떨어져 가는 것인가? 과외공부에 매달려 청소년에 대한 인성교육이 가정과 학교에서 사라져 가고 있기 때문일까?

경제발전만큼 행복지수가 늘지 않고 가치관의 혼돈이 사회적인 갈등만 키워 자기만을 생각하고 남을 배려할 줄 모르는 이기주의가 만연하게 되었기 때문에 이런 현상이 일어난 것이 아닌가 생각되었다. 결국 한마디로 도덕심이 떨어지고 있는 것이다.

우리나라는 오랫동안 유교사상을 바탕으로 한 도덕을 존중하고 살아왔는데, 지금은 그 유교사상은 다 나쁘고 낡은 것이므로 다 내다 버리고 또 무시하고, 이에 대치되는 정신적 철학이 없는 것도 문제가 아닌가 생각되었다. 오랫동안 내려온 유교사상에도 장·단점이 있을 것이므로 장점은 살려서 지금 우리에게 맞는 정신적 철학을 발전시켜 나가야 할 것이 아닌가 생각되었다.

자동차를 운전하다 보면 교통법규를 지키지 않는 사람을 자주 보게 된다. 또한 교통법규뿐만 아니라 일반적으로 준법정신을 강조하는 신문기사를 자주 보게 된다. 얼마 전 아내가 운전하는 자동차 옆자리에 타고 가는데, 앞서가는 자동차를 운전하는 사람이 차 유리창을 내리고 손가락으로 피우던 담뱃재를 탈탈 털더니 꽁초를 밖으로 확 내던지는 것을 보았다. "저런 것이 없어져야 우리나라도 선진국이 되겠지?"라고 중얼거렸더니 아내도 이에 동의하였다.

12
나를 돌아보다

1. 세 가지 호칭

퇴직한 이듬해인 1997년 1월부터 나는 과학기술처 산하 과학재단의 추천으로 경남 마산에 있는 경남대학교에서 주 1일 강의를 하게 되었다. 또한 동년 3월부터 서울의 강남구 서초동에 있는 동화법무법인에서 근무하게 되었다. 동화법무법인에는 서울대 법대 동기동창인 박준양(朴駿陽) 변호사(전 대구고검장)가 대표변호사로 있었다. 마침 당시 그 법률사무소에 변호사 한 명이 필요하였고 변호사 자격을 가진 내가 희망하여 그 사무소에 나가게 된 것이다.

동화법무법인의 여직원들은 처음 외부로부터 나에게 전화를 걸어올 때 '대사님', '변호사님' 및 '교수님'이라는 세 가지 호칭으로 부르는데 어느 것이 맞느냐고 물었다. 나는 '대사'는 전직이고, '변호사'는 현직이며, 경남대학에서 주 1일 강의를 나가기 때문에 경남대학이나 학생들이 나를 찾을 때에 '교수'로 부를 것이므로 그 세 가지 호칭이 다 맞다고 말하여 주었다.

경남대학교의 박재규(朴在圭) 총장은 나에게 대학원 학생들에게 주

1회 2시간 야간에 북한학 강의를 해 달라고 하였다. 매주 금요일 오후에 항공편이나 기차 편으로 마산에 내려가서 저녁 강의를 마치고 마산에서 1박 한 뒤에 다음 날 항공편이나 기차 편으로 돌아와야 했으므로 피로감을 느꼈다. 특히 겨울에는 바닷바람이 매서운 마산의 밤 날씨에 추운 교실에서 강의하느라고 고생이 많았다.

강의 교재는 내가 직접 만들었는데 국내학자들의 관계 서적뿐 아니라 소련이 해체된 후 크렘린에서 공개된 문서 등을 참고하였다.

특히 6·25 전쟁에 관해서는 6·25 전쟁 시 미군이 북한에서 가지고 간 6·25 전쟁관계 문서를 미국 도서관에 가서 열람한 일본기자 하기와라 료(萩原遼)의 기록 등을 참고하였다. 주체사상의 허구성에 대하여는 남쪽으로 귀순한 황장엽 선생의 강연내용을 참고하였다. 북한에 대하여는 내 자신이 6·25 전쟁을 통하여 또한 40여 년간의 외교관 생활에서 겪은 체험을 바탕으로 한 인식을 학생들에게 알리는 데 역점을 두었다.

당시 많은 북한학 학자들이 소련과 동구권 국가들의 개혁·개방을 보고 북한도 그러한 방향으로 변할 것이라고 예견하였지만, 나는 북한의 체제는 당시 동구권과는 달라 그렇게 쉽게 변할 수 없을 것이라고 예견하였으며 또 그렇게 강의하였다.

주 1회 두 시간의 강의였지마는 그 강의를 준비하는 데 드는 시간과 노력은 강의시간의 몇 배나 되었다.

경남대학교 강의는 예정대로 2년 만에 그만두었으며 동화법무법인도 그쪽 사정으로 3년 만에 그만두었다.

2. 폐렴을 앓다

호사다마(好事多魔)라고 하였던가. 좋은 일이 있으면 나쁜 일도 생기게 되는 것인가.

약 40년간의 공직생활을 마감하고 동화법무법인에서 일하면서 경남대학교에 주 1일 강의도 나가게 되어 노후생활의 출발이 좋다 싶더니 2000년 2월경에 그 두 군데를 다 그만두게 되었다.

곧이어 그해 4월에는 미국에 사는 둘째 딸 경원이의 결혼식에 다녀왔고, 5월에는 처조카의 결혼식에 참석하기 위하여 일본 교토(京都)에 다녀왔다. 이 두 번의 연이은 해외여행을 마치고 온 뒤에 어디라고 특별히 아픈 데는 없었으나 어쩐지 온몸이 뻐근하고 피곤하여 힘이 빠지는 것을 느꼈다.

그런 다음 나는 두 번 병원에 입원하게 되었다. 첫 번째 입원은 6월에 3일간 서울중앙병원에 입원한 것인데 현직에 있을 때 바쁘다는 핑계로 미루어 왔던 간단한 수술을 단행한 것으로서 수술이 잘되어 별로 문제될 것이 없었다. 두 번째 입원은 9월 8일부터 2주간 순천향병원에서 폐렴을 치료하는 과정에서 몇 번이나 사경(死境)을 헤매는 경험을 하였다.

2000년의 여름은 나에게 유난히도 더웠다. 그 이전 몇 해 동안은 집의 통풍이 잘 되어 집안에 있는 에어컨을 틀지 않고 여름을 보낼 수 있었는데 그 해에는 냉방 없이는 견딜 수가 없었다. 그런데 나는 냉방 바람만 맞으면 목이 컬컬해지고 미열이 생겼다. 나는 그때마다 가벼운 감기라고만 생각하고 집근처 병원에 가서 목을 보여 주고 의사의 처방을 받아 약을 사 먹곤 하였다.

그러던 어느 날 열이 심상치 않아 동네병원에 갔더니 X-ray 사진을 찍으라고 하였고 찍은 사진을 보더니 폐렴기가 있다면서 당장 종합병원에 가 보라는 것이 아닌가. 그 말을 듣고 나는 당황하였다. 왜냐하면 '폐렴'이란 말에도 놀랐거니와 그 당시에 보건의료 노조가 총파업 중이었으므로 모든 종합병원이 제대로 운영될 수 없을 것이라고 걱정하였기 때문이었다.

우선 당장 생각나는 사람이 순천향병원 내과과장으로 있는 권영주 박사였다. 권 박사는 처남의 사위가 되는 사람이었다.

보건의료 노조의 파업 때문에 가망이 없을 것으로 예상하면서도 일단 권 박사에게 전화를 걸어 보았더니 뜻밖에도 지금 당장 입원준비를 하고 병원으로 오라는 대답이 왔다. 나는 지옥에서 천사를 만난 것같이 반가웠다.

9월 8일 순천향병원에 입원하던 날 저녁 나는 밤새도록 고열에 시달렸다. 그때가 9월인데도 내가 입은 환자복은 금방 땀에 흠뻑 젖어 자주 갈아입어야 했다. 40도를 오르내리는 고열에 몇 번이고 의식을 잃을 뻔했고 희미한 의식 속에서 "이렇게 해서 사람은 죽게 되는 것이로구나"라고 생각하였다.

고열은 다음 날에도 계속 되었으나 병원 측의 정성 어린 치료와 보살핌 덕분에 아주 서서히 차도가 나기 시작하였고 열이 조금씩 내리니 죽는 것은 면한 것 같이 느껴졌다.

이렇게 하여 나는 순천향병원에서 2주간의 입원 치료를 마치고 무사히 퇴원하였으니 내 목숨을 구해 준 권영주 박사에게 고마울 따름이다.

폐렴을 앓고 난 뒤에 나는 곰곰이 생각해 보았다.

돌이켜 보면 공직생활을 하는 동안 감기, 복통이나 치과의 치료 등을 위하여 병원의 신세를 진 일은 있었으나 폐렴과 같은 치명적인 병이나 큰 수술을 받기 위하여 병원에 입원한 기억은 없었다. 그렇기 때문에 내가 병에 대하여 너무 안이하게 생각하여 왔던 것이 아닌가.

그동안 내 나름대로 사명감을 가지고 열심히 일해 오던 40여 년간의 공직생활을 마감하고 퇴직하게 되니 긴장이 풀리고 그동안에 쌓였던 피로감이 몸살이 되어 엄습한 것인가.

퇴직 후에 매일 동화법무법인에 출근하면서 주 1회 마산에 있는 경남대학교 야간 강의를 위하여 마산까지 갔다 오고 한 것이 내 나이에는 무리였던 것이 아닌가. 아니면 가장 최근에 미국과 일본으로 해외 여행한 것이 내 기력을 약화시킨 것이 아닌가.

오만 잡념이 내 머리를 오고 갔다. 나는 이상의 여러 가지가 다 맞다고 생각하였다. 그러면서도 겨울에 바닷바람이 매서운 마산에 가서 난방이 잘 안 된 교실에서 야간강의를 한 것이 결정적으로 내 호흡기관을 해친 것이 아닌가 추정하였다.

아무튼 나는 폐렴을 앓고 난 다음 내 자신의 건강에 대하여 좀더 신경을 쓰게 되었으며 절대로 무리를 해서는 안 되겠다고 마음을 먹었다.

순천향병원에서 퇴원할 때 나의 치료를 담당한 의사는 한국체육대학에서 시행하고 있는 '노인 건강교실'에 나가 보라고 권고하였다. 나는 이 권고에 따라 '노인 건강교실'의 과정수강을 신청하고 2001년 3월 12일부터 6월 1일까지 그 과정을 마쳤다. 배드민턴과 같은 간단한 체육시간에는 몸을 풀었고 강의 내용도 좋아 노인 건강에 참고 되는 점이 많았다. 내가 들은 과정에는 50대와 60대, 도합 약 40명의 남녀노인들이 수강하였는데 70세인 내가 최고령이었다.

3. 용인 수지(水枝)로 이사 가다

아내와 나는 오래전부터 퇴직하게 되면 서울을 벗어나서 교외에 나가 살자고 말하여 왔다. 그래서 주택은행에 통장을 만들어 새로 교외에 짓는 아파트 분양에 꾸준히 신청하여 보았으나, 한 번도 당첨되지 못하였다. 그러다가 1999년에 현대성우건설 회사가 용인수지에 건축예정인 아파트 분양에 신청하여 당첨이 되었다. 우리는 분양대금을 분할지불하고 2002년 5월에 그 새 아파트로 이사하였다.

이사한 새 아파트는 남쪽으로 향한 5개 동 중 맨 남쪽동의 12층으로, 해가 잘 들어오고 앞의 전망이 탁 트여 있었다. 약 1천여 m 전방에는 영동고속도로가 지나가고, 그 건너편에는 아담한 호수가 멀리 보였으며, 왼쪽 전방에는 나지막한 수자원공사의 수원지가 수목에 덮여, 그것이 산과 연결되어 있었다. 막 등산을 시작한 나는 멀지 않은 곳에 간단히 등산할 수 있는 광교산이 있는 것을 발견하고 쾌재를 불렀다.

거의 같은 시기인 2002년 3월에 나는 전에 동화법무법인에서 같이 근무했던 정익군 변호사가 따로 차린 법률사무소에 나가게 되었다. 처음에는 '국민'이라는 이름으로 시흥에 사무실을 두고 있었으나, 뒤에 안양으로 옮겨 '법무법인 공평'으로 이름을 바꾸었다. 나는 친구들도 만나고 내 개인적인 시간의 여유도 가질 수 있도록 '법무법인 공평'에는 주 2일만 나가기로 하였다.

수지로 이사 가서 살아 보니, 무엇보다도 공기가 맑아서 좋았다. 이사 간 후에도 친구들을 만나거나 다른 볼일이 있어 서울에 가야 할 일이 있는데, 자동차를 운전하고 서울에 가 있는 동안 교통체증에 장시간 시달리거나 자동차 배기가스 등으로 인한 나쁜 공기를 마시는 것이 너무나 고통스러웠다. 그럴 때에는 한시 바삐 수지로 돌아오고 싶고 집에다 오면 "이젠 살았다"고 마음 놓곤 하였다.

수지 집에서 안양에 있는 법률사무소까지는 영동고속도로의 IC 한 구간을 이용하여 약 40분밖에 걸리지 않았고, 서울에서 겪는 출퇴근 시간의 혼잡도 피할 수 있었다.

나는 폐렴을 앓고 난 다음 내 건강에 대하여 좀더 신경을 쓰게 되었고, 친구의 권유도 있고 하여 일요일마다 검단산(黔丹山)을 등산하기 시작하였다. 공기 맑은 수지에 살면서 주 2회 법무법인에 나가는 안정되고 건강한 생활이 10년간 계속되었다.

노년은 왜 이렇게도 빨리 지나가는가.

나는 2012년 6월에 경기중부 변호사회에 휴업계를 내고 '법무법인 공평'을 그만두었다. 내 나이 82세 때였다.

4. 등산

나는 서울대 법대 동문 몇 명과 같이 10여 년 전부터 주말마다 산에 오르며 노년의 건강을 다지고 있다. 같이 산에 다니는 법대 동문은 김창희 동문(전 한국산업투자진흥 회장), 박준양 동문(전 대구 고검장)이며 우리가 오르는 산은 하남(河南) 남쪽에 있는 검단산(黔丹山)이다.

검단산에 오르기 위해서는 여러 등산로가 있는데 우리가 최근에 이용하는 등산로는 하남시에서 남하하는 국도를 가다가 '산곡'이라는 곳에서 왼쪽으로 꺾어 산곡초등학교를 지나서 계곡을 따라 올라가는 등산로이다. 내가 최근에 이용하는 등산로라고 한 것은 약 7~8년 전까지

대학동창들과 일주일에 한 번씩 검단산에 오른 지 벌써 10여 년이 흘렀다. 왼쪽부터 저자,
박준양, 김창희.

는 또 다른 등산로를 이용하였기 때문인데, 그것은 북서쪽에서 올라가
는 보다 가파른 등산로로서 그 정상에 올라가면 팔당물이 내려다보이
고, 멀리 구리시까지 보여 전망이 좋았다.

최근에 다니는 산곡등산로는 몇 군데 급한 곳도 있으나, 대체로 계곡
을 따라 천천히 올라가게 되어 있으므로 주변의 경치를 보면서 한 발
짝, 한 발짝 올라가는 재미가 쏠쏠하다. 주변의 경치는 계절에 따라 다
른데, 제일 좋을 때는 역시 꽃이 피는 봄이다.

봄이 되면 산수유를 시작으로, 개나리와 진달래가 듬성듬성 피고,
좀 지나서 계곡에 들어서자마자 벚꽃이 피며, 마지막으로 산기슭에 서

있는 목련나무가 흰 꽃으로 덮인다. 여러 해 동안 등산하다 보니 어디에 무슨 꽃나무가 있는지 훤하게 알게 되며, 춥고 긴 겨울이 가고, 봄을 기다릴 때가 되면 몇 번이고 산수유나무 가까이 가서 꽃망울이 맺혔는지를 관찰하곤 하였다.

검단산의 높이가 650m나 되므로 우리는 그 정상까지는 못 가고 그 중간기점쯤 되는 해발 약 3백 m까지 올라간다. 그곳은 그 계곡의 물이 시작되는 곳으로서 우리의 목적지가 되는 셈이다. 그곳은 물의 발원지로서 비가 좀 오면 전면 암벽 꼭대기로부터 13갈래로 흘러내리는 아주 작은 폭포를 이루게 되는데 김창희 동문은 그것을 '13폭포'라고 이름 지었다.

여름에는 졸졸 흐르는 물소리를 들으면서 이 '13폭포'까지 올라가서 폭포 밑에 고인 시원한 물에 발을 담그며 더위를 식혔다.

가을이 되면 계곡을 따라 드문드문 서 있는 붉은 단풍나무들이 우리를 맞이한다. 우리의 목적지인 '13폭포'에는 제법 큰 밤나무가 있어 떨어진 밤송이를 줍고 가는 재미가 있었다.

검단산의 겨울은 춥기도 하거니와 바람이 유난히 매서웠다. 그렇지만 나는 7~8년 전까지 다니던 '팔당등산로'로 올라가던 겨울등산이 기억에 남는다. 비록 경사가 가팔라서 좀 위험하기는 하였으나 온 누리가 흰 눈으로 뒤덮였을 때에 등산화에 아이젠을 꽉 매고 사박사박 소리를 내면서 눈 위를 한걸음 한걸음씩 걸어 올라가던 기억을 잊을 수 없다. 정상에 올라가서 팔당의 물을 내려다보고 젊은이들처럼 목청껏 소리를 지르면 올라올 때의 피로가 단번에 풀리는 것이었다.

일요일마다 검단산에 가는데 간혹 날씨가 나빠서 못 가는 주말에는 집에 있으면 온몸이 근질근질하였다. 그런 경우에는 그 다음 주에 좋은 날씨를 보아 주중에 광교산에 가야 몸이 풀렸다. 광교산은 수지 집에서 가까워 한두 시간이면 등산할 수 있으므로 변호사 사무실을 그만둔 뒤부터는 더 자주 가고 있다.

퇴직 後에 시간적 여유가 생기니 나는 옛날 학창시절에 즐기던 독서의 재미에 빠져들었다. 등산이 나에게 신체적 건강을 유지하는 데 도움이 되었다면 독서는 나에게 새로운 지식과 지혜를 얻는 즐거움을 가져다주었다.

침대 머리맡에는 항상 한두 권의 책이 놓여 있어야 했다. 읽을거리가 없어지면 공연히 불안해지기까지 하였다.

신간소설을 읽으면서 현대인의 삶과 고민을 알고자 했으며, 나의 지나온 일생을 되돌아보았다. 역사에 대하여 깊은 관심을 가진 나는 역사에 관한 책이나 역사소설을 탐독하였다. 나의 중학·대학 동창이며 외무부 동료 대사였던 소진철(蘇鎭轍) 교수(원광대)의 영향을 받아 한·일 고대사에 깊이 빠져들었다.

한·일 고대사에 빠져들수록 일본의 역사왜곡에 놀랐으며, 그보다도 한국의 전통적 국사학자들이 일본의 역사 왜곡에 대하여 침묵을 지키고 있는 데 대하여 더더욱 놀랍게 생각하였다.

5. 딸들의 성장

이 나라 저 나라를 옮겨 다니는 외교관 부모를 따라 다녀야 하는 딸들의 고생이 이만저만이 아니었다. 가는 곳마다 언어와 문화가 달라 감수성이 예민한 아이들이 교육과정에서 어려움을 겪어야 했다.

다행히 네 딸들은 이곳저곳 옮겨 다니는 환경에서도 어려움을 잘 극복하여 주었으며 제각기 희망하는 부문의 교육과정을 끝내고 제자리를 잡고 살고 있으니 부모로서 대견하고 고마울 뿐이다.

큰딸 경실이는 연세대(불어불문학과)를 마치고 프랑스 파리4(Sorbonne) 대학에서 불문학 박사과정과 동시통역 대학원을 수료하여 현재 영어, 불어의 동시통역 일에 바쁘며, 이화여대 동시통역대학원에서 강의도 맡고 있다.

1990년에 순천 박씨(順天 朴氏)인 박흥수(朴興秀) 군과 결혼하였는데, 박 군은 서울대 공대(재료공학과)를 졸업하고 국비장학생으로 미국 스탠퍼드 대학에서 반도체분야 박사학위를 받고 현재 동부하이텍 부사장으로 재직 중이다.

둘째 딸 경원이는 칠레의 국제학교 Nido de Aguilas를 졸업할 때 미국 보스턴 대학의 장학금이 나와서 그 장학금으로 보스턴 대학(전자공학과)을 마치고 다시 미국 스탠퍼드 대학에 가서 전자공학과 석사학위를 취득하였다. 그 후 실리콘 밸리에 있는 Sun Microsystems 회사에서 학자금을 벌어 그 돈으로 미국 하버드 대학의 MBA 과정을 마쳤다. 2000년에 재미 한국교포 2세인 송인선(宋仁善) 군과 결혼하였다. 송 군은 미국 하버드 대학 의과대학을 나와 현재 샌프란시스코에 있는 Kaiser Medical Group에서 암 방사선 치료 책임자로 재직 중이다.

셋째 딸 경진이는 연세대에서 사회학과 학사와 석사과정을 마치고 장학금을 얻어 미국 시카고 대학에서 인류학 박사학위를 취득하고 현재 고려사이버대학 교수로 재직 중이다. 1994년에 은진 송씨(恩津 宋氏)인 송도영(宋道永) 군과 결혼했다. 송 군은 프랑스의 고등사회과학대학원(École des Hautes Etudes en Sciences Sociales)에서 역사인류학

왼쪽부터 둘째 딸 경원, 막내 남주, 첫째 경실, 셋째 경진.

왼쪽부터 인경, 인서, 영은, 영준.

박사학위를 받고 현재 한양대 문화인류학과 교수로 재직 중이다.

막내인 남주는 연세대(신문방송학과)를 마치고 미국의 *Wall Street Journal* 지 한국지국에서 기자로 근무하다가 미국 Dow Jones 통신사로 옮겨 경력을 쌓은 다음 미국 하버드 대학 정책대학원인 Kennedy School에서 공공행정과정을 마치고 졸업할 때 여성문제로 논문을 써 우수논문상을 수상했다. 현재 미국 LA에 있는 환경·복지를 다루는 마케팅 전문회사인 Fenton의 이사로 재직 중이다.

경원이가 아들 영준(永晙)이와 딸 영은(永恩)이를 낳았고, 경진이가 인경(仁景)이와 인서(仁瑞) 두 아들을 낳아 아내와 나는 이들 손자들과 손녀가 자라는 것을 보는 재미로 살고 있다.

6. 까치

최근에 나는 산에 오르거나 아파트를 나서면서 유난히 자주 까치를 만난다. 나는 언제부터인가 이 까치들은 하늘나라로 가셨던 부모님이 까치가 되어 나의 주변에 오시는 것이 아닌가 혼자 생각하게 되었다.

내가 그렇게 생각하게 된 데에는 그만한 이유가 있다. 언젠가 절에 갔을 때에 기다란 나무 작대기 꼭대기에 새 조각이 붙어 있는 '솟대'를 보았는데 그 절 사람의 설명에 의하면 새는 하늘나라의 사자(使者)이므로 새가 '솟대' 꼭대기에 붙어 있는 것이라고 하였기 때문에 내 주변에 와서 서성이는 까치가 부모님이거나 부모님의 사자로 여긴 것이다.

그렇게 생각하게 되니 까치를 더 자주 만나는 것 같고 또 만나기를 바라게 되고 만나면 반가워서 한참 머뭇거리면서 까치가 날아갈 때까지 기다리게 되었다.

내가 까치를 자주 보게 된다는 것을 등산하는 친구들에게 이야기하면 그 친구들은 자기들은 그렇게 자주 보지 못한다고 하니 아마도 까치는 보이는 사람 눈에만 보이는 것이리라.

오늘도 광교산에 가려고 집을 나서는데 아파트 옆에 있는 소나무 숲에서 한 쌍의 까치가 내 곁에 날아왔다. 하도 반가워서 물끄러미 서서 한참 동안 보고 있었더니 종종걸음으로 나무숲 쪽으로 이동해 갔다.

까치를 보면 나를 지켜 주시는 부모님
생각이 난다. ⓒ parhessiastes.

아버지 회상록 출판에 즈음하여

　나는 우리 집안의 셋째 딸로 태어나, 1살 남짓 때 부모를 따라 호주로 갔고, 아버지의 해외근무가 장기화됨에 따라 만 10세가 되었을 때 한국으로 돌아왔다. 어릴 적 그렇게 10여 년을 외국에서 지내던 시절, 우리 네 자매에게는 한국이 친숙하면서도 낯선 나라였다. 그런 연유로 우리는 한국에 대해서 항상 많은 궁금증을 가지고 있었고, 할아버지와 할머니, 그리고 삼촌들에 대해 얘기해 달라고, 또 부모님의 젊은 시절에 대해 얘기해 달라고 조르곤 하였다.

　한국에 돌아와 대학과 대학원을 다니게 되면서 부모님으로부터 막연하게 들었던 가족사가 우리나라 격동의 현대사의 일부임을 깨닫게 되었다. 나와 동생 남주는 집안 어른들의 옛날이야기를 들으며 아버지가 미처 들려주지 않으셨던 새로운 일화들을 알게 되었고, 이 이야기를 우리만 알기에는 참으로 아깝다는 말을 자주 하곤 했다. 결국 남주는 기자로 활약하면서 산업화 시기의 우리 작은아버지(우리 집안에서는 둘째 큰아버지를 작은아버지라 한다)의 기업활동에 대한 기사를 *Asian Wall Street Journal*에 내기도 했다. 나는 문화인류학을 공부하게 되면서 집안 어른들의 이야기를 담아 우리 현대사에 대한 구술전집을 내야겠다는 생각을 여러 번 했었다. 그러나 직장을 갖게 되고 바쁜 사회인의 일상이 반복되면서 이 일은 번번이 미뤄지고, 또 아이들을 낳게 되면서 이 프로젝트는 점점 더 실현가능성이 희박해졌다.

그러던 중 아버지 희수(喜壽) 잔치를 준비하면서 우리는 오래된 앨범과 아버지 스크랩북들을 다시 보게 되었다. 어린 시절 오대양 육대주를 누비면서 평균 3년 주기로 이사를 해야 했던 열악한 상황에도 불구하고, 아버지와 어머니는 충실하게 그 사진첩들을 정리해 가지고 다니셨다. 그 많은 사진들을 보면서 우리는 정작 아버지의 공직생활에 대해서는 별로 아는 것이 없다는 사실을 알게 되었다. 우리는 그저 부모님을 이곳저곳으로 따라만 다녔지, 외교는 어떻게 하는 것인지, 구체적으로 외교란 무엇인지를 정작 몰랐던 것이다. 어른이 되고 사회인의 입장에서 다시 들여다본 아버지의 외교관으로서의 행적은 참으로 놀랍고도 존경스러웠다. 아버지께서는 우리에게 항상 집안의 뿌리와 근본을 알아야 한다고 역설하셨기에, 우리 자매들은 그 행적을 우리 아이들 세대에 알려야겠다는 생각을 갖게 되면서 아버지께 회고록을 써 보시는 게 어떻겠냐고 제안을 했다.

아버지는 처음에는 손사래를 치셨다. 한국 외교관으로서의 활동에 대해서는 아버지의 외무부 선배와 동료들이 이미 좋은 책을 많이 썼다는 것이었다. 그리고 아버지가 외교관으로서 활동했던 내역은 그 당시의 공직자라면 누구라도 그렇게 했을 것이며, 당신의 행로가 특별한 것이 아니라고 말씀하셨다.

나는 바로 이러한 이유 때문에 아버지가 회고록을 집필하셔야 한다고 생각했다. 아버지의 직업외교관으로서의 경험은 개인적인 것이기도 했지만 나라를 끼고 있는, 나라와 결코 무관할 수 없는 경험이기도 했다. 문화인류학 분야에는 구술사연구라는 것이 있는데, 이는 특정한 과거사를 경험한 사람의 진술을 담아 역사를 재구성하는 방법론이다. 구술사연구의 기본전제는 구술자의 경험이 당시의 사회현실과 무관하지 않으며, 그 역사적 순간을 이해하는 데 매우 중요한 자료가 된다는 것이다. 객관적으로 있었던 일을 그대로, 기억되는 그대로 서술하는 것은 자료로서의 가치를 높이는 셈이다. 이렇게 이야기를 해도 아버지는 선뜻 쓰겠다는 얘기를 하지 않으셔서 나는 우리 아이들을 위해서라도, 그 세대가 할아버지 세대를 조금 더 잘 이해할 수 있도록 회고록을 써 보시라고 권유하였다.

그렇게 해서 아버지는 자의 반 타의 반으로 원고를 집필하기 시작하셨다. 몇 년이 지난 후, "이제 다 썼다"라고 하시면서 "한 번 볼래?"라고 하시는데, 우리 자매들은 차례대로 그 원고를 읽어 나갔다. 우리는 원고를 읽으면서 우리가 정작 아버지의 외교관 생활에 대해서 얼마나 무지했는가를 깨달았다. 그리고 아버지뿐만 아니라 그 당시 아버지와 함께 외교현장에서 활동하였던 동료 외교관과 선·후배들 모두가 동일한 국가적 목표를 향해서 열심히 뛰었음을 확인할 수 있었다. 따라서 이 회상록에 담긴 아버지의 경험은 개인적인 것이기도 하지만, 또한 당시의 대한민국을 대표했던 한 외무공무원의 경험이기도 하며, 그 시대는 아버지와 그 동료분들이 참여해서 일궈 낸 역동적이고도 열정적인 시대였던 것이다.

원고를 읽으면서 이 회상록이 우리나라 발전사에서 외교가 일임했던 역할과 그 성과를 평가할 수 있게 하는 소중한 자료임을 확신하게 되었다. 원고를 보고 또 보며 딸이 아닌 한 사람의 독자로서, 또한 우리나라의 국민으로서 그 시대와 그때 국가를 위해 헌신했던 분들을 이해하게 되었으며, 내가 이러한 이해에 도달한 것과 같이 많은 독자와 국민들이 같은 이해를 갖게 되기를 바라게 되었다.

아버지의 원고와 사진들을 정리하면서 나는 무한한 기쁨과 보람을
느꼈으며 부모님에 대한 존경심과 감사한 마음이 거듭났다. 아버지의
외교활동을 지원하면서 한평생 고생한 어머니의 역할에 대해서도 많이
생각하게 되었다. 이 나라 저 나라를 옮겨 다니면서 자녀들의 학업을
챙기고 또 대사관에서 거행되는 수많은 연회를 준비하고 또 호스트 역
할을 하며 살아온 그 여정이 빛났다. 어머니 역시 아버지와 마찬가지
로, 약소국의 외교관이라고 해서 전혀 기가 죽거나 그러지 않으셨다.

포르투갈 대사관저 앞에서
아버지와 어머니(1991).

안에서는 관저의 살림을 관리하고, 밖에서는 한 나라의 대사 부인으로서 당당하게 그 많은 국가원수들과 인사를 하고 대화를 나누셨던 어머니야말로 우리 네 자매들에게는 중요한 롤 모델이 아니었나 싶다.

아버지가 베네수엘라 대사시절에 현지 TV와 진행했던 한 인터뷰에

DISCURSO DEL EMBAJADOR CHO
PARA LOS MIEMBROS DEL ROTARY CLUB
DE CARACAS
(martes, 2 de agosto de 1988)

Dr. Ramón González Paredes, Presidente del Rotary Club de Caracas.
Dr. Gregorio Acuña Lezama, Presidente del Rotary Club de Chacao y
Presidente de la Asociación Cultural de la Amistad Coreano-Venezolana.
Distinguidos Miembros del Rotary Club;
Damas y Caballeros:
        Me siento muy feliz de estar en compañía de ustedes con
motivo de ofrecerles algunas informaciones en relación a los
Vigésimocuartos Juegos Olímpicos que se efectuarán el Seúl entre
el 17 de septiembre y el 2 de octubre del presente año.

        Quisiera notificarles primero que esta mañana hubo en mi
casa un acto oficial para celebrar la emisión de la estampilla
venezolana conmemorativa de los Juegos Olímpicos de Seúl.

        Faltando sólo 47 días para el inicio de las Olimpíadas,
la ciudad de Seúl está lista para los Juegos que serán, no sólo
los mayores, sino también los mejores en la historia olímpica, de
forma que todos ustedes se sientan orgullosos de formar parte
de la familia olímpica en estos Juegos del 88.

        En Seúl, el entusiasmo de ser anfitrión de los Juegos se
acrecenta por el hecho de que estas Olimpíadas, por su máxima
excelencia y magnitud, serán calificadas como una de las más
concurridas de la historia. Como es conocido, 161 países, entre
los 167 países miembros del Comité Olímpico Internacional
-incluyendo a Venezuela- han decidido participar en los Juegos
Olímpicos de Seúl. Sin embargo esperamos que todas las 167 naciones
miembros del Comité Olímpico Internacional concurran a Seúl
olvidando los tres recientes boicoteos olímpicos y ayuden a poner
en marcha el desarrollo de las Olimpíadas.

베네수엘라 로터리클럽 88서울올림픽 홍보 연설문(1988. 8. 2).

서 사회자는 아버지를 "젊고, 다이내믹하고, 친절한 대사"로 소개하고 있었다. 나는 이 말이 회상록에 나온 아버지의 활동을 잘 표현한다고 생각한다. 사실 아버지는 그때 이미 그다지 '젊'지는 않았지만, 아버지의 에너지와 열정은 젊은이의 그것 이상이었다. 아버지 스크랩북에서 찾아낸 길고 짧은 연설문들에서는 아버지가 주관하거나 참석한 다양한

한-칠레 경제인 위원회 오찬 연설문(1984. 3. 26).

행사들을 새삼 알게 되었고, 육필로 마지막 순간에 원어로 쓴 원고를 수정한 흔적들에서 아버지의 꼼꼼함을 발견하였다. 외교활동을 하시면서 받은 친서도 한 장 있었는데, 칠레대사를 마칠 때 칠레의 한 국회

Santiago, 21 de noviembre de 1984

Señor Embajador
de la República de Corea,
don Kwang Je Cho
Santiago

Estimado Embajador y amigo:

Al término de su misión en Chile, deseo enviarle estas líneas como testimonio de gratitud de un chileno, preocupado de la cosa pública y ex-parlamentario de mi país, por la magnífica labor de acercamiento entre Corea y Chile que Ud. logró.

Regresa a Seúl y es difícil que vuelva pronto a nuestro país. Créame, amigo mío, que Ud. nunca se irá de Chile definitivamente. Su cordialidad, su afecto por esta tierra y el recuerdo que nos deja permanecerán siempre con nosotros. Y si alguna vez tengo ocasión de volver a cualquier país del Oriente, buscaré el modo de llegar a Seúl, no sólo para conocer esa magnífica nación de Corea del Sur, sino para visitarlo y contarle de sus amigos de Chile.

Estaremos juntos mañana, en la recepción de su despedida. Pero no tendré oportunidad de conversar mucho tiempo con Ud. Por eso he preferido enviale esta carta, que además podrá conservarla como el recuerdo de un chileno que ama a su patria por sobre todas las cosas, y se enorgullece de su amistad pues su país, geográficamente tan lejos del nuestro, también lucha por los mismos ideales. Usted ha sido el puente de plata entre ambas naciones, que combaten el comunismo y aspiran a alcanzar la más plena libertad para sus pueblos.

Reciba un abrazo afectuoso y, junto a su familia, los mejores deseos de éxito en este nueva etapa de su vida que inicia, de su amigo chileno,

Maximiano Errázuriz

칠레 국회의원 Maximiano Errázuriz 의 친서 (1984. 11. 21).

아버지가 서훈받은 훈장. 왼쪽 끝부터 스페인 최고십자 훈장, 베네수엘라 Francisco de Miranda 1등 훈장, 대한민국 황조근정 훈장, 그 위에는 네덜란드 Orange Nassau 훈장, 그 옆에는 포르투갈 최고십자 훈장, 오른쪽 끝에는 칠레 Bernardo O'Higgins 최고십자 훈장. 중간 하단에는 6·25참전 유공기장.

의원이 보낸 편지였다. 그는 아버지의 외교활동에 크게 감명 받았노라고 적었으며, 곧 있을 송별 리셉션에서 만나게 되겠지만 그날은 아버지가 다른 하객들을 맞이해야 하므로 대화를 나눌 시간이 없을 것이라 판단되어, 송별의 아쉬움과 그간의 협력에 대한 고마움을 꼭 친서로 전해 주고자 했던 내용을 담고 있었다. 떠날 사람에게 보내는 이처럼 진정성이 담긴 편지를 보고 나는 큰 감동을 받았다. 나는 독자들이 아버지와 같은 외교관들이 외교무대에서 열심히 뛰어 주었기 때문에 우리가 오늘날의 대한민국으로 성장할 수 있었다는 것을 알게 되었으면 하는 바람이다.

　마지막으로 우리 자매들을 대표해서 아버지의 소중한 회상록이 세상의 독자들을 만날 수 있게 해 준 나남출판의 조상호 회장님과 고승철 사장님께 깊은 감사를 드린다. 또한 나남출판의 김민경 선생님은 빠듯한 편집과 출판 일정에도 불구하고 일을 일사천리로 진행해 주었다. 마음 깊은 곳으로부터 감사의 마음을 전한다.

2016년 1월 28일
저자의 셋째 딸
조 경 진